중국어
품사 분류와 실제

词类辨难

중국어
품사 분류와 실제

词类辨难

邢福义 지음 / 이선희 옮김

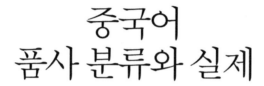

學古房

『词类辩难』의 초판본은 1981년 8월 간쑤인민출판사(甘肃人民出版社)에서 출판되었다. 당시는 '문화대혁명(文革)'이 끝난 지 얼마 되지 않아서 방치되거나 지체된 여러 일들이 시행되기를 기다리고 있던 터라, 黄伯荣, 廖序东 두 분 선생님이 주관하시던 고등교육기관용 현대중국어 교재 편찬에 모두가 열정적으로 지지를 보냈다. 그리고 이 책이 나온 후에는 또한 이 책의 학습 참고서 편찬에 모두들 적극적으로 참가하여, '현대중국어 지식총서(现代汉语知识丛书)'를 집필하였다. 본서는 바로 그 '총서(丛书)' 가운데 한 권이다.

『词类辩难』을 집필하는 데 있어 필자는 다음과 같이 상당히 명료한 구상과 계획을 가지고 있었다.

첫째는 범위이다. 이 책에서 다루고자 하는 범위는 분류하기가 어려운 단어로 하였다. 교육을 하는 과정에서 문단과 담화를 결합하여 품사를 분석하고 판별할 때, 흔히 손에 잡히는 대로 '따라오는(顺从)' 쉬운 단어뿐만 아니라, '훼방꾼(捣蛋)'과 같이 다루기 어려운 단어도 상대해야 한다. 예를 들면, '男人(남자)'과 같은 경우이다. '男人'을 명사라고 하기는 쉽다. 그렇지만 '男'과 '个人(개인)'이 어떤 단어인지를 판단하기는 어렵다. '변별하기가 어렵다(辨难)'면, 반드시 '어렵다(难)'는 그 부분의 단어를 골라서 '변별(辨)'의 대상으로 삼아야 한다.

둘째는 근거이다. 이 책에서의 분류 근거는 문법 특징이다. 품사는 단어의 문법적 분류로 단어의 속성을 판정하여 적절한 부류에 귀속시키는 작업이므로, 반드시 단어의 문법 특징과 긴밀하게 연결시켜야 한다. 이는 가장 기본적인 바탕이자 출발점이다. 품사를 분류하기가 어려운 단어의 특수성을 감안하여, 이 책에서 꼭 강조해야 할 점이 있다. 그것은 바로 문법 특징을 근거로 단어의 성격을 판단하고 품사를 분류할 때, 반드시 일반적인 규칙과 특수한 현상을 명확히 구분해야 하고, 또 근거로 삼은 특징이 어떤 부류의 단어에 있어서 충분조건인지 아니면 필요조건인지를 명확히 해야 한다는 점이다.

셋째는 방법이다. 방법은 논리적으로 증명하는 것이다. '변별하는 것(辨)'이 어렵다면 논증을 해야 함을 의미하므로, 논리적 추론에 부합하는 증명 방법을 강구해야 한다. 이것은 이 책의 중점이다. 따라서 필자는 직접 판정, 배제(排他), 유추 등의 방법을 제시하였는데, 이들 방법은 이 책의 처음에서 끝을 관통한다. 이 책에서는 다음과 같은 설명을 자주 볼 수 있다.

> 명사를 판별하려면, 수량구조의 수식을 받을 수 있고, 전치사와 결합할 수 있고, 주어나 목적어가 될 수 있다는 등등의 몇 가지 중요한 특징들을 먼저 포착해야 한다. 그러나 이러한 특징들은 내적 보편성과 외적 폐쇄성을 모두 지니고 있지 않다. 따라서 어느 특정 단어의 품사를 분류할 때, 반드시 조건의 성격을 명확히 밝혀 논증에 유리한 모든 조건을 잘 포착하고, 직접 판정과 배제, 유추 등의 방법을 융통성 있게 잘 운용할 수 있도록 주의해야 한다. (判別名词, 首先要抓住几个重要特点, 如能受物量结构的修饰, 能同介词组合, 能作主语宾语, 等等。但是, 由于这些特点对内并不具有普遍性, 对外并不具有封闭性, 因此, 在给具体的词定性归类时, 必须注意分清条件的性质, 善于抓住一切对论證有利的条件, 并且善于灵活地运用直接判定、排他、类比等方法。)

필자가 『词类辨难』을 탈고한 후 작성한 후기 가운데 특별히 다음 두 단락을 발췌하면 다음과 같다.

중국어의 품사는 매우 복잡하고 골치 아픈 문제이다. 하나하나 구체적인 단어의 품사를 변별하는 것, 특히 품사를 분류하기 어려운 단어를 어떻게 귀속시킬 것인가에 대해서는 사람들의 이견이 더욱 많을 수밖에 없다. 필자의 생각들을 과감하게 피력하려다보니, 누락이나 오류를 피할 수가 없었던 바, 여러분들의 질정을 간절히 바란다. (汉语的词类问题, 是十分复杂、十分令人头痛的问题。对于怎样辨别一个个具体的词的词性，特别是怎样判定一些较难归类的词的归属，大家的不同意见必然会更多。笔者大胆地提出了自己的一些想法, 疏漏、乖舛之处在所难免，恳切希望得到同志们的指正。)

집필 과정에서 중국과학원 언어연구소 사전편집실에서 편찬한 『现代汉语词典』(试用本)과 중국사회과학원 언어연구소 등 여러 기관의 학자들이 쓴 『现代汉语八百词用法初稿』(油印本), 그리고 베이징대학교 중문과에서 편찬한 『现代汉语虚词例释』(湘潭地区教师辅导站铅印本)을 항상 뒤적였고, 일부 예문은 인용하기도 하였다. 卢卓群, 蒋平 두 선생은 나를 도와 원고를 필사해 주었고, 몇 가지 문제에 대해서는 함께 토론도 하였다. 초고가 완성된 후에는 黄伯荣 선생께서 귀중한 의견을 많이 제시해 주셨다. 이 자리에서 진심으로 감사드린다. (写作过程中，经常翻阅中国科学院语言研究所词典编辑室编的『现代汉语词典』(试用本)、中国社会科学院语言研究所等几个单位的同志们编写的『现代汉语八百词用法初稿』(油印本)和北京大学中文系汉语专业编写的『现代汉语虚词例解』(湘潭地区教师辅导站铅印本共两册)，引用了这些著作中的一些例句。卢卓群志、蒋平同志帮我抄写，并同我讨论了一些问题。初稿写成后，黄伯荣先生提了好些宝贵的意见。在这里，一并表示衷心的感谢。)

이번에 『词类辨难』을 수정하면서 나는 두 가지 작업을 진행하였다. 하나는 일부 내용을 수정하였다는 것인데, 수정된 내용은 주로 세 가지이다. 첫째, 품사 체계를 조정하였다. 필자의 졸저 『汉语语法学』와 『汉语语法三百问』의 관점에 따라 단어를 11가지 종류로 분류하였다. 구체적으로 [실사] 명사, 동사, 형용사, 부사 / [특수 실사] 수사, 양사, 대사, 의성사(拟音词) / [허사] 전치사, 접속사, 조사로 나누었다. 둘째, 내용의 배치를 조정하였다. 원래 일곱 부분이었던 것을 여덟 부분으로 조정하였고, 그 가운데 몇 개의 항목은 위치를 이동하였다. 셋째, 일부 관점을 수정하였다. 원래 책의 맨 마지막 부분이었던 '动词形容词词性的临时转移(동사와 형용사의 일시적 품사 전이)'를 '문장 내 동사·형용사의 조건 변이'로 고치고, '동사·형용사의 지칭화(动词形容词的指称化)'와 '형용사의 동태화(形容词的动态化)'라는 두 가지 문제로 나누어 논술하였다. 필자는 '동사와 형용사의 명물화(对动词形容词名物化)'설에 대해 학계에서 이를 부정하고 수용하지 않은 것은 단지 문제만 덮어버렸을 뿐임을 지적하고자 한다. 이것은 품사 문제 중의 난제인 만큼 앞으로 이에 대한 연구를 더욱 강화해야 하며 회피해서는 안 된다.

이번에 진행한 또 하나의 작업은 부록을 추가하였다는 것이다. 부록1은 「'刚刚'('방금')」이고, 부록2는 「'半'和'双'('반'과 '쌍')」이며, 부록3은 「'很＋名词'('很＋명사')」이다. 이 세 개의 부록은, 사실상 단어의 문법적 성질 확정과 품사 분류에 있어 '어려운 것을 변별하는(辨难)' 작업이기도 하다. 다만, 좀 더 깊이 관찰하고 세밀하게 묘사하기 위해서, 개별 논의의 방식으로 주제 연구를 진행하였다.

부록4는 「품사 문제에 관한 생각(词类问题的思考)」이다. 이 부록은 '문법 특징에 관하여(关于语法特征)', '문장 속에서의 품사(关于入句结果)', '증명 방법에 관하여(关于证明方法)'라는 세 가지 측면에서 필자의 생각을 서술하고 있는데, 중점은 세 번째에 두었다. 필자는 증명 방법이 논리적 사유의 범주에 속하는 논증 방법이라고 밝혔다. 증명 방법과 분류 근거를 혼동하여서는 안 되는데, 그 까닭은 증명 방법과 분류 체계 사이에는 필연적인 연관이 없기 때문이다. 연구의 수행과 증명 방법은 뗄 수 없는 관계로, 증명 방법은 모든 과학에 적용이 된다. 문법학자들은 의도하든 아니든 사실상 모두 모종의 혹은 여러 가지 증명 방법을 사용하여 자신의 견해를 밝힌다.

지금이 2002년 3월이니, 『词类辨难』의 초판이 나온 지 어언 21년이 다 되어간다. 사회가 21세기로 발전한 지금, 품사의 판정과 표기는 교육상의 필요는 물론이고 중국어 정보처리의 핵심 업무가 되었다. 필자가 보건대, 모든 중국어 단어에 대해 정확하게 품사를 판정하고 표기하려면 아직도 멀고 먼 길을 더 가야한다. 방법을 많이 생각하고, 길을 많이 찾는 작업이 나쁠 리는 없을 것이다.

『词类辨难』의 개정을 하면서 周洪波 선생의 정곡을 찌르는 건의를 귀담아 들었다. 이 작은 책의 수정본이 '중국어 지식총서(汉语知识丛书)'에 포함되어 출판될 수 있음은 상무인서관의 아낌없는 배려 덕분이다. 이에 대해 마음 깊이 감사를 드린다.

邢福义
2002년 3월 11일
화중사범대학교 언어와 언어교육 연구센터에서

1979년 필자는 초청을 받아서 兰州로 가 '문화대혁명(文革)' 이후 첫 번째 현대중국어 교재 편찬을 위한 전국 편찬 심의회의에 참가하여 발표를 하였다. 그 해 5월, 교재 편찬 주관인 黄伯荣 선생께서 서신을 보내와 교재의 참고 도서인 '现代汉语丛书' 가운데 한 권으로 할 대략 6만자 정도의 『现代汉语难归类词』 원고 집필을 나에게 부탁하였다. 이것은 노력을 기울여 따져보고 고찰할 필요가 있는 막중하고 힘든 임무로, 모두 다 학계에서 골치 아파하는 문제이다. 학기 중에는 일이 많아, 여름방학 기간 동안에 정신과 힘을 집중하여 처리하기로 하였다.

가장 더운 때인 화로 武汉의 8월, 필자는 카드를 살펴보고 생각의 실마리를 정리하여 집필 방법을 구상하면서, 집필의 난이도가 예상했던 것 보다 훨씬 높다는 것을 느꼈다. 원고 집필 중에, 필자는 문법 문제를 해결하면서 유용한 논리 관련 지식을 습득하고는 '논리문법(逻辑语法)'이라는 시도를 하였다. 초고를 완성한 다음, '词类辨难'이라고 책 제목을 정하여 1980년 정월 원고를 兰州로 부쳤다. 黄선생님께서 서신을 보내와 '창의적인 견해가 있다(有创见)'고 격려하셨다. 1981년 8월, 『词类辨难』은 甘肃人民出版社에서 출판되었다.

2003년 4월 商务印书馆에서 약간의 내용을 추가하여 대략 10만자로 『词类辨难』 수정본을 출판하였다. 수정본의 출판은 『词类辨难』의 초판이 출판된 뒤로부터 20여 년이 훌쩍 지난 뒤이다. 필자는 '머리말(序言)'에서 다음과 같이 적은 바 있다.

사회가 21세기로 발전한 지금, 품사의 판정과 표기는 교육상의 필요는 물론이고, 중국어 정보처리의 핵심 업무가 되었다. 필자가 보건대, 중국어 모든 단어의 종별을 남김없이, 그리고 정확하게 판단하여 표기하려면 멀고먼 길을 더 가야한다. 방법을 많이 생각하고, 길을 많이 찾아내는 것이 도움이 될 것이다.(在社会已经发展到了21世纪的今天, 词性的判定, 词类的标注, 不仅为教学所需要, 更成了汉语信息处理的关键性工作。在笔者看来, 要想穷尽地准确判断和标注汉语所有的词的类别, 还有很长很长的路要走。多想办法, 多找出路, 不会没有好处。)

올해(2019), 필자의 『光明语学漫录』이 段濛濛 선생의 책임 편집으로 商务印书馆에서 출판될 예정이다. 4월, 段濛濛 선생이 우편물을 잇달아 보내왔는데, 그 안에 '선생님께 『词类辨难』이 책의 전자판(워드파일)이 있습니까?(您那儿是否有『词类辨难』这本书的电子版？)', '한국의 어떤 출판사에서 한국어판 판권을 사서 번역을 하고자 해서요(有家韩国出版社买下了韩文的版权, 准备翻译。', '한국어판은 번역에서 출판까지 대략 1년여가 걸릴 것 같습니다(韩文版从翻译到出版估计要一年多。)'라고 씌어 있었다. 필자는 무척 기뻤다.

계명대학교 이선희 교수가 『词类辨难』을 한국어로 번역하려 한다. 이선희 교수는 중국사회과학원 언어연구소에서 박사학위를 취득하였는데, 주로 현대중국어 문법 연구, 한·중 문법 비교 연구에 힘을 쏟고 있으며, 이미 『语法六讲』, 『汉语与文化交际』, 『语法答问』 등의 책을 한국어로 성공적으로 번역한 바 있다. 이러한 경력과 성과로 인해 필자는 이교수가 『词类辨难』을 틀림없이 잘 번역할 수 있을 것으로 믿는다.

학고방 출판사는 시야가 넓고, 목표가 명확하며, 대담하게 생각하고 실천하면서, 세계적인 대출판사의 대열에 오르려고 노력하는 한국의 저명한 종합 학술 출판사이다. 이러한 출판사에서 졸저 『词类辨难』의 번역본이 출판될 기회를 얻게 되니 대단히 영광스럽다.

　이선희 교수와 학고방 출판사에 깊은 감사를 드리며, 전문가와 독자들께서 많은 의견을 제시하여 주시기를 부탁드린다.

邢福义

2019년 7월 18일

华中师范大学에서

이 역서는 邢福义 선생님의 『词类辨难(수정본)』(商务印书馆, 2003년)을 한국어로 옮긴 것이다. 『词类辨难(수정본)』은 1981년 상당히 이른 시기에 품사 분류가 어려운 단어들에 대해 품사 분류를 시도하였으며, 그로부터 20여 년이 지난 2003년에 일부 관점을 수정하고 부록을 추가하여 현대중국어 지식총서 가운데 한 권으로 수정본이 출판되었다. 중국어 어휘론 연구에 있어 상당히 의미 있는 저작으로 인정받고 있음을 알 수 있다.

저자는 모두 8개의 장으로 나누어 논의를 진행하고 있다. 1장에서는 단어의 분류와 귀속의 문제, 2장에서는 단어 분류할 때 근거로 삼은 직접 판정, 배제, 유추의 방법에 대해 각각 설명하고 있다. 3장에서는 형태가 같지만 품사가 다른 동형이품사 단어들에 대해 분석하고 있다. 한편, 저자는 서문에서 중국어 품사를 4개의 실사(명사, 동사, 형용사, 부사)와 4개의 특수 실사(수사, 양사, 대사, 의성사), 4개의 허사(전치사, 접속사, 조사)로 나누었음을 밝히고 있다. 이 책의 4장-6장은 이러한 실사, 특수 실사, 허사의 세 품사 종류에 대해 각각 논의를 진행하고 있다. 단어의 품사 분류 이후에는 구단어와 문장 내 동사·형용사의 조건 변이에 대해 각각 논의를 진행하고 있다. 또한 부록에서는 '刚刚', '半'과 '双', '很+명사' 등의 개별 단어와 구조에 대해 분석을 하고 있으며, 마지막으로 '품사문제에 관한 사고'에서는 품사에 대한 저자의 생각을 피력하고 있다.

이 책을 통해 독자들은 일생을 중국어 연구에 매진해 오신 저자의 학문적 깊이를 가늠해볼 수 있을 것이라 생각된다. 현재 현대한어사전을 비롯하여 품사 표기가 된 사전들이 적잖이 출판되었으니, 저자의 염원이 다소나마 이루어졌다고 할 수 있을 것이다. 그럼에도 불구하고 중국어의 품사 분류는 지금까지도 완전히 해결되지 않고 있는 문제이다. 역자는 중국에서 공부할 때 이 책을 처음 접하였으며, 필요할 때 곁에 두고 틈틈이 찾아본 기억이 난다. 그동안 다른 일로 바쁘다가 최근에 품사 문제에 다시 관심이 생겨 이 책을 새로이 들추어 보았다. 그러다가 한국어로 번역해서 더 많은 독자들이 중국어의 품사에 대해 생각해 보는데 도움이 된다면 좋겠다는 생각으로 번역까지 하게 되었다. 시작은 했으나 진도가 더디다가 드디어 마무리를 하게 되니 숙제를 마친 마냥 홀가분하고 기쁘다. 중국어를 공부하는 학생들과 중국어에 관심 있는 일반 독자들이 이 책을 통해 중국어 단어의 매력과 깊이를 느낄 수 있기를 바란다.

끝으로 어려운 여건에도 출판을 허락하여 주신 학고방 하운근 대표님과 깔끔하게 책으로 만들어주신 명지현 팀장님께 깊은 감사를 드린다.

2020년 6월
이선희

제1장 단어의 분류와 귀속

제2장 단어 분류의 방법

제3장 동형이품사同形异类 현상의 품사 귀속

제4장 실사의 분류

제7장 구단어短语词의 분류

제8장 문장 내 동사·형용사의 조건 변이

부록

부록 1 '剛剛'

부록 2 '半'과 '双'

부록 3 '很 + 명사'

부록 4 품사 문제에 관한 생각

제**1**장
단어의 분류와 귀속

제**1**절 단어의 분류

단어는 여러 가지 각도와 기준으로 분류할 수 있다. 예를 들면, 음절에 따라서는 단음절어와 복음절어로, 구조에 따라서는 단순어와 합성어로, 출처에 따라서는 통용 어휘, 방언 어휘, 문언 어휘, 외래어 등으로 나눌 수 있다.

문법에서 말하는 품사란 단어의 문법적 분류를 가리키는 것으로, 단어의 문법 특징에 따른 단어의 분류이다. 단어의 문법 특징은 형태, 결합 능력, 문장 구성 기능의 세 가지 측면에서 단어가 나타내는 특징을 포함한다.

형태란 무엇인가? 형태는 단어를 구성하고(构词) 형태를 구성하는(构形) 문법 형식이다. 현대중국어에서 단어를 구성하는 문법 형식으로는 접두사와 접미사가 있다.(본서에서 말하는 어근(词根)은 다른 교재에서 말하는 실질 형태소(实词素)에 해당되고, 접두사(前缀)와 접미사(后缀)는 다른 교재에서 말하는 형식 형태소(虚词素)에 해당된다.) 이들은 새로운 단어를 구성하는 기능과 품사 표지로서의 기능을 가지고 있다. 예를 들어보자.

老X	X子	X化
老三	剪子	绿化
老大	胖子	工业化
老张	月子	合作化

　여기서 '老(호칭에 사용하는 접두사)'는 접두사이며, 어근 '三(삼)', '大(크다)', '张(장(성씨))'의 앞에 붙는다. 접두사 '老'는 새로운 단어를 구성하는 역할을 한다. 즉, '老三(셋째)', '老大(첫째)', '老张(장형)'은 각각 '三', '大', '张'과는 다르다. 어근의 명사 여부와 상관없이 '老'를 사용하여 만든 단어는 모두 명사이므로, 이를 명사의 표지로 볼 수 있다.

　'子(생활용품, 동물, 친족 관계 명사 뒤에 붙는 접미사)'와 '化(…화)'는 모두 접미사인데, 전자는 '剪(자르다)', '胖(뚱뚱하다)', '月(달)' 뒤에, 후자는 '绿(푸르다)', '工业(공업)', '合作(합작)'의 뒤에 붙어서 모두 새로운 단어를 구성한다. '剪子(가위)', '胖子(뚱보)', '月子(산욕기, 출산 후의 한 달)'는 각각 '剪', '胖', '月'와 다르다. '绿化(녹화)', '工业化(공업화)', '合作化(협동화, 합작화)'도 '绿', '工业', '合作'와는 다르다. 어근의 품사와 상관없이 '子'를 사용하여 만든 단어는 모두 명사가 되고, '化'를 사용하여 만든 단어는 일반적으로 동사가 된다. 따라서 이들도 각각 명사와 동사의 표지가 될 수 있다.

　형태를 구성하는 문법 형식은 단어의 변화 방식을 말한다. 현대중국어에서 형태를 구성하는 문법 형식에는 중첩식과 부가식의 두 종류가 있다.

① 중첩 : 형태소를 중첩하여 문법적 의미를 나타낸다.
② 부가식(黏附式) : 어미(词尾) 성질을 지닌 조사를 실사(成分词) 뒤에 붙여서 문법적 의미를 나타낸다.

형태를 구성하는 이러한 두 가지 문법 형식도 단어의 여러 가지 특징을 나타낸다. 비교해보자.

观看(관람하다)	观众(관중)
观看观看(观看一下) 잠시 관람하다	----
观看着(正在观看) 관람하고 있는 중이다	----
观看了(已经观看) 이미 관람했다	----
观看过(曾经观看) 관람한 적이 있다	----
----	观众们(观众不止一个) 관중들(관중이 하나뿐만이 아니다)

'观看(관람하다)'은 동사여서 ABAB 방식으로 중첩이 가능하고 '着', '了', '过'를 수반하여 문법적 의미를 나타낼 수도 있다. '观众(관중)'은 사람을 나타내는 명사(表人名词)로 '们(…들)'을 붙여 문법적 의미를 나타낼 수 있다. 동사 '观看'과 명사 '观众'은 성질이 다르고, 형태를 구성하는 문법 형식도 다르다.

결합 능력이란 무엇인가? 한 종류의 단어는 이와 결합이 가능한 단어도 있고, 불가능한 단어도 있는데, 이것이 단어의 결합 능력이다. 예를 들어보자.

一个观众 한 명의 관중   * 都观众
两把剪刀 두 개의 가위   * 不剪刀
三种办法 세 종류의 방법   * 也办法

 '观众', '剪刀', '办法'는 모두 명사로, 물량을 나타내는 수량구조인 '一个(한 개 / 한 명)', '两把(두 개(자루))', '三种(세 종류)' 등과 결합하여 수식관계를 나타낸다. 그렇지만 '都(모두)', '也(…도)', '不(아니다)' 등의 부사와는 결합할 수 없다.

都观看 모두 관람한다   * 一个观看
不剪除 잘라내지 않는다   * 两个剪除
也办理 역시 처리한다   * 三个办理

 '观看', '剪除(잘라내다)', '办理(처리하다)'는 모두 동사로 '都'등의 부사와 결합할 수 있으며, 결합 후에는 수식관계가 생성된다. 이들의 앞에는 '一个(하나)'처럼 물량을 나타내는 수량구조가 직접 올 수 없다. 간혹 '一个上来, 一个下去(하나는 올라오고, 하나는 내려간다)'와 같은 표현은 가능하지만, 이 경우와는 다르다. 이때 '一个'는 단순히 수량을 나타내는 것이 아니라 사람을 지칭하는 것이며, '一个'와 '上来', '下去'가 결합한 후에는 수식관계가 아닌 주술관계가 생성된다. 이로써 결합 능력의 차이가 단어의 특징의 차이를 나타냄을 알 수 있다.
 통사 기능(造句功能)이란 무엇인가? 단어가 문장 안에서 문장성분이 될 수 있는지 여부와 어떤 문장성분이 될 수 있는지가 단어의 통사 기능이다. 예를 들어, '观众', '剪子', '办法', '观看', '剪除', '办理'는 모두 문장성분이 될 수 있지만, '和(와 / 과)', '如果(만약)', '从(…부터)', '对于(…에 대하여)', '的(…의)', '吗(…니까(의문을 나타냄))'는 단독으로 문장성분이 될 수 없다. 그리고 '观众, 剪子, 办法'는 주어나 목적어는 될 수 있지만, 단독으로 술어가 될 수는 없다. 그러나 '观看', '剪除', '办理'는 술어가 될 수도 있고, 일정한 조건 하에서는 주어나 목적어가 될 수도 있다. 이것은 바로 통사 기능에 있어서도 마찬가지로 단어의 특징 차이가 나타남을 말해준다.

품사를 분류할 때는 형태와 결합 능력, 문장 구성 기능의 세 가지 특징을 모두 고려해야 한다. 하지만 중국어는 형태가 발달되지 않은 언어이다. 이는 呂叔湘 선생의 다음 지적과 같다. '중국어에 형태 변화가 있는가? 있다고 해도 전면적이지 않고 전형적이지도 않아 단어를 분석할 때 큰 역할을 하지는 못한다.(汉语有没有形态变化? 要说有, 也是既不全面也不地道的玩意儿, 在分析上发挥不了太大的作用。)'[1] 따라서 중국어에서 단어의 문법 특징은 주로 결합 능력과 통사 기능이라는 두 가지 영역에서 나타나며, 특히 결합 능력에서 두드러진다.

문법 특징에 따라 품사를 분류하는 과정에서 단어의 의미는 참고의 작용을 한다. 품사를 분류할 때 단어의 문법 특징을 근거로 하되, 단어의 의미도 함께 고려해야 정확하고 합리적인 분류가 가능하다. 예를 들어, 동일한 형식의 X_1과 X_2에 대해 이들이 품사가 같은 하나의 단어인지 아니면 품사가 다른 두 개의 단어인지를 판단하기 위해서는 의미와 결부시켜 생각해야 한다. 비교해 보자.

严厉的人 엄격한 사람   特别的人 특별한 사람
严厉批评他 그를 호되게 혼내다   特别批评他 그를 아주 혼내다

---

1) 저자주 :『汉语语法分析问题』, 商务印书馆, 1979년 11쪽.

여기에서 관형어로 쓰인 '严厉(엄격하다)'와 부사어로 쓰인 '严厉'는 의미가 같다. 이들은 품사가 같은 하나의 단어로 형용사이다. 그런데 관형어로 쓰인 '特别(특별하다)'와 부사어로 쓰인 '特别(아주)'는 의미가 서로 다른데, 전자는 형용사이고 후자는 부사이다. 전자가 형용사라고 해서 후자도 형용사로 판단해서는 안 된다. 관형어 '严厉'와 부사어 '严厉'는 모두 형용사로 판단한 반면, 관형어 '特别'와 부사어 '特别'는 각각 형용사와 부사로 판단한 것은 의미와 결부시켜야 얻을 수 있는 결과라는 것을 알 수 있다. 또 예를 들어보면, 단어의 결합 능력을 고찰할 때 한 단어가 어떤 단어와 결합할 수 있는지 여부와 어떠한 구조에서 출현할 수 있는지 여부도 또한 의미와 결부시켜야 명확한 답을 얻을 수 있다. 비교하여 보자.

很<u>严厉</u>的人　　　　　很<u>特别</u>的人
매우 엄격한 사람　　　아주 특별한 사람

很<u>严厉</u>地批评了他　　很<u>特别</u>地批评了他
그를 아주 호되게 혼냈다　그를 아주 유달리 혼냈다

'严厉'는 관형어이든 부사어이든 모두 정도부사의 수식을 받을 수 있다(품사가 같은 하나의 단어임을 알 수 있다). 하지만 '特别'는 관형어일 때는 부사의 수식을 받을 수 있지만, 부사어일 때는 그럴 수 없다(품사가 다른 두 개의 단어임을 알 수 있다). 그렇다면 정도부사의 수식을 받을 수 있는지 여부는 어떻게 알 수 있는가? 이 역시 의미를 고려하지 않으면 알 수가 없다.

물론, 여기서 말하는 것은 단어의 의미를 '참작한다(参酌)'는 것이지, 이를 '근거로 삼는다(根据)'는 것은 아니다. 의미가 "중요한 참고 사항이 될 수는 있다(不失为重要的参考项)"[2]고 하더라도, 의미 기준을 아무런 제한 없이 그대로 사용할 수는 없다. 품사는 결국 단어의 문법적인 분류이기 때문에 분류의 '근거'와 '판단'의 요소 역시 문법 특징이 되어야 한다. 문법 특징을 파악해야 품사 분류의 객관적인 기준이 생기고, 동일한 사물에 대해서도 사람마다 견해가 다른 주관적인 추측을 피할 수가 있다.

문법 특징을 근거로 하고 단어의 의미를 참고하여, (1)명사, (2)동사, (3)형용사, (4)부사, (5)수사, (6)양사, (7)대사, (8)전치사, (9)접속사, (10)조사, (11)의성사의 11종류로 단어를 나눌 수 있다. 품사 개념은 보통 이러한 종류를 말한다.

사실을 묘사하고 품사간의 상호관계를 설명하기 위하여, 편의상 11가지 종류의 단어는 또 3개의 큰 부류로 나눌 수 있다.

(1) 실사(成分词) : 단독으로 문장 성분이 될 수 있다. 명사, 동사, 형용사, 부사가 이에 포함된다.
(2) 특수 실사(特殊成分词) : 단독으로 문장성분이 될 수 있지만 특수성을 가진다. 수사, 양사, 대사, 의성사가 이에 포함된다.
(3) 허사(非成分词) : 단독으로 문장성분이 될 수 없다.

각 품사에 대한 설명은 필자의 졸저 『汉语语法学』(东北师范大学出版社, 1997)와 『汉语语法三百题』(商务印书馆, 2002)를 참고할 수 있다.

---

2) 저자주 : 吕叔湘 『汉语语法分析问题』 12쪽.

제2절 단어의 귀속

단어의 분류는 전체적인 상황을 고려하여 어떠한 원칙이나 기준을 근거로 단어를 어떻게 분류할 것인지를 연구하는 것이다. 그리고 단어의 귀속은 구체적인 개별 단어의 특징을 고찰하여 이를 어떤 단어의 부류에 포함시킬 것인지를 판단하는 것이다. 양자는 서로 밀접한 관련이 있다. 이는 단어 분류의 일반적인 원칙 하에서만 단어의 귀속을 논할 수 있으며, 역으로 단어 하나하나의 특성을 충분히 연구하여 단어 귀속의 문제를 잘 해결해야 이를 바탕으로 단어의 분류 문제 역시 최종적인 해결이 가능하기 때문이다. 그렇지만 단어의 분류와 귀속은 착안점이 달라 서로 다른 두 가지 관점을 대표한다.

단어의 귀속 원칙은 단어의 분류와 일치한다. 그것은 바로 단어의 문법 특징을 근거로 하고, 단어의 의미를 참고한다는 것이다. 그렇지만 이것은 전체적인 측면에서 말한 것이다. 사실 개별 단어는 수도 없이 많고, 이들의 상황 또한 상당히 복잡하게 뒤얽혀 있다. 각각의 단어들이 모두 어느 한 품사의 모든 문법 특징을 다 가지고 있는 것도 아니고, 어떤 품사의 의미를 모두 분명하게 가지고 있는 것도 아니다. 따라서 전체적인 원칙 하에서 다음 몇 가지 기본적인 조건도 강조되어야 한다.

1. 단어의 품사를 분류할 때, 반드시 그 문법 특징을 정확하게 파악해야 한다.

일부 단어는 품사적 의미가 상당히 모호하여 문법 특징을 근거로 삼아야 정확하게 품사를 분류해낼 수 있다. 예를 들어, '起码(적어도)'라는 단어는 의미적으로는 어떤 부류에 속하는지 확인하기가 상당히 어렵다.

그러나 문법적인 특징을 고찰해보면, 관형어나 부사어가 될 수 있고, 술어 부분에서 '是……的'의 사이에 쓰일 수 있으며, 출현 위치와 상관없이 일반적으로 정도부사 '最(가장)'나 '顶(가장)'이 그 앞에 올 수 있음을 알 수 있다.

(最)起码的条件 (가장) 최소한의 조건
(最)起码的要求 (가장) 최소한의 요구

위의 예에서는 '起码'가 관형어로 쓰였으며, 앞에는 정도부사가 올 수 있다.

(最)起码也要修建八栋宿舍
(아무리) 적어도 여덟 동의 기숙사를 지어야 한다.

(顶)起码必须走三天
(아무리) 적어도 사흘을 가야 한다.

위에서는 '起码'가 부사어로 쓰였으며, 앞에는 역시 정도부사가 올 수 있다. 张武의 『看"点"日记』에는 이러한 문장이 있다. "最起码要找个遮阳避雨的棚子(최소한 햇빛을 가리고 비를 피할 수 있는 막사는 찾아야 한다)"[3]

修建八栋宿舍是(最)起码的
여덟 동의 기숙사를 짓는 것이 (가장) 최소한의 것이다.

---

3) 저자주 : 『人民文学』 1979년 12기.

走三天是(最)起码的

사흘은 가는 것이 (가장) 기본이다.

위는 '起码'가 '是……的'사이에 쓰였으며, 앞에는 역시 정도부사가 올 수 있다.

이상으로 '起码'는 형용사에 귀속시켜야 한다는 것을 알 수 있는데, 왜냐하면 다른 품사는 이러한 문법 특징을 가지지 않기 때문이다.『现代汉语八词(选例)』에서는 '起码'를 '형용사, 부사' 두 종류로 분류하고 있지만, 또 둘 다 앞에 '最'와 '顶'이 올 수 있다는 것을 인정하고 있다.4) 그런데 이러한 처리는 단어의 결합 능력에 있어서 '起码'의 공통성과 부사는 '最', '顶'의 수식을 받을 수 없다는 사실을 모두 간과한 것이다.

갑과 을 두 개의 단어가 의미적으로 유사하다고 반드시 동일한 품사에 속하지는 않는다. 이를 어느 부류에 귀속시켜야 할 것인가는 역시 단어의 문법 특징에 근거하여야 한다. '迅速(신속히, 신속하다)'와 '迅即(즉시)'를 비교해 보자.

迅速处理 신속히 처리하다   迅即处理 즉시 처리하다

非常迅速地处理 매우 신속히 처리하다   --------

动作迅速 동작이 신속하다   --------

动作非常迅速 동작이 매우 신속하다   --------

의미적으로는 '迅速'와 '迅即'가 유사하지만, 문법적으로는 다른 특징을 가지고 있다. '迅即'는 부사어 밖에 될 수 없지만, '迅速'는 부사어 외에 술어도 될 수 있으며 앞에 정도부사가 올 수도 있다. 이를 통해

----

4) 저자주 :『中国语文』1979년 3기.

'迅即'는 부사이고, '迅速'는 형용사임을 알 수 있다. 또 '突然(갑자기, 갑작스럽다)'과 '忽然(갑자기, 문득)'을 비교해 보자.

突然出现 갑자기 나타나다   忽然出现 문득 나타나다
非带突然地出现 매우 갑자기 나타나다   --------
出现得很突然 매우 갑자기 나타나다   --------
突然事件 갑작스런 사건   -------
这件事很突然 이 일은 매우 갑작스럽다   -------

'忽然'과 '突然'은 의미가 유사하지만 문법적인 특징은 서로 다르므로, 전자는 부사에, 후자는 형용사에 각각 귀속시켜야 한다.

2. 문법 특징에 근거하여 단어의 성격을 확정하고 품사에 귀속시킬 때, 일반적인 규칙과 특수한 현상을 명확히 구별해야 한다.

일반적인 부분만 보고 특수한 부분을 무시해서도 안 되고, 특수한 부분을 가지고 일반적인 부분을 부정해서도 안 된다. 예를 들어, 명사는 여러 가지 문법 특징을 가지고 있는데, 그 가운데 결합 능력에서 중요한 것으로 다음 두 가지가 있다.

① 일반적으로 물량을 표시하는 수량구조의 수식을 받을 수 있다.
一个学生(한 사람의 학생), 两位客人(두 분의 손님), 三头牛(세 마리의 소), 四匹马(네 필의 말), 五棵白菜(다섯 포기의 배추), 六架飞机(여섯 대의 비행기), 七个假日(일곱 번의 휴일), 八座图书馆(여덟 동의 도서관)

② 일반적으로 부사의 수식을 받을 수 없다.

　*不学生, *都客人, *很牛, *刚马, *已经白菜, *忽然飞机,

　*不假日, *都图书馆

이 두 가지는 모두 일반적인 특징일 뿐이다. 명사 중에는 수량구조의 수식을 받지 않는 것들도 있다.

첫째는 '鲁迅', '北京'과 같은 고유명사로, 이들은 특수한 필요가 있을 경우에만 수량구조의 수식을 받을 수 있다.

　三个臭皮匠, 抵得一个诸葛亮。

　신기료 장수 셋이면 제갈량 하나를 대적할 수 있다

　보잘 것 없는 사람도 세 사람이 모이면 제갈량 하나의 지혜가 나온다.

　→ 여기서 '一个'는 앞의 '三个'와 대비를 위해 사용하였다.

　哪能有几个北京呢? 어찌 몇 개의 베이징이 있을 수 있겠는가?

　→ 이는 강조를 위한 것이다.

　千千万万个雷锋在成长。 수천수만 명의 레이펑이 자라고 있다.

　→ 여기서 '雷锋(레이펑)'은 이미 차용되어 레이펑 같은 부류의 사람을 나타낸다.

둘째는 사람 또는 사물을 두루 가리키는 '人群(사람의 무리, 군중)', '马匹(마필)'나 시간을 두루 가리키는 '当年(그 해, 그 당시)', '平时(보통 때, 평소)' 등과 같은 범지성(泛指性) 명사이다.

셋째는 방위명사와 방위의 의미를 뚜렷하게 가지고 있는 기타 처소명사이다. 전자의 예는 '前(앞)', '后(뒤)', '东边(동쪽)', '西边(서쪽)' 등이고, 후자의 예는 '桌上(탁자 위)', '乡下(지방, 시골)', '国外(국외)' 등이다.

또 명사가 아닌데 수량구조의 수식을 받는 경우도 있다. 가장 흔히 보이는 것은 일부 형용사가 수량구조의 수식을 받는 경우이다. 예를 들면, '一丈高(일 장만큼 높다)', '三尺长(삼 척만큼 길다)', '四寸厚(사 촌만큼 두껍다)', '八尺深(팔 척만큼 깊다)', '五斤重(다섯 근만큼 무겁다)' 등과 같은 것이다. 여기서 형용사를 수식하는 수량구조는 '수사 + 도량형 단위'이다. 수량구조가 형용사를 수식할 때는 비교적 특이한 성질을 가진다. 수량구조가 의문을 나타낼 때 '多'는 가능하지만 '多少'는 불가능하며, 수량구조 대신 '这么'나 '那么'를 사용할 수도 있다는 점이다.

多高?   多深?
얼마나 높아요?   얼마나 깊어요?

一丈高。   八尺深。
한 장 만큼 높아요.   여덟 자 만큼 깊어요.

真的这么高吗?   真的那么深吗?
정말로 그렇게 높아요?   정말로 그렇게 깊어요?

여기의 수량구조는 정도성을 가지며 명사가 아닌 형용사를 수식한다는 것을 알 수 있다.

부사와의 관계를 통해 보면, 명사도 부사와 서로 완전히 배척하는 것은 아니다. 모종의 조건하에서는 일부 부사도 명사나 명사구를 수식할 수 있다. 여기에는 주로 네 가지 경우가 있다.

① 명사 앞에 수량구조를 동반할 때, 범위나 빈도를 나타내는 부사의 수식을 받을 수 있다. 예를 들어보자.

只两尺布。단지 두 자의 천이다.

仅仅一个人。겨우 한 사람뿐이다.

大约三辆汽车。대략 세 대의 자동차이다.

共两块钱。총 2위안이다.

才三张桌子。겨우 세 개의 탁자뿐이다.

又一阵暴雨。또 한 차례의 폭우이다.

再一个问题。또 하나의 문제이다.

② 사람이나 사물을 나타내는 명사는 부사 '净(온통, 모두)' 또는 '光
(다만, 단지)'의 수식을 받을 수 있으며, 이들은 모두 처소사 뒤에
서 어떤 장소에 어떤 사람이나 사물이 보편적으로 존재함을 나타
낸다. 예를 들어보자.

炕上净人。온돌방에는 온통 사람들이다.

园里净游客。정원에는 온통 여행객이다.

江岸净岗哨。강기슭에는 온통 초소다.

山上净树。산에는 온통 나무다.

河边净杂草。강변에는 온통 잡초다.

屋里光书。방안에는 책뿐이다.

那儿净矿石。그곳은 온통 광석이다.

③ 시간명사가 술어로 쓰여 어떤 시점에 대해 직접 기술할 때, '조만
간'이나 빈도를 나타내는 부사들의 수식을 받을 수 있다. 예를 들
면 다음과 같다.

今天已经星期六了。오늘이 벌써 토요일이다.

今天才星期五呢。오늘이 겨우 금요일이다.

明天又星期天了。 내일이 또 일요일이네.

今天已经初九了。 오늘이 벌써 초아흐레이다.

今天才初八呢。 오늘이 겨우 초여드레인걸.

明天又初十了。 내일이 또 초열흘이네.

后天又八月中秋了。 모레가 또 팔월 한가위네.

④ 대다수의 방위명사와 방위의 의미가 뚜렷한 처소명사는 일부 부
사의 수식을 받을 수 있다. 흔히 보이는 경우는 '最'의 수식을 받
는 경우이다. 예를 들면 다음과 같다.

'最前(맨 앞)', '最后(맨 뒤)', '最前面(맨 앞쪽)', '最后面(맨 뒤쪽)',
'最上头(맨 위쪽)', '最下头(맨 아래 쪽)', '最南方(가장 남쪽)',
'最北方(가장 북쪽)', '最底层(맨 아래층)', '最前线(최전선)'

단순방위사도 '不(아니다)', '太(너무)' 등의 수식을 받을 수 있다. 예
를 들면, '不前(앞으로 나아가지 않다)', '不后(뒤쳐지지 않다)', '太前
(너무 앞쪽)', '太后(너무 뒤쪽)'등이다. 이로써 명사가 부사와는 절대
결합하지 않는다고 단언할 수 없음을 알 수 있다.

어떤 품사의 단어든 그 기본적인 문법 특징이 모두 대외적으로는 완
전히 폐쇄성을 가지면서 대내적으로 보편성을 가질 수는 없다. 중요한
것은 우선 일반적인 현상을 파악한 후 이를 바탕으로 한발 더 나아가
특수한 현상을 이해해야 한다는 것이다. 이렇게 함으로써 단어를 품사
에 귀속시킬 때 일반적인 법칙이 성립하지 않는 상황과 특수한 현상이
성립하는 조건을 파악할 수가 있다. 이는 일반적인 현상을 가지고 기계
적으로 모든 것을 추측하거나 특수한 사례를 일반적인 현상과 함께 섞
어 논하는 것을 피할 수 있게 해 준다.

3. 문법 특징에 근거하여 단어의 품사를 분류할 때, 근거로 삼은 특징이 그 품사의 충분조건인지 또는 필요조건인지를 명확히 해야 한다. 조건의 성질을 확실히 구분하지 않으면 정확한 결론을 얻지 못할 수도 있다.

충분조건이란 '그것이 있으면 반드시 그렇게 되겠지만, 없다고 해서 반드시 그렇게 되지 않는 것은 아닌(有之必然, 无之未必不然)' 조건을 말한다. 즉, '그것이 있으면 충분하고, 없다고 해서 반드시 안 되지는 않는(有它就够, 没有它不一定不行)' 조건이다. 예를 들면, '목적어를 가질 수 있다'는 것은 동사의 각도에서 말하면 충분조건이므로, 이 조건을 충족하기만 하면 틀림없이 동사가 된다. '在于(~에 있다)'를 예로 들어보자.

一年之计在于春。
일 년의 계획은 봄에 있다.

问题不在于进度, 而在于质量。
문제는 진도에 있지 않고, 품질에 있다.

去不去在于你自己。
갈지 말지는 네 자신에게 달려 있다.

그렇지만, 이 조건에 맞지 않는다고 해서 반드시 동사가 아닌 것은 아닌데, '咳嗽(기침하다)'와 '睡觉(잠자다)'와 같은 동사가 그 예이다. (목적어 수반의 문제에 있어 예외도 있다. '你能怎么样了人家(당신이 그 사람을 어떻게 할 수 있었겠어?)'와 같이 소수의 대사도 목적어를 가질 수 있다. 대사는 일종의 특수한 실사인데, 일부 대사가 목적어를 가질 수 있는 이유는 바로 그것이 동사를 대체하였기 때문이다.) 또 '중첩

후에 동작의 양을 나타내는 것'도 동사의 각도에서 보면 역시 하나의 충분조건이다. 이 조건에 부합하기만 하면 '你应该休息休息。(너는 좀 쉬어야 해)의 '休息(휴식하다)'와 같이 분명히 동사이다. 그런데 '在于(～에 있다)', '例如(예를 들다)'처럼 이러한 조건에 부합하지 않는다고 해서 반드시 동사가 아닌 것은 아니다.

모든 품사는 여러 가지 충분조건을 가질 수 있다. 이러한 충분조건 가운데 그 품사 전체에 적용되는 것도 있고 일부에만 적용되는 것도 있다. 하지만 적용의 범위와 상관없이 한 가지 충분조건만 포착한다면 단어의 품사를 분류하는 것이 가능하다.

일반 문법책에 열거된 단어의 문법 특징들은 모두 중요하면서도 보편성이 큰 것들이다. 왜냐하면 한 품사의 특징을 말할 때 극히 일부 예에만 적용되는 특징들을 일일이 모두 다 나열할 필요도 없고, 또 그렇게 해서도 안 되기 때문이다. 그렇지만 단어를 하나의 품사로 귀속시킬 때에는 충분조건의 특징에 부합되기만 하면, 적용 범위가 아주 작더라도 그것은 역시 유용한 특징이다. 따라서 우리는 이러한 조건을 능숙하게 발견하고, 융통성 있게 적용함으로써 단어의 품사를 구분해야 한다. 예를 들어, '一天到晚地X(아침부터 저녁까지 X한다)'라는 문형에서 '一天到晚地'의 수식을 받을 수 있는 X는 틀림없이 동사인데, 바로 이것이 충분조건이다. '睡觉(자다)', '咳嗽(기침하다)'를 예로 들면, 다른 방법을 사용하여 이들이 동사임을 증명할 수도 있지만, 위 문형에 출현할 수 있다는 점('一天到晚地睡觉(아침부터 저녁까지 잔다)', '一天到晚地咳嗽(아침부터 저녁까지 기침한다)'만 제시하면, 이들이 동사라는 것을 충분히 설명할 수가 있다.(일부 대사도 '一天到晚地X'의 문형에 들어갈 수가 있는데, 그 이유는 그것이 동사를 대체하였기 때문이다.)

필요조건이란 '그것이 없어서는 절대 안 되지만, 있다고 해서 반드시 되는 것은 아닌(无之必不然, 有之未必然)' 조건을 말한다. 즉, '그것이 없으면 안 되지만, 그것이 있다고 해서 반드시 될 수 있지는 않는(少了它一定不行, 但有了'它不一定能行)' 조건이다. 예를 들면, 문법책에서 부사의 문법 특징을 설명할 때, '부사는 부사어가 될 수 있다'라는 말을 반드시 해야 한다. 부사의 각도에서 말하면, 부사어가 될 수 있다는 것이 바로 필요조건이 된다. 어떤 한 단어가 부사어가 될 수 없다면 그것은 부사가 아니다. 그런데 역으로 부사어가 될 수 있다면, 그것은 부사일 수도 있고 다른 품사일 수도 있다.

필요조건을 충분조건으로 사용할 수는 없다. 예를 들면, '刚才(방금)'는 부사어가 될 수 있다.

(1) 剛才发生了一件事。 방금 전에 일이 하나 발생했다.

여기에서 '刚才'는 '发生了……(……이 발생하였다)'의 부사어이다. 만약 이 단어가 부사어가 될 수 있다는 것만을 근거로 그것이 부사라고 말한다면, 이는 필요조건을 충분조건으로 간주하여 사용한 것이 된다. 그런데 사실 '刚才'는 시간명사이며, 시간명사는 부사어나 관형어가 될 수가 있다. 또 아래의 용법을 살펴보자.

(2) 这件事就发生在刚才。 이 일은 방금 전에 일어났다.
(3) 到刚才, 什么事都还没发生。 방금 전까지 아직 아무 일도 일어나지 않았다.
(4) 情况比刚才好多了。 상황이 방금 전보다 훨씬 나아졌다.

'刚才'는 '在(…에 / 에서)', '到(…에 / 로)', '比(…보다)' 등의 전치사

뒤에 쓰여서 이들과 함께 전치사구를 형성한다. 이것은 명사의 특징으로 부사에는 이러한 용법이 없다. 따라서 조건의 성질을 잘못 파악하여 필요조건을 충분조건으로 사용하게 되면, 이를 통해 도출된 결과는 신뢰성이 떨어진다는 것을 알 수 있다.

그렇다면, 필요조건은 어떠한 역할을 하는가? 어떤 조건에 부합하면 어느 품사의 단어인지 알 수 있게 도와주는 것이 충분조건이라고 한다면, 필요조건의 가장 큰 장점은 바로 어떤 조건에 부합하지 않으면 틀림없이 어느 품사가 아니라는 것을 알 수 있게 도와주는 것이라 할 수 있다. 예를 들면, 어구(词语)나 문장 사이에서 연결 작용을 하면서 모종의 관계를 나타내는 접속사(连词)는 통사구조(句法结构) 내의 중심어가 될 수는 없는데, 이는 접속사의 필요조건이다. 하지만 이 조건에 부합한다고 해서, 즉 구조의 중심이 될 수 없다고 해서 반드시 접속사인 것은 아니다. 왜냐하면, 다른 종류의 단어 중에도 구조의 중심이 될 수 없는 것들이 있기 때문이다. 그러나 이 조건에 부합하지 않는다면, 다시 말해 구조의 중심이 될 수 있다면 분명히 접속사는 아니다. 예를 들어, 복문을 구성하는 절(分句)이나 문단(句群) 사이에 쓰인 '不然(그렇지 않으면)'을 어떤 책에서는 접속사로 보았는데, 사실 그 앞에는 '要'나 '再'를 붙일 수도 있고, 뒤에는 '的话'가 올 수도 있다.

(5) 他一定开会去了, 不然, 为什么这么晚还不回来?

그는 틀림없이 회의를 하러 갔을 거야. 그렇지 않으면, 왜 이렇게 늦도록 여태 돌아오지 않을까?

(6) 他一定开会去了, 不然, 就是找朋友们聊天去了。

그는 틀림없이 회의를 하러 갔을 거야. 그렇지 않다면, 친구들을 찾아 수다를 떨러 갔을 테니까.

앞의 예에서 '不然'은 '要不然(만약 그렇지 않다면)'이나 '要不然的话(만약 그렇지 않다면)'로도 말할 수 있고, 뒤의 예에서 '不然'은 '再不然(그렇지 않다면)'이나 '再不然的话(그렇지 않다면)'로도 말할 수 있다. 이를 통해 '要不然(的话)'과 '再不然(的话)'에서 '不然'이 중심적 지위에 있음을 알 수 있다. 그래서 '要不然(的话)'이나 '再不然(的话)' 전체를 접속사성 구 단어(短语词)라고 말할 수는 있어도, 그 안의 '不然'을 접속사라고 할 수는 없다. ('要不'와 '再不'는 '要不然'과 '再不然'의 축약 형식이며, 전체를 접속사성 구 단어로 볼 수도 있다. '要不然(的话)'과 '再不然(的话)'이 '不然'의 의미를 포함하고 있는 것과 마찬가지로, 이들도 '不然'의 의미를 포함하고 있다) 또 한편, '不然'에 '要……的话'와 같은 말을 붙이면 '不然'이 접속사가 아니고, 이를 붙이지 않으면 '不然'이 접속사라고 하는 것은 불가능하다. 왜냐하면, '要……的话'의 유무와 상관없이 '不然'의 의미와 기능은 같기 때문이다. 또 다른 예를 보자.

(7) 这一点正表明抗大是一个最革命最进步的学校, 如若<u>不然</u>, 他们就不会反对了。

이 점은 바로 중국인민항일군정대학교(中国人民抗日军政大学)가 가장 혁명적이고 진보적인 학교라는 것을 분명하게 보여주고 있는데, 만약 그렇지 않다면 그들이 반대할 리가 없다.

'如若不然(만약 그렇지 않다면)'은 본문을 구성하는 가정절이고, '不然'은 복문을 구성하는 가정절 안에서 의미의 중심이므로 이를 접속사라고 할 수는 없다. 물론 현대 중국어에서 '不然'은 결합이 긴밀하고 의미가 공허하지만, 여전히 '这样(이러하다)'에 상대되는 의미를 나타낸다. 따라서 상하 문맥의 의미가 통한다는 전제하에서 '不然'은 '这样'으로 대체가 가능하므로 당연히 품사 역시 같다. 비교해보자.

(8) 你应该答应他, <u>不然</u>, 他会不高兴的。
너는 그에게 허락해야 한다. 그렇지 않으면, 그는 기분 나빠할 것이다.

(9) 你应该答应他, <u>这样</u>, 他会高兴的。
너는 그에게 허락해야 한다. 그렇게 하면, 그는 기뻐할 것이다.

(10) 还得让一些水流走。<u>不然</u>, 堵着的水又会冲坏了堤。
약간의 물을 더 흘려보내야 한다. 그렇지 않으면, 막힌 물이 또 둑을 쓸어내릴 것이다.

(11) 还得让一些水流走。<u>这样</u>, 堵着的水才不会冲坏了堤。
약간의 물을 더 흘려보내야 한다. 그렇게 하면, 막힌 물이 비로소 둑을 쓸어내리지 않을 것이다.

'这样'은 대사이고, '不然'은 연결의 기능을 하는 대사성 구 단어(代词性短语词)로 볼 수 있다. 복문을 구성하는 절들 사이에서 연결의 기능을 하는 것은 접속사가 되기 위한 필요조건일 뿐, 이러한 조건을 가진 단어가 반드시 접속사인 것은 아니다. 대사 '(就)这样'은 복문을 이루는 절 또는 문단 사이에서 위아래를 이어주는 연결의 기능을 한다.
한 발 더 나아가 지적할 것은, 만약 필요조건이 다른 조건과 합쳐지면 필요하면서 충분한 조건이 될 수 있다는 것이다. 예를 들면, '단순히 부사어는 되지만(소수는 보어도 될 수 있다) 주어와 목적어는 될 수 없으며, 전치사 뒤에 쓰여 전치사구를 만들 수 없다는 것은 부사의 필요충분조건이다. (문장 서술의 편의상, 이후 이를 '순수 부사성(纯状语性)'이라고 한다) 또 예를 들면, '단순히 연결 기능만 하여 어구 간의 추상적인 문법 관계를 나타내는 것은 통사구조의 중심어가 될 수 없는데', 이것은 접속사의 필요충분조건이다. 이러한 조건은 '그것이 있으면 반드시 그렇게 되고, 없으면 반드시 그렇게 되지 않으니', 당연히 이를 근거로 단어의 귀속을 판정할 수 있다.

제**2**장
단어 분류의 방법

어떤 단어는 문법 특징이 뚜렷하지만, 어떤 단어는 뚜렷한 문법 특징이 없다. 품사를 직접적으로 분명히 말할 수 있는 단어도 있고, 간접적인 방법으로 어느 품사에 속하는 지 설명할 수밖에 없는 단어도 있다. 이처럼 단어마다 상황이 다르므로 채택하는 논증 방법도 달라야 한다. 이 장에서는 직접 판정, 배제, 유추 등 단어 분류 방법을 소개하고자 한다.

제**1**절 직접 판정

직접 판정이란 품사의 문법 특징에 근거하여 어떤 단어가 어떤 품사에 속한다고 직접 판단하는 것으로, 흔히 채택되는 방법이다. 그 공식은 다음과 같다.

> 품사 A의 문법 특징에 부합하는 것은 모두 A에 속한다.
> X는 품사 A의 문법 특징에 부합한다.
> 따라서 X는 A에 속한다.

품사 B의 문법 특징에 부합하는 것은 모두 B에 속한다.

Y는 품사 B의 문법 특징에 부합한다.

따라서 Y는 B에 속한다.

몇 개의 단어를 예로 들어보자.

1. '例如'

이 단어는 명사나 명사구를 동반할 수 있는데, 이때 명사나 명사구는
목적어만 될 수 있다. 예를 들어보자.

(1) 有些地方的游击战争, 全部活动地区开始都是游击区, <u>例如</u>冀东
    的游击战争。

    일부 지방의 게릴라전은 모든 활동 지역이 처음에는 모두 게릴라 지역
    이었는데, 예를 들면 허베이성 동부 지역의 게릴라전이 그러하다.

(2) 现在许多地方的游击战争, <u>例如</u>五台山等处, 是由正规军派出强
    大的支队去发展的。

    현재 많은 지방의 게릴라전, 예를 들면 우타이산 등과 같은 곳은 정규군
    이 강력한 지대를 파견하여 확대시킨 것이다.

'例如冀东的游击战争(예를 들면 허베이성 동부의 게릴라전)'과 '例
如五台山等处(예를 들면 우타이산 등과 같은 곳)'은 모두 동목구조로
만 분석할 수 있을 뿐, 다른 구조로는 분석할 수가 없다. 이는 비교적
특수한 동목구조로 문장에서 독립적인 성분이 되지만, '例如'가 목적어
를 동반한다는 것은 부인할 수 없다. 이것은 바로 '例如'가 동사의 충분
조건에 부합하기 때문에 동사라고 직접 판정할 수 있음을 말한다. '例

如’와 비슷한 단어로는 ‘比如(예를 들다)’, ‘譬如(예를 들다)’ 등이 있는데, 이들도 역시 동사이다.

2. ‘着想’

이 단어는 문장 속에서 ‘为大家着想(모두를 위해 고려하다)’, ‘从大处着想(중요한 부분부터 염두에 두다)’, ‘你什么时候替我着想过?(네가 언제 날 위해 신경 쓴 적 있니?)’처럼 항상 ‘为……’, ‘替……’, ‘从……’ 등의 뒤에 출현하여 이들 전치사의 수식을 받고, 동태조사 ‘过’를 동반하기도 한다.

‘누구를 위해 X 한 적이 있는가(为谁X过)’와 같은 형식에서 X 자리에 출현할 수 있다는 것은 동사의 충분조건이다. ‘着想’도 이 조건에 부합하기 때문에 틀림없이 동사이다.

3. ‘不便’

이 단어는 정도부사의 수식을 받을 수 있으므로 목적어를 가질 수 없다. 예를 들면, ‘在这儿, 吃住不便, 交通更不便。(이곳에서는 숙식이 불편하고, 교통은 더욱 불편하다.)’과 같다. 또 다음 대화의 예도 있다. ‘甲 : 我不便去找他。乙 : 你不便, 我更不便。(갑 : 내가 그를 찾아가기가 불편해. 을 : 네가 불편하면, 나는 더욱 불편해)’

정도부사의 수식을 받을 수 있고 목적어를 가질 수 없다는 것은 형용사의 충분조건이다. ‘不便’은 이 조건에 부합하므로 당연히 형용사라고 판정할 수 있다.

참고로 동사 앞에서 부사어가 되는 '不便'은 역시 동사 앞에서 부사어가 되는 '难(어렵다)', '容易(쉽다)' 등과 특성이 같으며, 모두 형용사이다. 비교하여 보자.

不便	不便进, 更不便出。들어가기는 불편하고, 나오기는 더욱 불편하다. → 进不便, 出更不便。들어가기는 불편하고, 나오기는 더욱 불편하다.
难	难进, 更难出。들어가기는 어렵고, 나오기는 더욱 어렵다. → 进难, 出更难。들어가기는 어렵고, 나오기는 더욱 어렵다.
容易	容易进, 更容易出。들어가기는 쉽고, 나오기는 더욱 쉽다. → 进容易, 出更容易。들어가기는 쉽고, 나오기는 더욱 쉽다.

4. '总算'

이 단어는 '순수 부사성'을 띠고 있다. 이는 동사와 형용사 앞에서 부사어가 될 뿐, 다른 문법 환경에서는 출현할 수 없다. 예를 들어보자.

(1) 哎呀, 总算找到你了!
아이고, 마침내 너를 찾았구나!

(2) 小高呢, 从小当篾工, 总算在家里念过几天书。
소고는 어릴 때부터 죽세공 일을 하며 간신히 며칠 동안 집에서 공부한 적이 있다.

(3) 小孩子的字能写成这样, 总算不错了。
어린 아이가 글씨를 이렇게 쓸 정도이면, 대체로 괜찮은 편이다.

표면적으로 '总算'은 동사처럼 보인다. 하지만 '순수 부사성'이라는 점을 파악한다면 바로 이를 부사라고 단정할 수 있다.

제**2**절 배제

배제는 여러 가지 다른 가능성을 배제함으로써 어느 한 가지 가능성만을 인정하는 것이다. 이 방법은 어떤 단어가 어느 한 품사의 뚜렷한 문법 특징을 가지고 있지 않아서 품사를 직접 판정하기가 어려울 때 사용할 수 있다. 공식은 다음과 같다.

품사 A이거나 품사 B 혹은 품사 C이다.
X는 품사 A일 수도 없고, 품사 B일 수도 없다.
따라서 X는 품사 C이다.

몇 개의 단어로 예를 들어보자.

1. '*必然*'

'*必然*'은 문장성분이 될 수 있으므로 허사는 아니다. 실사와 특수 실사 중에 관형어와 부사어 자리에 오는 '*必然*'은 명사나 동사 또는 대사일 수 없고, 수사나 양사일 가능성은 더욱 낮다. 그렇다면 남은 두 가지 가능성은 부사 또는 형용사이다.

'*必然*'은 '*必然产物*(필연적인 산물)', '*必然结果*(필연적인 결과)', '*必然趋势*(필연적인 추세)'와 같이 관형어가 될 수 있다. 또 '*这是必然的*(이것은 필연적인 것이다)'처럼 술어 부분에서 '*是*……*的*' 사이에 쓰일 수도 있다. 그리고 '*必然*'은 부사어로 쓰이기도 하지만, 구조 변환을 통해 여전히 '*是*……*的*' 사이에 나타날 수도 있음을 설명할 수 있다. 즉, '*必然取得最后胜利*(필연코 최후의 승리를 거두리라)'는 '*取得最后胜*

利是<u>必然</u>的(최후의 승리를 거두는 것은 필연적인 것이다.)'로 변환할
수 있다. 이는 모두 부사의 특징이 아니다.

'必然'은 형용사로 직접 판정하기에도 이유가 불충분하다. 왜냐하면
정도부사의 수식을 받을 수 없기 때문에, '정도부사의 수식을 받을 수
있으며 목적어를 가질 수 없다'라는 형용사의 필요충분조건에 완전히
부합하지는 않기 때문이다. '必然'은 관형어가 될 수 있고 '是……的'의
사이에 쓰일 수도 있지만, 이는 '必然'을 형용사로 판정하는 충분한 이
유가 될 수 없다. 다른 품사의 단어들도 이 조건에 부합하기 때문이다.
그렇다면 다른 가능성(특히 부사)을 배제하는 방법을 통해 우리는 자신
있게 '必然'이 형용사라고 판정할 수가 있는 것이다.

2. '空前'

'空前'의 품사를 직접 판단하기는 더욱 어려운데, 이때도 역시 배제
법을 사용할 수 있다. '空前'은 부사 또는 시간명사, 동사, 형용사 중 하
나이며, 그 밖에 다른 가능성은 없다.

우선 '<u>空前</u>繁荣(전례가 없이 번영하다)'와 같이 부사어가 될 수 있어
도 부사일 가능성은 없다. 왜냐하면 다음과 같은 용법이 있기 때문이다.

(1) 1887年，他刚刚九岁时，一场<u>空前</u>的水灾毁灭了他家的土地、房屋
和牲畜，夺去了他的全部亲人的生命。

1887년, 그가 막 9살이 되었을 때, 전례가 없는 한 차례의 수해가 그의
집의 땅과 집 그리고 가축을 휩쓸고 갔고, 그의 가족 모두의 목숨을 앗
아갔다.

(2) 这次规模<u>空前</u>的盛会，检阅了成就，训练了队伍。

이번 전례 없는 규모의 성대한 회의는 성과를 검열하고 팀을 훈련시켰다.

앞의 예문에서는 '空前'이 '水灾(수해)'의 관형어이고, 뒤의 예문에서는 '規模(규모)'의 술어이다. 이는 부사의 특징이 아니다.

또 '空前'은 의미상으로 시간 개념과 관련이 있지만, 시간명사일 수는 없다. 시간명사는 从前(종전)'→'在从前(종전에)', '目前(지금)'→'到目前(지금까지)'에서처럼 전치사 뒤에서 전치사구를 이룰 수 있는데, '空前'은 '在'와 '到' 뒤에 올 수 없으므로 시간명사의 특징을 가지고 있지 않다.

그리고 '空前'은 '空前绝后(전에도 없고, 후에도 없는)'와 같은 구조 속에서는 동사구(동목구조)이지만 하나의 단어로 사용될 때는 목적어를 가질 수도 없고, 뒤에 '着', '了', '过'가 붙을 수도 없으며, '没'의 부정을 받을 수도 없는 등 동사의 어떠한 특징도 가지지 않는다. 따라서 '空前'은 동사일 수도 없다.

배제법을 통한 결과 '空前'의 품사는 형용사라는 하나의 가능성만 남았다. 이를 다시 관형어와 술어가 되는 그 기능과 결부시켜 생각해보면 '空前'은 결국 형용사라고 판정을 내릴 수 있다.

3. '人身'

'人身'의 품사를 직접 판정하는 것 역시 어려움이 있는데, 이 역시 배제법을 사용할 수 있다. 이 단어는 부사이거나 형용사 또는 명사이며, 그 외의 가능성은 없다.

우선 '人身'은 부사는 아니다. '人身自由(신체적 자유)', '人身事故(인신사고)'와 같은 용법은 부사가 가질 수 없는 것들이기 때문이다.

그 다음 이는 형용사도 아니다. 예를 들어, '惡毒攻击(악독한 공격)'를 보면, '惡毒(악독하다)'는 형용사여서 뒤에 '地'를 붙여 '惡毒地攻击(악독하게 공격한다)'라고 말할 수 있다. 그런데 '人身攻击(인신공격)'는 '人身地攻击'라고 할 수 없다. 반면, '人身攻击'는 '人身受到攻击(신체가 공격을 받았다)'로 확장할 수 있지만, 형용사는 이러한 기능이 없다.

결국 배제법을 통하면 '人身'의 품사는 명사라는 하나의 가능성만 남는데, 이를 다시 주어가 되는('人身受到攻击')는 명사의 기능과 결부시켜 생각해보면, '人身'은 결국 확실하게 명사라고 판정할 수 있다.

제**3**절 유추

유추는 단어 A가 어떤 품사에 속하는지를 이미 알고 있고, 이를 통해 단어 A와 같은 종류의 단어 B도 그와 같은 품사에 속할 수밖에 없음을 미루어 아는 방법이다. 이 방법도 역시 어떤 단어의 품사를 직접 판정하기 어려울 때 사용할 수 있다. 공식은 다음과 같다.

X는 Y와 같은 종류일 수밖에 없다.
Y는 품사 A이다.
따라서 X도 품사 A이다.

몇 개의 단어를 예로 들어보자.

1. '会心'

'会心'은 동사, 형용사, 명사의 뚜렷한 문법 특징들을 모두 찾기 어렵다. '会心的微笑(의중을 이해하는 미소)' 같은 용법에서는 동사 같기도 하고 형용사 같기도 하다. 동사와 형용사가 모두 '会心'의 위치에 놓일 수 있기 때문이다.('赞赏的微笑(칭찬하여 높이 평가하는 미소)'의 '赞赏'은 동사이고, '亲切的微笑(친절한 미소)'의 '亲切'는 형용사이다) 그런데 '别有会心(달리 깨달은 바가 있다)'과 같은 용법에서 '会心'은 동사처럼 보이나 명사가 아니라고 확신할 수도 없다. 동사와 명사가 모두 '会心'의 위치에 올 수 있기 때문이다.('别有领悟(달리 깨달은 바가 있다)'의 '领悟(깨닫다)'는 동사이고, '别有天地(달리 세상이 있다)'의 '天地(천지, 세상)'는 명사이다)

'会心'은 '会意(남의 의중을 깨닫다)'와 의미가 같다. '会意'를 쓸 수 있는 곳에 모두 '会心'을 쓸 수는 없지만, '会心'을 쓸 수 있는 곳에는 모두 '会意'를 쓸 수 있다. 이는 '会心'이 의미적으로나 용법적으로 '会意'에 종속되어 있으며, '会意'와는 동일한 품사 관계에 있음을 말한다.

'会意'는 '他一使眼色, 我就会意了。(그가 눈짓을 하자 나는 곧바로 알아차렸다.)'에서 보듯이 동사의 자리에 올 수 있으므로 동사라고 증명할 수 있다. 형용사도 '天一冷, 树叶就黄了(날씨가 추워지자 나뭇잎이 곧 노랗게 되었다)'처럼 동사의 자리에 올 수 있지만, '会意'는 형용사의 뚜렷한 특징들을 가지고 있지 않으므로 이를 형용사에 귀속시킬 수는 없다. 따라서 '会意'는 동사일 수밖에 없는 것이다.(여기서 '天一冷, 树叶就黄了'에서 '黄(노랗게 되다)'은 이미 '동태화(动态化)' 되었음을 지적하고자 한다. 이에 대해서는 제8장 '문장 내 동사·형용사의 조건 변이'의 관련 부분을 참고 바람.)

'会心'이 동사 이외의 다른 품사라는 것을 증명할 방법이 없고, 또 그것이 동사 '会意'와 같은 종류라면 이 역시 동사라는 판정이 가능하다.

2. '相反'

'相同(서로 같다)'은 형용사로, '很不' 또는 '不很'의 수식을 받을 수 있으며('很不相同(아주 같지 않다)', '不很相同(아주 같지는 않다)'), 목적어를 가질 수 없다. 吕叔湘 선생은 『语文杂记』[1]에서 이를 형용사에 귀속시키고, '一致(일치하다)', '一样(같다)' 등과 같은 것으로 분류하였다.[2]

'相反'과 '相同'은 의미가 서로 대립되지만, 구조가 동일하고 용법도 서로 유사하다. 비교해 보자.

> 完全相同的看法 완전히 서로 같은 견해
> 完全相反的看法 완전히 서로 반대되는 견해
> 他们的意见完全相同。 그들의 의견은 완전히 서로 같다.
> 他们的意见完全相反。 그들의 의견은 완전히 서로 반대이다.

또한 '相同'과 마찬가지로 '相反'은 목적어를 가질 수 없고, 동사임을 증명할 다른 충분한 이유도 찾을 수 없다. 따라서 '相反'도 역시 '相同'과 마찬가지로 형용사로 보아야 한다.

3. '无须'

'无须'의 품사에 대해 동사라는 견해와 부사라는 견해가 있다. 만약

---

1) 역자주 : 원서에는 『语文札记』로 되어 있으나, 『语文杂记』로 확인되어 수정하였음.
2) 저자주 : 『中国语文』 1965년, 5기 346쪽 참조.

동사라면 '无须操心(걱정할 필요가 없다)', '无须告诉你(너에게 알려줄 필요가 없다)'는 동목구조이고, '操心'과 '告诉你'는 목적어가 된다. 만약 부사라면 '无须操心'과 '无须告诉你'는 부사어＋중심어 구조이고, '无须'는 부사어가 된다. 그렇다면 이는 도대체 동사인가 부사인가? '无须' 자체만을 보면 설득력 있는 답을 구하기가 매우 어렵다.

'无须'와 '不必(~할 필요가 없다)'는 모두 '必须(반드시 …하다)'에 대한 부정으로, 의미가 완전히 같으며 용법에서도 별로 차이가 없다. 비교하여 보자.

(1) 这件事, 你<u>无须</u>操心。 이 일은 너는 걱정할 필요가 없다.
    这件事, 你<u>不必</u>操心。 이 일은 너는 걱정할 필요가 없다.
(2) 这件事, <u>无须</u>你操心。 이 일은 네가 걱정할 필요가 없다.
    这件事, <u>不必</u>你操心。 이 일은 네가 걱정할 필요가 없다.

그런데 '不必'는 분명히 부사이므로, 이와 의미가 같고 용법도 유사한 '无须'도 당연히 부사일 것이다. 역으로 말하면, '不必'가 부사가 아니라 동사임을 증명할 충분한 이유가 없다는 것이다.

'无须'는 '无须乎'라고 할 수도 있는데, '无须乎'는 또 '不必'로 대체가 가능하므로 이 또한 부사가 된다. 예를 들어보자.

(3) <u>无须乎</u>大惊小怪! 조그마한 일에 크게 놀랄 필요 없어!
    <u>不必</u>大惊小怪! 조그마한 일에 크게 놀랄 필요 없어!
(4) 我知道怎么干, <u>无须乎</u>别人插手。
    내가 어떻게 하는지 알고 있으니, 다른 사람은 개입할 필요가 없다.
    我知道怎么干, <u>不必</u>别人插手。
    내가 어떻게 하는지 알고 있으니, 다른 사람은 개입할 필요가 없다.

이러한 유추 방법을 활용하여 비교, 대체해보면 단어들 간의 공통점을 알 수 있으므로 품사를 분류하기가 편리하다. 그러나 이 방법은 일정한 조건 하에서만 적용이 가능한데, 왜냐하면 이는 바로 'X는 Y와 같은 종류일 수밖에 없다(X只能跟Y同类)'라는 것이 반드시 대전제가 되어야 하기 때문이다. '只能(~수밖에 없다)'은 X에 대해 Y가 속한 품사 이외의 다른 품사일 가능성은 없다는 것을 의미한다. 예를 들어 '会心'은 '会意'와 같은 품사일 가능성만 있을 뿐이므로, 동사 이외의 품사일 가능성은 없다. 이러한 전제하에만 비로소 '会心'을 동사로 분류할 수 있는 것이다. 만약 갑과 을이라는 두 단어가 의미적으로 유사하거나 서로 관련이 있어서 경우에 따라서는 서로 대체할 수 있다 하더라도, 문법 특징상 이들이 각각 다른 품사에 속한다('迅速'과 '迅即', '突然'과 '忽然')는 것을 증명할 수 있다면, 단순히 유추를 통해 갑이 을과, 혹은 을이 갑과 품사가 같다고 증명할 수는 없다.

제4절 다양한 방법의 종합적인 사용

결론의 신뢰성을 높이고 설득력을 강화하기 위해 직접 판정, 배제, 유추 등의 방법을 종합적으로 사용하여 이들 방법들이 서로 협력, 보완하게 함으로써 문제를 함께 설명할 수도 있다. 몇 개의 단어를 예로 들어보자.

1. '可惜'

'可惜'는 정도부사의 수식을 받을 수 있고('很可惜(아주 아쉽다)', '非

常可惜(대단히 아쉽다)', '十分可惜(매우 아쉽다)'), 목적어를 가질 수 없다('他摔坏了腿, 大家都感到可惜(그가 넘어져 다리를 다쳐서 모두 들 애석해 했다)'라고 말할 수는 있으나, '他摔坏了腿, 大家都可惜他'라고 할 수는 없다). 이는 형용사의 필요충분조건에 부합하므로 '可惜'는 형용사로 판정할 수 있는데, 이것은 직접 판정이다.

이 단어는 흔히 동사나 동사구 앞에 쓰이므로 부사인가? 의미를 동일하게 유지한다는 조건 하에서 구조 변환을 통해 부사어로 사용된 '可惜'도 역시 형용사라고 할 수 있다. 예를 들어보자.

(1) 他的著作, 可惜全都散失了。
    그의 저작은 애석하게도 모두 산실되었다.

(2) 他的著作全都散失了, 真可惜!
    그의 저작이 모두 산실되었으니 정말로 애석하다!

(3) 他的著作全都散失了, 这是十分可惜的事。
    그의 저작이 모두 산실되었으니, 이는 매우 애석한 일이다.

'순수 부사성'을 가진 부사는 이러한 변환 방식을 사용할 수 없으므로, '可惜'는 부사가 아님을 알 수 있다. 이는 배제법을 활용한 것이다. 직접 판정에 배제법을 추가하여 보완함으로써 '可惜'의 품사 판정에 더욱 확신을 가질 수가 있다.

또한 '可惜'는 '可惜了这块材料(이 재료는 못 쓰게 되었다)'와 같이 '糟蹋(못쓰게 하다. 망치다)'의 의미를 가지는 경우도 있는데, 이때는 주로 '了'를 동반한다. 이러한 '可惜'는 동사이며, 위의 '可惜'와는 다르다.

2. '而今'

'而今'은 '到而今(지금까지)'에서 보듯이 직접 전치사 뒤에 쓰여 함께 전치사구를 이룬다. 이러한 특징을 가진 단어는 일반적으로 명사인데, 이는 직접 판정이다.

'而今'은 '現在(현재)'를 뜻하며, 이를 사용할 수 있는 곳에는 모두 '現在'를 쓸 수 있다. '現在'가 명사이므로 자연스럽게 '而今'도 명사로 판단할 수 있는데, 이는 유추이다. 직접 판정과 유추를 함께 사용함으로써 '而今'이 명사라는 결론은 더욱 더 설득력을 가질 수 있다.

3. '不一'

직접 판정법으로 '不一'의 품사를 판정하기는 어려우므로 다른 방법을 사용해야 한다.

우선 '不一'는 형용사와 동사, 부사 외에 다른 품사일 수는 없다. 그런데 '质量不一, 长短不一, 意见不一(품질도 같지 않고, 길이도 같지 않으며, 의견도 같지 않다)'와 같이 항상 술어로 사용되기 때문에 '不一'는 부사일리는 없다. 또 '不一'는 어떠한 동사의 특징도 찾을 수가 없으므로 동사도 아니다. 따라서 '不一'가 형용사일 가능성만 남는데, 이것이 배제법이다.

'不一'는 '长短不一(길이가 같지 않다)', '长短一样(길이가 같다)'이나 '意见不一(의견이 같지 않다)', '意见一致(의견이 일치한다)'에서 보듯이 '一样(한가지이다. 같다)'이나 '一致(일치한다)'와는 서로 반대이므로, 이들 단어의 품사는 같아야 한다. '一样'과 '一致'가 형용사이므로 '不一'도 형용사여야 하는데, 이것은 유추법이다.

배제법과 유추법을 함께 사용함으로써 '不一'가 형용사라는 것이 더욱 분명해졌다.

4. '就是了'

이는 구단어(短语词)로, 문장 끝에 붙어서 '의심하여 염려할 필요가 없다(不必疑虑)' 또는 '이와 같을 따름이다(如此而已)'의 의미를 나타낸다. 예를 들어보자.

(1) 我们说到做到, 你放心<u>就是了</u>。
우리가 말한 것은 실행에 옮기니 너는 마음 놓아도 돼.

(2) 这事谁不知道? 我不过不说<u>就是了</u>!
이 일을 누가 모르겠니? 내가 말을 하지 않을 따름이지!

앞의 예문에서 '就是了'는 '걱정할 필요가 없다'는 의미를, 뒤의 예문에서는 '이와 같을 따름이다'의 의미를 나타낸다. 두 문장에서 '就是了'를 생략해도 문장의 기본적인 구조와 의미에는 변함이 없다. 이들은 모두 어기조사의 조건에 부합한다. 이를 통해 '就是了'는 어기조사에 귀속시켜야 한다는 것을 알 수 있다. 이는 직접 판정법을 사용한 것이다.

이때 '就是了'는 술어로 분석할 수 없으며, 보어나 다른 성분으로 분석하는 것은 더욱 불가능하다. 따라서 이는 실사나 특수 실사가 아니다. 허사의 각도에서 말하면, '就是了'는 전치사와 접속사 또는 구조조사와 동태조사도 아니다. 그렇다면 남은 것은 어기조사일 가능성뿐이다. 이는 배제법을 사용한 것이다.

'염려할 필요 없다'의 의미를 나타내는 '就是了'는 '便了'와 같고, '이와 같을 따름이다'의 의미를 나타내는 '就是了'는 '罷了'와 같다. 따라서 '就是了'는 '便了'나 '罷了'로 대체될 수 있다. 그런데 '便了'와 '罷了'가 모두 어기조사이므로 '就是了'도 역시 어기조사로 분류하여야 한다. 이는 유추법을 사용한 것이다.

여기에서는 직접 판정, 배제, 유추 세 가지 방법이 모두 사용되었다. 이 세 가지 방법이 협력하고 보완함으로써 결론의 신뢰성을 더욱 높일 수 있는 것이다.

방법의 운용은 유연해야 한다. 앞에서 일부 단어를 예로 들어 분석을 진행한 목적은 이러한 방법을 어떻게 운용하는가를 설명하려는 데 있으며, 한 단어의 품사를 판정할 때 반드시 어느 한 가지 혹은 몇 가지 방법만을 사용해야 한다고 주장하는 것이 아니다. 어떤 방법을 사용하고 어떤 방법을 사용하지 않을 것인지, 어떤 방법을 먼저 사용하고 어떤 방법을 나중에 사용할 것인지 등은 모두 구체적인 상황과 실제 필요에 따라 결정된다. 때문에 반드시 문제 설명과 문제 해결을 원칙으로 삼아야 하며 고정된 방식을 정할 수는 없다.

제**3**장
동형이품사同形異类 현상의 품사 귀속

동형이품사(同形異类)란 단어의 형태는 같으나 실제로는 다른 품사에 속하는 것을 말한다. 즉, 갑(甲)의 문법 환경에서는 품사 A이고, 을(乙)의 문법 환경에서는 품사 B인 경우이다. 예를 들어보자.

工作	在边疆<u>工作</u>过三年。변경에서 3년간 일한 적이 있다. 这几项<u>工作</u>都很重要。이 몇 가지 일은 모두 매우 중요하다.
困难	这几种<u>困难</u>我们都能克服。이 몇 가지 어려움은 우리가 모두 극복할 수 있다. 行动很<u>困难</u>。행동하기가 어렵다.
麻烦	这件事很<u>麻烦</u>。이 일은 매우 번거롭다. <u>麻烦</u>您了! 당신을 번거롭게 했습니다.

'工作(일하다)'는 동사일 때도 있고 명사일 때도 있으며, '困难'은 명사일 때도 있고 형용사일 때도 있다. 또 '麻烦'은 형용사일 때도 있고 동사일 때도 있다. '工作', '困难', '麻烦'은 모두 동형이품사인 단어들이다.

동형이품사 단어들의 각 품사별 사용빈도는 차이가 있다. 예를 들어보자.

车	一辆车 차 한대
	车水 수차(水車)로 물을 대다
死	死得光荣 명예롭게 죽다
	把问题看得太死 문제를 너무 고지식하게 보다
热	天气很热 날씨가 매우 덥다
	加点儿热 열을 좀 가하다

'车'는 명사일 때도 있고 동사일 때도 있는데, 명사의 사용빈도가 동사보다 높다. '死'는 동사일 때도 있고 형용사일 때도 있는데, 동사의 사용빈도가 형용사보다 높다. '热'는 형용사일 때도 있고 명사일 때도 있는데, 형용사의 사용빈도가 명사보다 높다.

하나의 단어가 어떤 품사에 속하는지는 문장에 들어간 다음에야 확정할 수 있다. 즉, 한 문장에서 단어는 품사 A에만 속하거나 품사 B에만 속하므로, 더 이상 다품사의 단어가 아니다. 따라서 구체적인 문법 환경과 결합하여 단어의 귀속을 판정해야 한다. 예를 들어보자.

(1) 这是性质完全不同的两类矛盾。
전혀 성질이 완전히 다른 두 종류의 갈등이다.

(2) 在阶级社会中战争与和平这样矛盾着的事物，在一定条件下具备着同一性。
계급사회에서 전쟁과 평화라는 모순되는 사물은 일정한 조건하에서 동일성을 가진다.

(3) 我心里很矛盾。
내 마음은 몹시 갈등한다.

예문 (1)에서 '矛盾'은 물량을 표시하는 수량구의 수식을 받는 명사이다. 예문 (2)에서 '矛盾'은 '着'를 수반한 동사이다. 예문 (3)에서 '矛盾'은 정도부사의 수식을 받으며 동사의 특징을 가지고 있지 않는 형용사이다.

동형이품사 단어는 일반적으로 어원(词源)적으로 혈연관계를 가진다. 그 관계가 분명한 것도 있지만 그렇지 않은 것도 있는데, 이는 여러 차례 파생의 결과 연원 관계가 이미 모호해졌기 때문이다. 王力 선생의 견해에 따르면, 연원 관계가 있는 단어는 일반적으로 모두 하나의 단어가 '두 개 이상의 품사에 속하는(兼属两个以上的词类)' 겸류 현상(兼类现象)[1]이다. '打人(사람을 때리다)'의 '打(때리다)'와 '一打毛巾(한 다스의 수건)'의 '打(다스)'는 겸류가 아니라 어원이 다른 동음어(同音词)이다. 또 역사적으로 관계가 있지만 사람들이 이미 이러한 관계를 인식하지 못하는 '钢刀(강철 칼)'의 '刀(칼)'와 '一刀纸(종이 100장 묶음 한 개)'의 '刀(종이 100장)'[2]와 같은 단어 역시 겸류가 아닌 동음사로 보아야 한다.[3]

겸류와 동음의 경계는 확정하기가 매우 어려운 경우도 있다. 일반인이 연원 관계를 알 수 있는지 여부를 경계 확정의 기준으로 삼으면 명확한 결론을 얻기가 어렵다. 고서를 읽은 사람과 읽지 않은 사람, 고서를 많이 읽은 사람과 적게 읽은 사람은 동일한 언어현상에 대해 견해를 달리 할 것이기 때문이다. 특히 이론적으로 말하면 품사가 다른 단어는 당연히 의미도 다르기 때문에 같은 단어라고 말하기가 매우 어렵다. 예

---

1) 역자주 : 하나의 단어가 여러 가지 품사를 갖는 현상을 말한다.
2) 역자주 : 종이를 세는 단위. 일반적으로 100장을 '1刀'이라고 함.
3) 저자주 : 『词类』 16-18쪽, 新知识出版社, 1957.

를 들면, 명사 '锁(자물쇠)'('买了一把锁(자물쇠 한 개를 샀다)')와 동사 '锁(잠그다)'('把门锁上(문을 잠그다)')의 경우, 전자는 일종의 금속 도구를 나타내고 후자는 동작을 나타내는데, 이를 같은 단어라고 말할 수 있을까? 또 예를 들면, 명사 '科学(과학)'('물리학은 하나의 과학이다(物理学是一门科学)')와 형용사 '科学(과학적이다)'('이러한 작업 방법은 과학적이지 않다(这种工作方法不科学)')의 경우, 전자는 지식체계를 가리키고 후자는 일종의 성질을 나타내는데, 이를 같은 단어라고 말할 수 있을까? 이에 대해 呂叔湘 선생은 다음과 같이 주장하였다.

> 하나의 형태소(语素)가 두 가지 품사로 쓰이면서 의미상 서로 밀접하게 연관되는 경우도 있다. '一把锁(한 개의 자물쇠)'와 '锁上门(문을 잠그다)'의 '锁(자물쇠 / 잠그다)', '一个姓(하나의 성)'과 '他姓姚(그는 성이 야오이다)'의 '姓(성 / 성이~이다)'이 그 예이다. 그렇다면 이들은 하나의 형태소, 하나의 단어인가 아니면 하나의 형태소, 두 개의 단어인가? 일반적으로는 품사가 다르면 두 개의 단어로 간주하지만 기본적인 의미가 변하지 않는 경우는 한 개의 형태소뿐이므로, 이는 하나의 형태소, 두 개의 단어로 보아야 한다. 이렇게 처리하는 것이 가능하다면 '把门(문을 지키다)'의 '把', '把门锁上(문을 잠그다)'의 '把', '一把锁'의 '把'는 바로 하나의 형태소, 세 개의 단어가 된다.[4]

'품사가 다르면 두 개의 단어로 간주해야 한다'는 呂叔湘 선생의 주장은 과학적이다. 단어의 품사 분류 방법에 대한 논의를 위해서 형식은 동일하지만(음성 형식과 글자 형태가 같은 것) 서로 다른 품사에 속하는 단어를 통틀어 동형이품사 현상이라 부르고, 더 이상 겸류와 동음의

---

4) 저자주 : 『汉语语法分析问题』 17쪽.

문제에 집착하지 않기로 한다. 여기서 언급할 단어는 일반적으로 어원 상 서로 관련이 있는 것들이지만, 좁은 의미의 동음사로 볼 수밖에 없는 현상도 완전히 배제하지는 않았다.

동형이품사 현상은 단어의 품사 분류의 어려움을 더욱 증가시킨다. 만약 품사가 서로 다르면서 품사를 분류하기가 어려운 경우라면 문제는 더욱 번거로워진다. 여기서는 주로 품사 귀속 판정이 어려운 동형이품 사의 단어에 대하여 분류 원칙과 분류 요구를 준수한다는 전제하에서 방법의 운용과 조건의 견지라는 두 가지 문제에 대해 중점적으로 서술 하고자 한다.

제1절 분류 방법의 운용

동형이품사의 단어가 만약 각각 A, B, C 세 품사에 속한다면, 설득력 있게 그 단어의 품사를 확정하기 위해서는 반드시 실제 필요에 따라 구 체적인 상황에 초점을 맞추고 특정한 방법을 사용해서 논증을 진행해야 한다. 사용되는 방법은 역시 직접 판정과 배제, 유추 등이다. A, B, C 세 가지 품사는 하나의 방법을 사용할 수도 있고, 각각 다른 방법을 사 용할 수도 있다. 각 품사마다 하나의 방법만을 사용할 수도 있고, 동시 에 여러 가지 방법을 함께 사용할 수도 있다. 아래에서 예와 함께 개략 적인 분석을 하고자 한다.

1. '根本'

'根本'은 주어와 목적어가 되고 '从……上'의 사이에 나타날 수 있지만, 부사의 수식을 받을 수 없는 경우가 있다. 예를 들어보자.

(1) 那时候, 农民的<u>根本</u>就是土地。
   그 당시, 농민의 근본은 땅이었다.

(2) 啥都没有置几亩土算事! 地是<u>根本</u>。
   몇 묘의 땅을 장만하는 것만큼 유용한 것은 아무것도 없다. 땅이 근본이
   다.

(3) 问题必须从<u>根本</u>上解决。
   문제는 근본적으로 해결되어야 한다.

이때 '根本'은 명사의 문법 특징에 부합하므로 명사이다.
'根本'은 또 관형어가 되어 정도부사 '最'의 수식을 받을 수 있으며,
목적어를 가질 수 없는 경우도 있다. 예를 들어보자.

<u>根本</u>问题 근본 문제 → 最<u>根本</u>的问题 가장 근본적인 문제
<u>根本</u>原因 근본 원인 → 最<u>根本</u>的原因 가장 근본적인 원인

이때 '根本'은 형용사의 문법 특징에 부합하므로 형용사이다.
또 '根本'은 부사어로만 사용되며 다른 성분으로 사용될 수 없고, 정
도부사의 수식을 받을 수 없는 경우도 있다. 그 예는 아래와 같다.

(4) 一问, 她<u>根本</u>对任何球类活动都没有兴趣。
   물어보니 그녀는 어떤 구기 활동에도 전혀 관심이 없었다.

(5) 他站起来看了我一眼, 好像<u>根本</u>没和我发生过任何纠葛一样。
   그가 일어서서 나를 한 번 보았는데, 마치 나와 아무런 갈등도 없었던

것 같았다.

(6) 去年冬天<u>根本</u>不冷。

작년 겨울은 전혀 춥지 않았다.

이때 '根本'은 부사의 문법 특징에 부합하므로 부사이다.

위에서 '根本'을 각각 명사, 형용사, 부사로 판정한 것은 모두 직접 판정의 방법을 사용한 것이다.

2. '临时'

'临时'는 관형어 또는 부사어로 쓰여 시간의 짧음을 나타내기도 하는데, '性(~성)'을 붙일 수도 있다. 또 '临时'는 대부분 '是……的'의 중간에 출현하며, 의미는 관형어나 부사어로 사용될 때와 같다. 예를 들어보자.

(1) 防汛指挥部是个<u>临时</u>组织, ……而他也是<u>临时</u>从水利科调来的。

홍수 방지 지휘부는 임시 조직이며, …… 그도 수리과에서 임시로 전보되어 왔다.

앞의 '临时'는 관형어이고, '性'을 붙일 수 있으며('<u>临时</u>性组织((임시 조직)'), '是……的'의 중간에 놓일 수 있다('这个组织是<u>临时</u>的(이 조직은 임시적인 것이다)'). 뒤의 '临时'는 부사어로 역시 '性'을 붙일 수 있으며('他到防汛指挥部, 这是<u>临时</u>性的调动'), '是……的'의 중간에 놓일 수 있다('他从水利科调来是<u>临时</u>的(그는 수리과에서 전보되어 온 것은 임시적인 것이다'). 같은 종류의 예는 또 있다.

(2) 回到指挥部，马上召开了<u>临时</u>战地会议。

지휘부로 복귀하여 곧 임시 전지회의를 소집하였다.

(3) "我们矿上政治部老冯同志说，你调回单位了。" 老尹说，"听说<u>临时</u>再跑小矿?"

"우리 광산의 정치부 라오펑 동지는 당신이 원래 부서로 전출 가라고 말했어." 라오인이 말했다. "임시로 작은 광산에서 일하라고 들었는데?"

예문(2)의 '临时'는 관형어이고, 예문(3)의 '临时'는 부사어인데, 모두 시간이 짧음을 나타낸다. 이러한 '临时'는 형용사나 시간명사 외에 다른 품사일 가능성은 없다. 그런데 이는 시간명사일 가능성도 없다. '临时'는 '在'나 '到'와 함께 전치사구를 만들 수 없으므로 시간명사임을 증명할 방법이 없다. 또한 시간명사는 뒤에 '性'자를 붙일 수 없다.(물론, 동사와 일반명사 등도 '创造性(창조적인)', '人民性(인민적인)'과 같이 '性'을 붙일 수 있으나, '临时'는 근본적으로 동사나 일반적인 명사가 아니다.) 이로써 '临时'는 형용사일 수밖에 없음을 알 수 있다.

'临时'는 또 부사어로 쓰여 '일이 발생할 때가 임박하였음(临到事情发生的时候)'을 나타내기도 하는데, 이때는 '性'을 붙일 수 없고 '是……的' 중간에 쓰일 수도 없다. 예를 들어보자.

(4) 不能<u>临时</u>抱佛脚![5]
임박해서 부처의 다리를 잡을 수는 없다!

(5) 事先准备好，省得<u>临时</u>着急。
사전에 준비를 해야지 때가 되어서 조급해지지 않는다.

---

5) 역자주 : 이는 속담의 일부분으로 원래 속담은 '平时不烧香，临时抱佛脚(평소에 불공을 드리지 않다가 급해서야 부처님 다리를 잡고 매달린다)'이다.

이 경우의 '临时'는 형용사이거나 시간명사 혹은 부사이다. 먼저, 이 때 '临时'는 형용사의 어떠한 특징도 가지고 있지 않으므로 형용사라는 것을 증명할 방법이 없다. 다음으로, 그것은 '在临时' 또는 '到临时'라고 말할 수가 없으므로 시간명사임을 증명할 방법도 없다. 따라서 '临时'는 부사(시간부사)일 수밖에 없음을 알 수 있다.

여기에서 '临时'가 경우에 따라 형용사이거나 부사라고 판정을 내리는 것은 배제법을 사용한 결과이다.

3. '就是'

'就是'는 두 개의 단어일 경우도 있다. '这就是阿菊婆(이 사람이 바로 아쥐아주머니이다)'에서 '就'는 부사이고, '是'는 동사이다. 그런데 여기서 말하는 것은 둘이 결합되어 합성어(合成词) 또는 구단어(短语词)로 된 '就是'이다.

'就是'는 부사로 쓰이기도 하는데, 이 경우 이는 '只(다만)', '仅仅(겨우)', '偏偏(기어코)', '的确(확실히)' 등으로 대체할 수 있다. 예를 들어 보자.

(1) 他就是喜欢语文和数学, 对别的功课兴趣不大。
그는 국어와 수학만 좋아하고, 다른 과목에 대해서는 흥미가 많지 않다.

(2) 不管他怎么催, 我就是不去!
그가 아무리 재촉해도 나는 절대 가지 않겠다!

(3) 这孩子就是聪明, 难怪老师这么喜欢。
이 아이는 확실히 똑똑하군. 어쩐지 선생님이 좋아하더라니.

예문(1)의 '就是'는 '只' 또는 '仅'으로, 예문(2)의 '就是'는 '偏'으로, 예문(3)의 '就是'는 '的确'로 바꿀 수 있다. '只', '仅', '偏', '的确' 등은 모두 부사이므로, 이들과 같은 종류인 '就是'도 부사로 귀속시킬 수 있다.

'就是'가 가정적 성질의 양보(假设性让步)를 나타내는 경우도 있는데, 이때는 '即使(설령…)'로 대체할 수 있다. 또 전환을 나타내는 경우도 있는데, 이때는 '不过(그러나)'나 '可是(그러나)' 와 같은 단어로 대체할 수 있다. 예를 들어보자.

(4) 只要大家齐心协力, <u>就是</u>有天大的困难, 这个任务也能完成。
모두가 마음을 같이 하고 힘을 합하기만 하면, 비록 아무리 큰 어려움이 있더라도 이 임무는 완수할 수 있다.

(5) 精神还不错, <u>就是</u>胃口不大好。
정신은 그런대로 괜찮은데, 다만 입맛이 별로 좋지 않다.

예문(4)의 '就是'는 '即使'로 바꿀 수 있고, 예문(5)의 '就是'는 '不过' 또는 '可是'로 바꿀 수 있다. '即使', '不过', '可是' 등은 접속사이므로, 이들과 용법이 같은 '就是'도 접속사로 귀속시켜야 한다.

그 밖에 '就是'는 문장의 끝에 쓰여 모종의 어기를 나타내는 경우도 있는데, 이는 '就是了(단호하고 확정적인 어기를 나타냄)'와 같으며 '便了(…면 된다) ' 또는 '罢了(단지 …일 따름이다)'로 대체할 수 있다. 예를 들어보자.

(6) 我去<u>就是</u>, 你放心吧!
내가 가면 되니 안심해라!

(7) 我不过随便说说<u>就是</u>, 你别太认真了!

나는 그저 마음 내키는 대로 말했을 뿐이니, 너는 너무 진지하게 생각하지 마라.

예문(6)의 '就是'는 '便了'로 바꿀 수 있고, 예문(6)의 '就是'는 '罢了'로 바꿀 수 있다. '便了'와 '罢了'는 모두 어기조사이므로 '就是'도 앞의 '就是了'와 마찬가지로 어기조사로 귀속시켜야 한다.

또 '就是'는 문두에 쓰여 평판을 나타내기도 하는데, 이때는 '对(맞다)' 또는 '不错(좋다)'와 같다. 예를 들어보자.

(8) <u>就是</u>, 就是, 您的话很对!

그렇죠, 그렇죠, 당신의 말이 맞습니다!

(9) <u>就是</u>, 不错, 是这么个情况。

그렇죠, 좋습니다, 그런 경우입니다

여기에서의 '就是'는 '对' 또는 '不错'로 말할 수 있다. '对'는 형용사이고, '不错'는 형용사성 구단어라고 할 수 있다. '就是'가 '不错'와 나란히 쓰일 수 있고 '对' 또는 '不错'로 바꿀 수 있으므로, 이 역시 형용사성 단어로 보아야 한다.

요컨대, '就是'를 부사, 접속사, 어기조사 등 다양한 품사를 가지고 있다고 판정을 내리는 것은 모두 유추법을 사용한 결과이다.

4. '加以'

'加以'는 '<u>加以</u>总结(총결산하다)', '<u>加以</u>讨论(토론하다)'와 같이 흔히

뒤에 쌍음절 동사로 된 목적어를 가진다. '加以' 뒤의 동사는 사실상 이미 지칭화6)되어 있어, '<u>加以</u>科学的总结(과학적인 총결산을 하다)', '<u>加以</u>认真的讨论(진지한 토론을 하다)' 등에서 보듯이 관형어를 가질 수 있다. 또 예를 들어보자.

(1) 外来干部和本地干部的关系, 必须<u>加以</u>很好的注意。
외래 간부와 현지 간부의 관계는 반드시 매우 세심한 주의를 기울여야 한다.

(2) 为此目的, 就要详细地占有材料, <u>加以</u>科学的分析和综合的研究。
이 목적을 위해 재료를 세세하게 모으고, 과학적인 분석과 종합적인 연구를 하여야 한다.

여기서 '加以' 뒤 목적어 부분에 사용된 동사 '注意(주의하다)', '分析(분석하다)', '研究(연구하다)'는 모두 행위를 지칭하고 관형어를 가지고 있다. '加以'가 목적어를 가질 수 있다면 그것은 동사가 분명하다.
그러나, '加以'가 어떤 위치에서나 모두 동사인 것은 아니다.

(3) 现在是爆烈弹呀烧夷弹呀之类的东西已经做出, <u>加以</u>飞机也很进步, 如果要做名人, 就更容易了。
지금은 작렬탄炸裂彈이다 소이탄燒夷彈이다 하는 같은 것들이 이미 만들어졌고, 또 비행기도 매우 발달되어 유명인이 되고자 하면 훨씬 쉬워졌다.

(4) 他非常聪明, <u>加以</u>特别用功, 所以进步很快。
그는 매우 똑똑하고 또 공부도 특히 열심히 하였기 때문에 진보가 매우 빨랐다.

---

6) 저자주 : 제8장 '문장 내 동사·형용사의 조건 변이'의 관련부분 참조.

우선, 여기서 '加以'는 단문과 단문을 연결하며 점층 관계를 나타내는데, 이는 '加以'가 접속사의 특징을 가지고 있음을 말한다. 또 '加以'는 '并且(게다가)', '而且(또한)' 등의 단어로 대체할 수 있으므로 이들과 같은 품사이다. 이때 '加以'는 상술한 동사로서의 특징을 가지고 있지 않으므로 동사 '加以'와는 다르다. 이를 통해 여기서 '加以'는 접속사라는 것을 알 수 있다.

요컨대, '加以'가 동사라는 것을 증명할 때는 직접 판정의 방법을 사용하였고, 접속사라는 것을 증명할 때는 직접 판정과 유추 그리고 배제의 방법을 종합적으로 사용하였다.

제2절 품사 귀속 조건의 견지

동형이품사 현상의 품사 귀속을 판정할 때에는 반드시 귀속시키는 과정에서 결정적인 작용을 하는 조건을 시종 일관되게 견지해야 한다. 상황이 복잡해지면 곧바로 결정적인 작용을 하는 조건을 버리고 단순화하는 방법을 채택할 수는 없다. 그렇게 하면 동일률 위반의 오류를 범함으로써 혼란을 초래하기 쉽다. 예를 들어 논의해보자.

1. '一起'

대부분의 경우에 '一起'는 처소명사로, '같은 장소(同一个处所)'라는 의미를 나타낸다. 또 장소와 시간을 함께 나타내기도 하는데, 이때는 '같은 곳과 같은 시간(同一处所和同一时间)'을 나타낸다. 처소명사일 때 '一起'는 '在'와 '到' 뒤에 쓰일 수 있다. 만약 '在'와 '到'가 동사이면

'一起'는 목적어이고, '在'와 '到'가 전치사면 '一起'는 '在', '到'와 함께 전치사구를 이루어 부사어나 보어가 된다. 예를 들어보자.

(1) 我们又在一起了! 우리는 또 함께 있다!

(2) 我们又到一起了! 우리는 또 함께 왔다!

(3) 我们又在一起工作了! 우리는 또 함께 일하게 되었다!

(4) 我们又走到一起了! 우리는 또 함께 걸어왔다!

(1)과 (2) 두 개의 예문에서 '在'와 '到'는 동사이고, '一起'는 목적어이다. 예문(3)에서 '在'는 전치사이며, '在一起'는 '工作(일하다)'의 부사어이다. 예문(4)에서 '到'는 전치사이며, '到一起'는 '走'의 보어이다. ('一起'를 '走到'의 목적어로 분석할 수도 있다.)

'在', '到'와 결합할 수 있다는 것은 '一起'가 명사라는 결정적인 조건이다. '一起'가 어떤 상황에서 출현하든 이 조건은 계속해서 사용해야 한다. 예를 들어보자.

(5) 后来, 他们一起领导了"八一"南昌起义。

이후에 그들은 함께 '81' 난창 봉기를 이끌었다.

(6) 雷锋又同列车员一起打扫完车厢, 才离开车站。

레이펑은 또 열차 승무원과 함께 객차 청소를 마치고서야 역을 떠났다.

여기서 '一起'는 단독으로 부사어가 된다. 그렇지만 '在一起领导了……起义(함께……봉기를 이끌었다)', '同列车员在一起打扫完车厢(열차 근무원과 함께 객차를 청소하였다)'와 같이 앞에 '在'를 붙여 '在一起'라고 할 수도 있다.[7) 이때 '一起'도 역시 명사로 보아야 한다. 또 다른 예를 보자.

(7) 我家的后面有一个很大的园，相传叫百草园。现在是早已并屋子一起卖给朱文公的子孙了。

우리 집 뒤쪽에 아주 큰 정원이 하나 있는데, 백초원이라고 전해진다. 지금은 이미 집과 함께 주문공의 자손에게 팔았다.

(8) 这几次试验一起花了多少时间?

이번 몇 번의 실험은 전부 합쳐서 얼마의 시간이 걸렸는가?

여기에서 부사어로 쓰인 '一起' 앞에 '在'를 직접 붙이면 부자연스럽다. 그렇지만 문장의 기본의미가 변하지 않는다는 전제하에, '百草园早已和屋子合到一起卖给……(백초원은 이미 집과 함께……에게 팔았다)', '几次试验合在一起花了……(몇 번의 실험은 모두 합쳐 ……가 걸렸다)'와 같이 '合到一起(함께)' 또는, '合在一起(합쳐)'로 변환할 수 있다. 이러한 변환 형식은 '一起'가 '在'나 '到'와 결합할 수 있다는 것을 증명하므로 역시 명사가 된다.

또 '一起'가 부사어로 쓰여 단순히 시간을 나타내며, 아무리 변환하여도 '在', '到' 뒤에는 올 수 없는 경우도 있다. 이때는 명사가 아닌 부사이다. 예는 다음과 같다.

(9) 大家听我的口令一起拉! 모두 내 구령에 따라 함께 당겨라!

---

7) 저자주 : 『옌안 문예 좌담회의석상에서의 발언(在延安文艺座谈会上的讲话)』 중에는 '和共产党、八路军、新四军在一起从事于伟大解放斗争'(공산당, 팔로군, 신사군과 함께 위대한 해방 투쟁에 종사하였다)라는 표현도 있다.

이때 '一起'는 순수 부사성을 가진 시간부사이다.

'在'와 '到' 뒤에 나타나는 '一起'는 모두 명사, 단독으로 부사어가 되는 '一起'는 모두 부사로 볼 수는 없다. 물론 이러한 처리 방식이 간단하기는 하지만, 이는 부사를 판정할 때 필요조건을 충분조건으로 사용한 것이다. 만약 품사가 하나일 때 어떤 하나의 조건에 따라 품사를 분류했는데, 품사가 복잡할 때는 이 조건을 견지하지 않는다면, 이는 동일률을 위반하는 것이다.

명사와 부사의 두 가지 용법 외에, '一起'는 또 '一起案件(하나의 안건)'에서처럼 수량구조를 구성하기도 한다. 그런데 이는 명확한 경우이므로 여기서는 설명을 생략하기로 한다.

2. '本来'

'本来'는 형용사로 관형어가 되어 '原有(고유의, 원래 있는)', '原先(본래, 최초, 본연)' 등의 의미를 나타내기도 한다. '本来面目(원래의 모습)', '事物的本来的辩证法(사물의 본연의 변증법)', '这件衣服的本来的颜色(이 옷의 본연의 색깔)' 등이 그 예이다. 이때 '本来'를 형용사로 보는 것이 설득력이 있는데, 이는 부사나 다른 품사일 가능성이 없기 때문이다.

그런데 '本来'는 또 '本来就该这么办!(본래(진작)부터 이렇게 했었어야지!)', '当天的功课, 本来就应该当天做完。(그날의 공부는 그날 다 끝내야 한다.)', '本来嘛, 学习文化就得下功夫。(원래는 말이야, 문화를 배우려면 노력을 기울여야 해)' 등에서와 같이 부사로 쓰여 부사어가 되며, 이치로 보아 당연히 그러하다는 의미를 나타내는 경우도 있다.

때에 따라서는 '本来'를 형용사로 볼 지, 부사로 볼지 이견이 있을 수도 있는데, 이는 어떤 조건에 근거하여 판정할 것인가의 문제와 관련이 있다. 예를 들어보자.

(1) 这种纸花的颜色<u>本来</u>是很鲜艳的。
이 종이꽃의 색은 원래 매우 선명하다.

(2) 他<u>本来</u>身体很瘦弱, 现在可结实了!
그는 원래 몸이 매우 여위고 허약했는데, 지금은 정말 튼튼하다!

(3) 县长<u>本来</u>已经决定把他留下, 可是他还是坚决要求去支援新建单位。
현장은 원래 그를 남겨두기로 이미 결정하였으나, 그는 여전히 신설 기관에 지원할 것을 단호하게 요구했다.

'本来'는 한편으로는 부사어로 쓰이기도하고, 다른 한편으로는 '原先(원래)'의 의미를 나타내며, 기본적인 의미가 변하지 않는다는 전제 하에 구조 변환을 통해 '事物的<u>本来</u>的情况(사물의 본연의 상황)'이라는 구조에 출현할 수도 있다. 예문(1)은 '颜色鲜艳是这种纸花的<u>本来</u>情况(색깔이 선명한 것이 이런 종이꽃의 원래 모습이다.)'('这种纸花的<u>本来</u>的颜色是很鲜艳的(이런 종이꽃의 본래 색깔은 매우 선명하다)라고 말할 수도 있다')라고 말할 수 있다. 예문(2)는 '身体瘦弱是他的<u>本来</u>情况(몸이 야위고 허약한 것이 그의 본래 모습이다)'라고 말할 수 있고, 예문(3)은 '事情的<u>本来</u>情况是县长已经决定把他留下。(일의 본래 상황은 현장이 이미 그를 남기기로 결정한 것이다.)'라고 말할 수 있다.
'本来'는 부사어라는 관점에서 보면 마치 부사 '本来'와 같아 보이지만, '原先'의 의미를 나타낸다는 관점에서 보면 그것은 또 관형어 '本来'와 성질이 같다. '本来'를 다음 세 가지 경우로 나누어 보자.

A : 관형어, '原有(원래, 본연)', '原先(종전, 본래)'의 의미

B : 부사어, '原先(원래)'의 의미

C : 부사어, 이치상 당연히 그러하다는 어기

이들은 분류에 있어 다음과 같은 불일치가 나타날 수 있다.

형용사 ← [A] → 형용사

부　사 ← [B] → 형용사

부　사 ← [C] → 부　사

의견1 : 관형어로 쓰이면 형용사이고, 부사어로 쓰이면 부사이다.

의견2 : '原有' 또는 '原先'의 의미를 나타내는 경우로, '事物的X情況 (사물의 X 상황)'이라는 구조에 출현할 수 있으면 형용사이다. 이치상 당연히 그러함을 나타내고, '事物的X情況' 구조에 출현할 수 없으면 부사이다.

　의견1은 B와 C를 모두 부사로 귀속시켰는데, 이들이 모두 부사어라는 것이 그 이유이다. 그러나 주지하듯이 부사어가 되는 단어가 반드시 모두 부사인 것은 아니므로, 'B, C의 부사 귀속'은 이유가 충분하지 않음을 알 수 있다. A와 B는 분명히 의미적으로 연결되며 모두 '事物的X情況'이라는 구조 속에 출현이 가능하므로, 이들을 형용사로 분류하는 것이 동일률 원칙을 준수하면서 분류 조건을 견지하는 것이다.

　'本来'와 유사한 상황은 드물지 않다. '直'를 보면 '直路(직선 도로)'에서는 형용사이고, '直哭(계속 울다)'에서는 부사라고 보는 것에는 문제가 없다. 반면, '向对岸直射过去、向上直升(맞은편 기슭을 향해 똑바

로 발사하다, 위를 향해 똑바로 올라갔다.)'에서 '直'는 부사어이지만 여전히 형용사이므로 이를 부사로 볼 수는 없다.

3. '一样'

'一样'은 형용사일 때도 있고, 조사일 때도 있다.

형용사 '一样'은 관형어, 술어, 보어가 될 때는 '不', '不很', '很不' 등의 수식을 받을 수 있으며, 부사어가 될 때는 '同样(마찬가지로)'으로 대체할 수 있다. 예는 다음과 같다.

> 一样的看法 같은 견해 **관형어**
> → 不一样的看法, 很不一样的看法 다른 견해, 아주 다른 견해
>
> 现在男女都一样 지금은 남자와 여자가 모두 같다 **술어**
> → 以前男女不一样, 很不一样 이전에는 남자와 여자가 달라도 아주 달랐다
>
> 写得一样不一样? 똑같이 썼습니까? **보어**
> → 写得不一样, 不很一样 다르게 썼다, 아주 같지는 않다
>
> 新老干部一样需要不断学习 신참 간부와 고참 간부는 똑같이 끊임없이 공부해야 한다 **부사어**
> → 新老干部同样需要不断学习 신참 간부와 고참 간부는 똑같이 끊임없이 공부해야 한다.

조사 '一样'은 단어나 구 뒤에 붙어서 비유관계(比似关系)를 나타내는데, '像(~처럼)'과 함께 '像……一样(마치 ……같다)' 구조를 이룬다.

그것은 '不', '不很', '很不' 등의 수식을 받을 수 없고, '同样'으로 대체할 수 없으며, 보통 '似的(~와 같다)'로 대체할 수 있다. 예를 들어보자.

像鲜血一样 마치 선혈처럼 → 像鲜血似的 마치 선혈처럼
→ *像鲜血不一样

好像飞一样 마치 나는 것처럼 → 好像飞似的 마치 나는 것처럼
→ *好像飞同样

조사 '一样'을 사용한 '像'자구는 비유나 비교(같은 종류의 사물 간 비교 관계)를 나타낸다. 예를 들면, '像鲜血一样(마치 선혈처럼)', '好像飞一样(마치 나는 것처럼)' 등은 모두 비유이다. 또 다른 예를 보자.

(1) 我们要像张小山一样关心集体的荣誉。
우리는 장샤오산처럼 단체의 영예에 관심을 가져야 한다.

(2) 他长得像他父亲一样。
그는 그의 아버지처럼 생겼다.

이 두 가지 예문은 모두 비유가 아닌 비교를 나타낸다. 이때 '一样'은 '不一样'으로 바꿀 수 없기에 역시 조사이다.

비유와 비교를 나타내는 조사 '一样'을 사용한 문장 중에 간혹 '像'을 사용하지 않는 경우도 있다. 하지만 이때는 '像'을 추가할 수 있거나 문장을 '像'자문으로 바꿀 수 있다. 예를 들어, '牛马一样的生活(소나 말 같은 생활)'는 '像'을 추가하여 '像牛马一样的生活(마치 소나 말 같은 생활)'로 바꿀 수 있다. 또 예를 들면, '大伯大娘把我们当作自己的亲儿女一样(큰아버지, 큰어머니는 우리를 자기 친자식처럼 여기신다)'는 '像'

자문으로 바꾸어 '大伯大娘把我们像自己的亲儿女一样地看待(큰아버지 아주머니는 우리를 자기 친자식처럼 대하신다)'라고 할 수 있다.

대부분의 경우에 형용사 '一样'과 조사 '一样'은 변별하기가 쉽다. 그러나 다음 문장들은 상황이 복잡하다.

(3) 我跟他一样喜欢打乒乓球。
나는 그와 마찬가지로 탁구 치는 것을 좋아한다.

(4) 我跟他一样高。
나는 그와 키가 같다.

(5) 我妹妹长得和我母亲一样。
내 여동생은 나의 어머니와 똑같이 생겼다.

이러한 '和(…와)'와 '跟(…와)'을 사용한 문장도 역시 비교를 나타내는데, 이들은 비교를 나타내는 '像'자문과 유사하다. 그러나 여기서 '一样'은 '不' 또는 '不很', '很不'의 수식을 받을 수 있는데, 이는 또 '像'자문 안의 '一样'과는 다르다. 예를 들어보자.

(6) 我跟他不一样, 不喜欢打乒乓球。
나는 그와는 달리 탁구 치는 것을 좋아하지 않는다.

(7) 我跟他不一样高。
나는 그와 키가 다르다.

(8) 我妹妹长得和我母亲不一样。
내 여동생은 어머니와 다르게 생겼다.

조사는 부사의 수식을 받을 수 없다. 여기서 '一样'은 부사의 수식을 받으므로 조사가 아닌 형용사가 된다. 겉으로 보기에는 '他长得像他父亲一样(그는 자기 아버지와 똑 같이 닮았다)'과 '他长得跟他父亲一样(그는 자기 아버지와 똑 같이 생겼다)'은 유사하지만, 사실 이 둘은 다르다. 이는 두 문장의 변환 형식의 차이를 통해 분명히 알 수 있다. 비교하여 보자.

像他父亲一样
그의 아버지와 똑같이 닮았다

跟他父亲一样
그의 아버지와 같다

*像他父亲不一样

跟他父亲不一样
그의 아버지와 같지 않다

*像他父亲不很一样

跟他父亲不很一样
그의 아버지와 아주 같지는 않다

*像他父亲很不一样

跟他父亲很不一样
그의 아버지와 대단히 같지 않다

이로써 '像……一样'에서 '一样'은 조사이고, '和(跟)……一样'에서 '一样'은 형용사라는 것을 알 수 있다. 따라서 둘을 혼동해서는 안 된다.

만약 비유를 나타내는 것을 조건으로 하고, '不', '不很', '很不' 등의 수식을 받을 수 있는지의 특징은 고려하지 않은 채 단지 '像他父亲一样'과 '跟他父亲一样'의 표면적인 유사성만을 근거로 삼는다면, 이는 품사 분류의 조건을 견지하는 것이 아니므로 분류 과정에서 기준의 확실성과 일관성을 계속 유지할 수가 없게 된다.

제**4**장
실사의 분류

품사 분류에서 각 품사의 단어들은 모두 정도는 다르지만 그 나름의 특수한 문제를 가지고 있으므로, 따로 분리하여 설명할 필요가 있다. 이 장에서는 일부 실사에 대해 논하고자 한다.

제**1**절 명사

명사를 판별하려면 먼저 몇 가지 중요한 특징들, 즉 수량구조의 수식을 받을 수 있고 전치사와 결합할 수 있으며, 주어와 목적어가 될 수 있다는 등등을 잘 포착해야 한다. 그러나 이러한 특징들이 내적으로는 보편성을 가지지 않고 외적으로는 폐쇄성을 가지지 않기 때문에, 구체적인 단어에 대해 품사 분류를 할 때 반드시 조건의 성질을 정확히 구분하는 데 주의하고, 논증에 유리한 모든 조건을 잘 포착해야 한다. 아울러 직접 판정, 배제, 유추 등의 방법을 원활하게 운용하는 것도 중요하다.

1. '最近', '最后', '末了'

‘最近’이 ‘最远(가장 멀다)’과 상반된 의미를 나타내는 경우에는 두 개의 단어이다, ‘最(가장)’는 부사이고, ‘近(가깝다)’은 형용사이다. 예를 들어보자.

(1) 奇怪的是, 靠大队会计<u>最近</u>的一个生产队长, 这会儿不仅不去"抢肥料", 反而缓缓地走到门口, 坐在门坎上, 吹燃纸煤, 吸起旱烟来。
이상하게도, 대대 회계와 가장 가까운 한 생산팀장은 요즘에 '비료를 뺏으러' 가지도 않고 오히려 문 입구로 천천히 걸어가서 문지방에 앉아 불쏘시개 종이를 불어서 불을 붙이고는 입담배를 피우기 시작하였다.

‘最近’은 또 시간명사로 쓰여, 말하는 시간 전후의 가까운 날을 가리킨다. 그것은 ‘在’, ‘到’ 등의 뒤에 출현할 수도 있는데, 이는 시간부사와는 다르다. 비교해 보자.

(2) <u>最近</u>周小梅对厂长的态度, 却似乎有些令人捉摸不定。
최근 공장장에 대한 저우샤오메이의 대한 태도가 다소 불분명한 것 같다.

(3) 这点粗浅道理, 直到<u>最近</u>我才算弄清楚!
이 천박한 도리를 최근에야 비로소 확실하게 알았다!

‘最后’는 ‘最前(맨 앞)’과 상대되는 의미를 분명히 나타내는 경우도 있는데, 이때는 ‘最后面(맨 뒤쪽)’과 같고, 부사 ‘最’와 방위사 ‘后’라는 두 개의 단어로 구성된다. 예를 들어보자.

(4) 名单上, 你排在<u>最前</u>, 他排在<u>最后</u>。
명단에는 네가 맨 앞에, 그가 맨 뒤에 나열되어 있다.

대부분의 경우에 '最后'는 결합이 매우 밀접하고 전체가 일정한 기간 또는 어떤 순서의 끝을 나타내며, '末后(끄트머리, 말미)'에 해당한다. '最后'가 '战斗到最后胜利(마지막 승리를 거둘 때까지 싸운다)'와 같이 시간과 관련된 의미를 나타낼 때는 결합이 가장 긴밀하므로, 이때는 시간명사로 분류해야 한다. 시간이 아닌 위치의 순서를 나타낼 때는 결합이 다소 느슨하여 구단어에 더 가깝다. 이때는 '改动了最后一节(마지막 절을 바꾸었다)'처럼 이를 처소명사로 볼 수도 있고, 처소명사에 상당하는 구단어로 볼 수도 있다.

시간을 나타내는 '最后'는 항상 부사어가 되지만, 그 앞에 전치사 '到'가 올 수 있기 때문에 시간부사와는 다르다. 비교해 보자.

(5) 最后, 大家一致同意巧巧的意见, 买了一部抽水机。
    마지막에는 모두가 챠오챠오의 의견에 동의하여 양수기를 한 대 샀다.

(6) 到最后我几乎是每爬一阶歇一下。
    마지막에 나는 거의 한 계단 오를 때마다 쉬었다.

'末了'는 '最后'에 상당하며, 시간명사인 경우도 있다. 예를 들어보자.

(7) 末了, 他笑一笑说道, "那时候我们的确有"无穷的忧虑"!……"
    말미에 그는 웃으며 말했다. "그때 우리는 정말 '걱정이 끝이 없었지!'
    ……

(8) 结果连续十五发, 越打越差劲, 末了的两发竟然脱靶而飞了。
    결과 15발을 연속으로 쏘았는데, 쏠수록 형편이 없어지다가 마지막 두 발은 결국 표적을 벗어나 날아가 버렸다.

때로는 '末了'가 단순히 위치의 순서를 나타내는 경우도 있는데, 이때는 처소명사로 볼 수 있다. 예를 들어보자.

(9) "黄家阿嫂, 不认得我了吧? 卢大哥托我带信来了!" 末了这句话也
是约好的。
"황씨 아주머니, 저를 몰라보시겠어요? 루형님 부탁으로 제가 편지를 가
져왔어요!" 마지막의 이 말 한 마디도 약속된 것이다.

(10) 第五行末了的那个字我不认得。
다섯 번째 줄 끝의 그 글자를 나는 모른다.

2. '早', '清早', '一清早'

명사 '早'는 현대중국어에서 늘 '晚(저녁)'과 함께 사용된다. '早'와
'晚'은 각각 '从'과 '到'의 뒤에 쓰여 '从早到晚(干活儿)(아침부터 저녁
까지 (일한다))'처럼 두 개의 전치사구가 연용되는 구조를 만들 수도
있다. 이때 '早'는 '早晨(새벽)'이나 '早上(아침)'으로 대체할 수 있다.
'早'는 또한 형용사와 부사로도 자주 쓰인다. 형용사 '早'는 앞에 '很
(매우)', '最(가장)', '太(너무, '比较(비교적)'와 같은 단어를 붙이거나
뒤에 '点儿(좀, 약간)', '得多(~정도가 훨씬)', '得很(~정도가 매우)'과
같은 단어를 붙일 수 있다. 예는 다음과 같다.

你来得很早。 일찍 오셨군요.
我来得最早。 제가 제일 일찍 왔어요.
我比你早点儿。 내가 너보다 좀 이르다.
我比你早得多。 내가 너보다 훨씬 이르다.

어떤 특정한 구조에서는 '早'의 전후에 정도나 비교를 나타내는 성분

을 직접 추가할 수는 없지만, 사실상 관련 의미를 포함하는 경우도 있다. 예를 들어, '老师早!─同学们早!(선생님, 안녕하세요!──학생 여러분, 안녕!)'가 그러한데, 여기에는 사실상 정도성을 띤 칭찬이 포함되어 있다. 이를 통해 '老师, 您好早!──同学们, 你们也很早! (선생님, 정말 일찍 오셨네요!──학생 여러분, 여러분들도 아주 일찍 왔군!)'와 같은 예의의 의미를 나타낸다.

부사 '早'는 항상 부사어로 사용되며, '早已(훨씬 전에, 이미)', '早就(훨씬 전에, 이미)'로 대체할 수 있고, 문말 어기조사 '了'와 호응한다. 예를 보자.

> 他早调到北京去了。 그는 훨씬 전에 이미 베이징으로 전근을 갔다.
> 我早不干这一行了。 나는 진작 이 직업을 그만두었다.

'清早(이른 아침)'는 명사로만 사용될 수 있고, 전치사와 직접 결합하여 전치사구를 이룬다. 예를 보자.

(1) 工作棚的板壁已经在清早被全部拆去。
천막 작업실의 판벽은 이미 이른 아침에 모두 철거되었다.

'清早'는 '一'와 결합하여 '一清早(이른 아침)'로도 쓰인다. 이는 명사성 구단어로 여전히 '清早'의 의미를 나타내며, 儿화('一清早儿')도 가능하고 전치사와 함께 전치사구를 구성할 수도 있다. 예를 들면 다음과 같다.

(2) 揭幕典礼将在上午九时进行，从一清早公园中心的广场上就挤满了人，大家纷纷议论着、期待着。
제막식은 오전 9시에 거행될 예정인데, 이른 아침부터 공원 중심의 광장은 사람들로 가득 찼으며, 모두들 떠들썩하게 이런저런 이야기를 나누며 기대에 차 있다.

3. '原来'

'原来'는 '起初, 未变之前(처음, 아직 변하기 전)'이라는 의미를 나타내기도 한다. '是'자의 전후에 쓰여 '原来是原来, 现在是现在!(원래는 원래이고, 지금은 지금이야!)처럼 주어와 목적어가 동일한 구조를 만들수 있으며, 전치사 '比'의 뒤에 쓰여 '他的身体, 比原来好多了!(그의 몸은 원래보다 훨씬 좋아졌다!)'처럼 전치사구를 구성할 수도 있다. 이처럼 '是'자 앞뒤에서 주어나 목적어가 될 수 있고, '比'와 함께 전치사구를 구성할 수 있다는 점을 근거로 하고, 또 '刚才是刚才, 现在是现在(방금은 방금이고, 지금은 지금이다)', '他的身体比过去好多了(그의 몸은 과거보다 훨씬 나아졌다)'와 같은 용법을 고려하면, '原来'는 역시 시간명사임을 알 수 있다.

또한 시간명사 '原来'는 관형어로도 자주 사용되는데, 이때는 대체로 '以前(이전에)', '过去(과거에)' 등으로 대체할 수 있다. 예를 들어보자.

(1) 不久, 原来的妇女主任被罢免了。
오래지 않아 원래의 여성 주임은 파면되었다.

(2) 公安局不收, 让他回原来的学校!
공안국은 받지 않고, 그를 원래의 학교로 돌아가라고 했다!

시간명사 '原来'는 부사어로도 자주 사용되지만, 이를 부사로 볼 수는 없다. 예를 보자.

(3) <u>原来</u>驻扎在这里的几个主力团都调走了。

원래 이곳에 주둔하던 주력단 몇 개가 옮겨갔다

(4) 他<u>原来</u>是什么"菜场口老四", 特别厉害。

그는 원래는 무슨 '야채시장 입구의 넷째'였는데, 정말로 대단했다.

여기서 '原来'는 구조 변환을 통해 '是'자 뒤에서 목적어가 될 수도
있다. 예를 들어보자.

[甲] 几个主力团<u>原来</u>驻扎在这里。
[갑] 몇몇 주력단이 원래 이곳에 주둔하고 있었다.

[乙] 那是<u>原来</u>, 现在已经调走了。
[을] 그것은 원래이고, 지금은 이미 옮겨 갔다.

또 다른 예를 보자.

[甲] 他<u>原来</u>是什么"菜场口老四"。
[갑] 그는 원래는 무슨 '야채시장 입구의 넷째'였다.

[乙] 那是<u>原来</u>, 现在不是了。
[을] 그건 원래이고, 지금은 아니다.

이러한 '原来'도 대체로 '以前', '过去'와 같으며, 간혹 시간명사 '现
在'와 대조를 이루기도 한다.

(5) <u>原来</u>是一个孩子跑去接, <u>现在</u>是五六个孩子等着迎啦!

원래는 아이 하나가 뛰어가서 마중했는데, 지금은 대여섯 명의 아이가
마중하려고 기다리고 있다.

‘原来’가 때로는 발견한 바가 있거나 깨달은 바가 있음을 나타내기도 하는데, 이때는 부사어로만 사용된다. 예를 들어보자.

(6) 啊呀! <u>原来</u>冯在山就是老冯!
아이구! 알고 보니 펑짜이산이 펑형이었구나!

(7) 啊, 是她, <u>原来</u>是她!
아, 그 여자였구나, 알고 보니 여자였구나!

여기서 ‘原来’는 명사의 특징이 하나도 없기 때문에 부사어로 쓰이는 시간명사 ‘原来’와 혼동해서는 안 된다.

4. ‘一生’

‘一生’은 항상 주어의 중심어 또는 목적어의 중심어가 된다. 수량구의 수식을 받을 수 없고, ‘在’나 ‘到’ 등과 결합하여 전치사구를 만들 수도 없지만, 명사로만 분류할 수 있을 뿐 다른 품사일 가능성은 없다. 예를 들어보자.

(1) 他的<u>一生</u>, 是艰苦奋斗的<u>一生</u>。
그의 일생은 각고분투의 일생이다.

(2) 他为了全村人的利益, 无私地献出了自己的<u>一生</u>。
그는 온 마을 사람들의 이익을 위해 사심 없이 자신의 일생을 바쳤다.

(1)에서 ‘一生’은 주어의 중심어로 사용되었고, (2)에서 ‘一生’은 모두 목적어의 중심어로 사용되었다.

'一生'은 '一辈子(한 평생)'을 말하며, 태어나서부터 죽을 때까지 모든 과정을 포함하는 분명한 시간성을 가지고 있다. 따라서 그것은 시간명사와 마찬가지로 부사어가 된다. 예를 들어보자.

(3) 父亲一生注重实践。
   아버지는 평생 실천을 중시하셨다.

(4) 我真舍不得离开这位一生披风沐雨的刚强的老战友。
   나는 평생 고생한 강인한 옛 전우를 떠나기가 정말 아쉽다.

여기서 '一生'은 각각 '注重'과 '披风沐雨'의 부사어가 된다.

제2절 동사('一定' 포함)

동사를 판정하는데 있어 목적어 수반 여부를 파악하는 것이 가장 중요하다. 그러나 동사는 내적 보편성을 가지지 않으므로, 논증에 도움이 되는 모든 근거를 발견하고 이용하는 것에도 반드시 주의를 기울여야 한다. 아울러 여러 가지 방법을 적절하게 잘 사용해야 한다.

1. '类似'

'类似'는 동사 '像(비슷하다)'과 마찬가지로 '很', '非常' 등 정도부사의 수식을 받을 수 있는데, 이는 형용사에 가깝다. 하지만 '类似'는 또 '相(서로)'의 수식도 받을 수 있고, 목적어도 가질 수 있는데, 이는 또 형용사에는 없는 특징이다. 예를 보자.

很<u>类似</u> 매우 비슷하다　　　很<u>像</u> 매우 닮았다
相<u>类似</u> 서로 비슷하다　　　相<u>像</u> 서로 닮았다
<u>类似</u>神话 신화 같다　　　<u>像</u>神话 신화 같다

　'类似'의 문법 특징을 종합적으로 고찰하고, 이를 같은 품사의 '像'과
비교해 보면, 이는 동사로 귀속시켜야 한다.

2. '仿佛'

　'仿佛'는 동사인 경우가 두 가지 있다. 하나는 '类似'로 대체할 수 있으
며, '相'의 수식을 받을 수 있는 경우이고, 다른 하나는 '如同(마치…와 같
다)'으로 대체할 수 있으며, 목적어를 가질 수 있는 경우이다. 예를 보자.

　(1) 我的情况, 同十年前相<u>仿佛</u>。
　　　나의 상황은 같은 10년 전과 비슷하다.

　(2) 山北面闪着几点星光, <u>仿佛</u>冬天昏暗的夜空出现的几点星星。
　　　산의 북쪽에는 몇 개의 별빛이 반짝이고 있었는데, 그것은 마치 겨울의
　　　어두운 밤하늘에 나타나는 별과 같았다.

　예문(1)에서는 '仿佛'가 '相'의 수식을 받을 수 있고, '类似'로 대체할
수 있다. 예문(2)에서는 '仿佛'가 목적어 '(冬天昏暗的夜空出现的(겨울
의 어두운 밤하늘에 나타나는))星星(별)'을 가지며, '如同'으로 대체할
수 있다.
　동사 용법 이외에, '仿佛'는 부사로도 쓰여 추측의 어기를 나타내기
도 하는데, 이때는 '似乎(마치)'로 대체할 수 있다. 예는 다음과 같다.

(3) 他的脸色<u>仿佛</u>有些悲哀, <u>似乎</u>想说话, 但竟没有说。

그의 얼굴빛은 약간 슬픈 듯했고, 말을 하고 싶은 것 같았지만 끝내 하지 않았다.

(4) 他觉得天气<u>仿佛</u>成心跟他过不去。

그는 날씨가 마치 일부러 자신을 괴롭히는 것처럼 느껴졌다.

여기서 '仿佛'는 부사이고 '似乎'와 유사하다. 앞의 예문에서는 '仿佛'와 '似乎'가 함께 사용되었는데, 이는 단어의 변화를 통해 단조로움을 피하기 위한 것이다.

'像', '好像', '似' 등은 용법이 '仿佛'와 비슷하며, 동사 또는 부사로 쓰인다. 예를 들면, '我像在哪儿见过他, 可怎么也想不起来(나는 어디선가 그를 본 것 같은데 도무지 생각이 나지 않는다)'라는 문장에서 '像'은 '似乎'와 유사하며 부사이다. 또 다른 예를 보자.

(5) 花儿为什么这样红? 红得<u>好像</u>燃烧的火!

꽃은 왜 이렇게 붉은가? 마치 타는 불처럼 붉구나!

(6) 她望了望所有的人, <u>好像</u>在和家人告别, 和云周西村的乡亲们告别, 嘱咐大家不要悲伤。

그녀는 모든 사람을 바라보면서, 마치 집안사람들과 작별을 고하듯 윈저우 서촌의 마을 사람들과 작별을 고하며 모두에게 슬퍼하지 말라고 당부하였다.

예문(5)의 '好像'은 동사로 목적어 '(燃烧的)火((타는)불)'를 가지며 ('好像燃烧的火(타는 불처럼)'는 동목구조이며, '红'의 보어임), '如同'으로 대체할 수 있다. 예문(6)의 '好像'은 부사이고 '似乎'로 대체할 수 있다. 또 다른 예를 보자.

    (7) 正值夕阳西下, 彩霞<u>似</u>火。

       바로 석양이 질 무렵, 노을이 불을 뿜는 듯하다.

    (8) 此事, <u>似</u>应从速办理。

       이 일은 신속히 처리해야 할 듯하다.

   예문 (7)의 '似'는 동사로 목적어 '火'를 가지며, '如(…와 같다)'로 대체할 수 있다. 예문 (8)의 '似'는 부사이며, '似乎'로 대체할 수 있다.

3. '够'

   '够'는 동사로 쓰이기도 하는데, 술어의 중심어가 될 수 있고 목적어를 가질 수도 있다. 예를 들어보자.

    (1) 像这样的椽子能不能当电杆?

       이런 서까래를 전신주로 사용할 수 있습니까?

       尺码不<u>够</u>。
       사이즈가 모자랍니다.

       用两根接一根呢?
       두 개를 하나로 연결하면요?

       那就<u>够</u>了。
       그럼 충분해요.

여기에서 '够'는 술어의 중심어로 쓰였다. 또 다른 예를 보자.

(2) 你要不依我, 就不够朋友啦。
    네가 나를 따르지 않는다면 친구가 아니다.

(3) 咱互助组把今年的麦子全卖了, 也不够两头骡子的价！
    우리 공조팀은 금년의 밀을 모두 팔았지만, 노새 두 마리의 값도 안 된다!

여기 두 예문에서 '够'는 명사 목적어를 가진다. 다른 예를 보자.

(4) 咱现在粮食也不是不够吃！
    우리 지금 식량도 먹기에 부족하지는 않아!

(5) 他们带了十七斤马肉, 原以为够用, 没想到肉吃光了, 还是望不见
    草原。
    그들은 17근의 말고기를 가지고 왔는데, 처음에는 먹기에 충분하다고 여
    겼다. 그런데 예상 밖에 고기를 다 먹은 후에도 초원은 보이지 않았다.

이 두 예문에서 '够'는 동사 목적어를 가진다. 다시 예를 들어 보자.

(6) 这样的椽子够高吗？
    이런 서까래는 높이가 충분합니까?

(7) 这点粮食够他吃三天吗？
    이 정도의 식량으로 그가 3일을 먹기에 충분합니까?

예문 (6)에서 '够'는 형용사를 목적어로 가지고, 예문 (7)에서는 '够'
가 주술구조로 된 목적어를 가진다.

목적어의 유무나 종류에 상관없이 동사 '够'는 모두 'X不X'의 형식으

로 의문을 제기할 수 있다. 예를 들어보자.

尺码<u>够不够</u>? 사이즈가 충분합니까?
<u>够不够</u>朋友? 친구가 될 만한가요?
<u>够不够</u>吃? 먹기에 충분한가요?
<u>够不够</u>高? 높이가 충분한가요?
<u>够不够</u>他吃三天? 그가 3일을 먹기에 충분하나요?

동사 '够'가 '很'의 수식을 받는 경우도 있지만, 동시에 목적어를 가질 수도 있기 때문에 형용사는 아니다. 예를 들어보자.

(8) 你很<u>够</u>朋友, 在下手以前, 还给对手打个招呼!
당신은 정말 의리가 있군요. 손을 쓰기 전에 상대에서 미리 알려주다니!

'够'가 보어의 자리에 쓰이기도 하는데, 그 뒤에는 사실상 목적어로 '分量(분량)'과 같은 단어를 내포(이 단어는 일반적으로 실제 출현하지는 않는다)하고 있다. 이는 '够'가 역시 동사라는 것을 말해준다. 예를 들어보자.

(9) 我睡<u>够</u>了! 나는 충분히 잤다!
(10) 也许, 当年对这本坏书批判不<u>够</u>?
아마 그 해에 이 나쁜 책에 대한 비판이 충분하지 않았었지?

'睡够了'는 '睡够了量(수면양이 충분하다)'과 같고, '批判不够'는 '批判得不够分量(비판의 양이 충분하지 않다)'이라고 말하는 것과 같다.
'够'는 또 동사가 아닌 경우도 있다. '够'가 형용사를 수식할 경우에는 '够不够'라고 말할 수 없으며, '很', '相当' 등의 정도부사로 대체할 수 있다. 이때 '够'는 부사이다. 예를 들어보자.

(11) 你为这二十吨小钢筋确实<u>够</u>辛苦的了。
당신은 이 20톤의 작은 철근 때문에 정말 많이 고생하셨습니다.

(12) 也许, 当年对小说的精华部分理解得也不<u>够</u>准确, 不<u>够</u>深刻?
아마도, 그 당시 소설의 가장 중요한 부분에 대한 이해도 충분하지 않았고, 깊이도 부족하지 않았던가?

4. '留神'

'留神'은 동사로 쓰이기도 하는데, 이때는 '小心(조심하다)', '注意(주의하다)', '提防(방비하다)' 등의 의미를 나타내고 목적어를 가질 수 있으며, '不'나 '没'로 부정할 수 있다. 예는 다음과 같다.

(1) <u>留神</u>汽车! 자동차를 조심해라!
  - 你怎么不<u>留神</u>汽车? 넌 어째서 자동차를 조심하지 않니?
    我当时没<u>留神</u>汽车。나는 당시에 자동차를 조심하지 않았어.
(2) <u>留神</u>撞坏东西! 물건을 부딪쳐서 망가뜨리지 않도록 조심해라!
  - 你怎么这么不<u>留神</u>? 너 왜 그렇게 조심하지 않아?
    我当时实在没<u>留神</u>。나는 당시에 정말 주의를 기울이지 않았어.

'留神'이 동사가 아닌 경우도 있는데, 이때는 '仔细(자세하다)', '认真(진지하다)' 등의 형용사와 같고 항상 부사어가 된다. 또 '没'로 부정할 수 없으며, 정도부사 '特别'의 수식을 받을 수도 있다. 이때는 '留神'이 형용사이다. 예를 들어보자.

(3) 我留神观察很久了。

　　나는 아주 오랫동안 자세하게 관찰했다.

　　- 今天我还要特别留神地观察一下。

　　난 오늘은 그래도 특히 좀 자세하게 살펴보아야겠다.

　주의할 점은, "我没留神观察?(내가 세심하게 관찰하지 않았다고?) 谁说的?(누가 말하던데?)"라고 할 때, '留神'도 역시 형용사라는 것이다. 이때 '没'는 '留神'을 수식하는 것이 아니라 '留神观察(자세하게 관찰하다)'를 수식한다.

5. '是'

　'是'의 용법은 상당히 많다. 일반적으로는 동사로 쓰이고 목적어를 가질 수 있으며, 판단을 나타낸다. 다른 동사와 마찬가지로 'X不X……', 'X……不X'로 말할 수 있다. 예를 들어보자.

是老虎	像老虎	打老虎
호랑이다	호랑이 같다	호랑이를 때리다
是不是老虎	像不像老虎	打不打老虎
호랑이 맞나요?	호랑이 같나요	호랑이를 때릴까요
是老虎不是	像老虎不像	打老虎不打
호랑이인지 아닌지?	호랑이 같은지 아닌지	호랑이를 때릴지 안 때릴지

　동사 '是' 뒤에는 일반적으로 명사 또는 명사구가 온다. '我们的任务是攻占高地(우리들의 임무는 고지를 공격하여 점령하는 것이다)'와 같

이 동목구조, 주술구조, 겸어구조 등이 올 경우도 있지만, '무엇(什么)'이라는 질문에 대답할 수 있어야 하므로 이 구조들은 실제로는 명사성을 띤다.

동사 '是' 뒤에 오는 단어와 구 중에는 '무엇'이라는 질문에 대답할수 없는 것들도 있다. '是'는 판단을 나타내는 데 중점을 두는데, '他不是当演员, 而是当教师(그는 배우가 되지 않고 교사가 된다)'과 같이 긍정적인 판단과 부정적인 판단이 서로 대립하는 경우도 흔히 있다. 또표면적으로는 긍정적인 판단만 나타나 있지만 실제로는 상대되는 부정적인 판단을 내포하는 경우도 있다. 예를 들어, '我第一次见到他是在张先生家里(내가 그를 처음 만난 것은 장 선생의 집에서였다)'라는 문장은 사실상 '不是在别的地方(다른 곳에서가 아니다)'라는 판단을 내포하고 있다.

또 '满头是汗(온 머리가 땀이다)'과 같이 동사 '是'를 '是不是'로 바꿀 수 없는 경우도 있다. 그러나 이를 근거로 '是'의 동사성을 부정할수는 없다. 뒤에 명사성 목적어가 출현하기 때문이다.

그 외에 조동사로 분류할 수 있는 '是'도 있다. 이때는 동사 또는 형용사 앞에 쓰여 긍정이나 강조를 나타내는 보조적인 기능을 하며, 'X不X……', '不X不……'라고 말할 수도 있다. 예를 들면 다음과 같다.

　　我是懂了。나는 알았어.
　　你是不是懂了? 너 이해했지?
　　我不是不懂, 是不想说。
　　나는 모르는 것이 아니라 말하고 싶지 않은 것이다.

6. '一定'

'一定'은 조동사로 사용될 때 의지가 결연하거나 확실하고 의심할 바가 없음을 나타낸다. 조동사의 두드러진 특징이 동사나 형용사 앞에서 보조적인 작용을 하는 것이며, 'X不X……', '不X不……'라고 말할 수 있다는 것인데, '一定'은 이러한 특징을 모두 가지고 있다. 비교해 보자.

可能去 이미 갈 것이다　　一定去 꼭 갈거야
可能不可能去 갈 수 있니?　　一定不一定去 꼭 갈거니?
不可能不去 가지 않을 수 없다　不一定不去 꼭 가지 않는 것은 아니야

일반적으로 '一定'은 부사로 본다. 그렇지만 부사는 근본적으로 'X不X……', '不X不……'의 구조에 들어갈 수가 없다. 이 단어는 문법 특징에서 전형적인 조동사와는 별로 차이가 없지만, 부사와는 공통점보다는 차이점이 더 많다고 할 수 있으므로 조동사로 귀속시키는 것이 적합하다. 이를 부사에 귀속시키는 것은 '불순물(不纯分子)'을 섞는 것과 같다.

반면, '必须'는 많은 책에서 조동사로 보고 있지만, 이 단어는 '必须不必须……', '不必须不……'로 말할 수 없고, 문법 특징도 부사와는 별 차이가 없지만 조동사와는 많이 다르기 때문에 이는 부사로 귀속시켜야 한다. '必须'를 조동사로 귀속시키면 조동사를 파괴시키는 작용을 할 수 있다.

'一定'은 또 '规定(的)(규정한)', '必然(的)(필연의)', '特定(的)(특정한)', '相当(的)(상당하는)' 등의 의미를 나타내기도 하는데, 이 경우에는 보통 관형어로 쓰인다. 이때 '一定'은 형용사이다. 예를 들어보자.

(1) 一个工厂哪能没有<u>一定</u>的规章制度?

하나의 공장에 정해진 규장제도가 어찌 없을 수 있는가?

(2) 文章的深浅跟篇幅的长短没有<u>一定</u>的关系。

문장의 깊이는 편폭의 장단과는 필연적인 관계가 없다.

(3) <u>一定</u>的文化是<u>一定</u>社会的政治和经济的反映。

특정한 문화는 특정한 사회의 정치와 경제의 반영이다.

(4) 他的技术水平已经有了<u>一定</u>的提高。

그의 기술 수준은 이미 상당한 향상이 있다.

제3절 형용사

정도부사의 수식을 받을 수 있고 목적어를 가질 수 없는 것은 형용사의 가장 중요한 특징이다. 그러나 이 특징에 완전히 부합하지 않는 형용사도 적지 않다. 많은 형용사는 정도부사의 수식을 받을 수 없는데, 이는 형용사 자체의 의미와 관련이 있다. 일부 형용사는 그 자체에 이미 정도가 포함되어 있기 때문에 앞에 다시 정도부사를 추가할 수가 없는데, 여기에는 두 가지 경우가 있다. 하나는 부사+중심어 구조(状心式)의 형용사로, '부사(状)'의 부분에 이미 성질이나 상태의 정도가 나타나 있는 경우이다. 예를 들면, '深红(진홍색의)', '浅绿(연녹색의)', '金黄(황금색의)', '雪白(눈처럼 희다)', '笔直(붓처럼 곧다)', '冰凉(얼음처럼 차갑다)' 등이 이에 해당된다. 다른 하나는 첩음(疊音)의 접미사를 가진 형용사인데, 첩음 부분이 사물의 모양을 본뜨거나 소리를 모방하는 작용을 하면서 이미 성질이나 모양의 정도를 포함하고 있는 경우이다. 예를 들면, '红通通(시뻘겋다)', '绿油油(파릇파릇하다)', '黄灿灿(노르스

름하다)', '白茫茫(새뽀얗다)', '硬邦邦(빠닥빠닥하다)', '笑嘻嘻(생글거리다)', '水汪汪(초롱초롱하다)' 등이 그러하다. 또 어떤 형용사는 정도의 차이가 없는 고정적인 성질이나 상태를 나타내기 때문에 정도부사가 붙지 않기도 한다. 예를 들면 '真正的人(진정한 사람)'의 '真正(진정한)'은 '很真正'이라고 말할 수 없다. 이러한 형용사는 정질형용사(定质形容词 : 성질이 정해진 형용사)라고 부르거나 고태형용사(固态形容词 : 고정된 상태를 나타내는 형용사)라고 부를 수 있다.(많은 문법책에서는 이를 '비술어형용사(非谓形容词)'라고 부르고, 어떤 문법책에서는 '구별사(区别词)'라고 한다) 그 외 형용사의 가장 뚜렷하고 기본적인 특징을 가지고 있지 않는 형용사도 많기 때문에, 단어의 성질을 판정할 때는 여러 가지 조건과 방법을 적절하게 잘 사용해야 한다.

1. '正', '副', '绝对', '相对', '内在', '外在'

이 형용사들은 모두 성질이 정해져 있고, 상태가 고정된 것들이다. 이들은 관형어가 될 수 있고, 일부는 또 술어 부분에서 '是……的'의 사이에 쓰일 수도 있다. 예를 들어보자.

正队长 정대장	他是正的 그는 정책임자이다
副队长 부대장	他是副的 그는 부책임자이다
绝对真理 절대적 진리	这是绝对的 이것은 절대적인 것이다
相对真理 상대적 진리	那是相对的 그것은 상대적인 것이다
内在因素 내재적 요인	外在因素 외재적 요인

이들은 정도부사의 수식을 받을 수 없고, 관형어가 되며, '是……的'

의 사이에 쓰인다. 이는 형용사의 충분조건이 아니지만, 우리는 배제법을 통하여 부사, 동사, 명사 등의 가능성을 배제함으로써 그들이 형용사라고 인정할 수 있다.

이 밖에 '真(真话)(참(참말))', '假(假话)(거짓(거짓말))', '初等, 中等, 高等, 特等, 头等(초등, 중등, 고등, 특등, 제1등)', '惟一(惟一源泉)(유일하다, (유일한 원천))', '无形(无形战线)(형체가 없는(형체가 없는 전선))', '权宜(权宜之计)(일시적이다(일시적인 대책))', '特定(特定环境)(특정한(특정한 환경))', '天然(天然景色)(천연의(천연의 풍경))', '日常(일상의)', '永久(영구하다)', '切身(절실하다)', '公共(공공의)', '袖珍(소형의)' 등도 모두 정질형용사이다.

같은 패턴에 따라 구성된 형용사라도 일부만 정질형용사이고, 나머지는 성질이 정해지지 않은 비정질형용사인 경우도 있다. 예를 들면, '初级(초급의)', '中级(중급의)', '高级(고급의)', '超级(뛰어난)', '低级(저급의)', '特级(특급의)' 가운데 '高级'와 '低级'만 '最高级(최고급의)', '最低级(최저급의)', '很高级(아주 고급의)', '很低级(아주 저급의)'라고 말할 수 있다. 또 '微型(초소형의)', '小型(소형의)', '中型(중형의)', '大型(대형의)' 중에서 '小型'과 '大型'은 '最小型(최소형의)', '最大型(최대형의)'으로 말할 수 있다.

2. '男', '女', '公', '母', '雄', '雌'

이들 단어는 관형어가 될 때 성질을 나타내므로 정질형용사이다.

명사도 관형어가 되어 성질을 나타낼 수 있는데, 예를 들면 '<u>木头</u>房子(목조 건물)', '<u>木头</u>人(나무 같은 사람. 뻣뻣하고 융통성이 없는 사람)'가 그러하다. 그러면 '男', '女', '公', '母'와 같은 단어가 관형어가 될 때는 명사가 아니라는 것을 어떻게 알 수 있는가?

관형어가 되는 명사는 모두 '用木头做的房子(나무로 만든 집), 像木头一样的人(나무 같은 사람)'과 같이 어구를 붙여서 동사나 전치사의 뒤에 나타날 수 있다. 이것은 '확장'의 방법을 사용하여 명사의 문법 환경을 만드는 것으로, 이를 통해 단어의 명사성을 나타낸다. 또 '外国青年(외국 청년)'을 보면, 이는 '从外国来的青年(외국에서 온 청년)'으로 말할 수 있으므로 '外国'도 역시 명사임을 알 수 있다. 하지만 '男青年(남자 청년)'은 '小青年(젊은 청년)'과 마찬가지로 이러한 확장법을 사용할 수가 없기 때문에 '男(남자)'과 '小(젊은)'는 형용사로 귀속시켜야 한다.

확장법에 따르면 '彩色(색깔)'도 형용사가 아닌 명사라는 것을 알 수 있다. 예를 들면, '彩色铅笔(색연필)'는 곧 '有彩色的铅笔(색깔 있는 연필)'를 말하고, '彩色电视(칼라 TV)'는 '有彩色的电视(칼라가 있는 TV)'이기 때문이다.

'男'과 '女'가 만약 '男耕女织(남자는 농사짓고, 여자는 베를 짠다)', '生男育女(아들, 딸을 낳아 기른다)'와 같이 주어와 목적어로 쓰여 어떤 성별의 사람을 가리키는 경우는 당연히 명사가 된다.

3. '故意'

'故意'도 정질형용사이며, '是……的'나 '不是……的' 사이에 나타날 수 있다. 예를 들어보자.

(1) 我看, 你是故意的。 내가 보기에 너는 일부러 그렇게 한 거야.
(2) 请原谅, 我不是故意的。 용서해 주세요, 제가 고의로 한 것이 아닙니다.

‘故意’는 부사어가 될 수 있으며, 뒤에 ‘地’가 오기도 하는데, 이때는 부사와 같다. 예를 들어보자.

> 故意提高声音 (고의로 목소리를 높이다)
> 故意地把声音提高 (고의로 목소리를 높이다)
> 故意涂改几个字 (고의로 몇 글자를 지우고 고쳐 쓰다)
> 故意地涂改了几个字 (고의로 몇 글자를 지우고 고쳐 썼다)

그런데 여기서 부사어로 쓰인 ‘故意’는 구조 변환을 통해 ‘是……的’ 또는 ‘不是……的’ 가운데 올 수 있기 때문에 부사는 아니다. 예를 들면, ‘故意提高声音’은 ‘提高声音是故意的(소리를 높인 것은 고의이다)’, ‘提高声音不是故意的(소리를 높인 것은 고의가 아니다)’로 바꿀 수가 있다. 또 다른 예를 들어보자.

(3) 宋老定故意把鞭子啪的连响三声, ……
   송라오딩은 일부러 채찍을 연달아 탁탁 세 번 울리고,……

여기서 ‘故意’도 마찬가지로 ‘宋老定啪响鞭子是故意的(송라오딩이 채찍을 연달아 탁탁 세 번 울린 것은 고의였다.)’, ‘宋老定啪响鞭子不是故意的(송라오딩이 채찍을 연달아 탁탁 세 번 울린 것은 고의가 아니었다.)’와 같이 구조 내에서 위치 변경이 가능하다.

4. ‘难免’

‘难免’은 형용사로 관형어가 될 수 있으며, 술어 부분에서 ‘是……的’ 사이에 쓰이고, ‘很’의 수식을 받을 수도 있다. 예를 들어보자.

难免的现象 피할 수 없는 현상

这是难免的 이것은 피할 수 없는 것이다.

搬家碰坏一些东西, 也很难免。

이사를 하다가 물건을 좀 망가뜨리는 것은 피하기가 어렵다.

'难免'은 항상 부사어로 쓰이는데, 얼핏 보기에는 '不免(면하기 어렵다)'과 비슷하지만 사실 문법적인 특징은 다르다. 비교해 보자.

(1) 任务没完成, 难免心情焦躁。 → 任务没完成, 心情焦躁是难免的。

임무를 완수하지 못하면 초조함을 면할 수 없다. → 임무를 완수하지 못하면 마음이 초조해지는 것은 피하기 어렵다.

(2) 任务没完成, 不免心情焦躁。 → *任务没完成, 心情焦躁是不免的。

임무가 완수되지 않아 마음이 초조한 것을 면하기 어렵다. → -------

이로써 '难免'은 형용사인 반면, '不免'은 순수 부사성을 가진 부사임을 알 수 있다.

5. '单独'

'单独'는 보통 부사어로 쓰여서 마치 부사와 같다. 예를 들어보자.

单独行动 (단독 행동)　　单独地行动 (단독으로 행동하다)

单独生活 (단독 생활)　　单独地生活 (단독으로 생활하다)

单独发展 (단독 발전)　　单独地发展 (단독으로 발전하다)

그런데 '单独'는 또 형용사로 쓰이기도 한다. 예는 다음과 같다.

(1) 有时看见那个年青的工人，<u>单独</u>一个人坐到清水河车站下车，没有那两三个年青的女工在一起。

때때로 그 젊은 노동자는 두 세 명의 젊은 여공과 같이 있지 않고, 혼자서 칭수이정류장에서 하차하는 것을 보았다.

(2) 我们不能把她看成一个<u>单独</u>的人。

우리는 그녀를 그 사람 혼자로 볼 수 없다.

(3) 在一次<u>单独</u>的电视采访中，一名学生领袖发表了对有关问题的意见。

한 차례 단독 TV 인터뷰에서, 한 학생 리더가 관련 문제에 대한 의견을 발표했다.

‘单独’는 예문(1)에서 ‘一个人(한 사람)’, 예문(2)에서 ‘人’, 예문(3)에서 ‘电视采访(TV 인터뷰)’의 관형어로 각각 쓰였다.

또한 ‘单独’는 부사어에서 관형어로 전환되기도 한다. 비교하여 보자.

(4) 我们反对你<u>单独</u>(地)行动。

우리는 당신이 독자적으로 행동하는 것에 반대한다.

(5) 我们反对不遵守命令的<u>单独</u>(的)行动。

우리는 명령을 준수하지 않는 독자적인 행동에 반대한다.

‘单独’가 예문(4) ‘单独地行动(단독으로 행동하다)’에서는 ‘行动(행동하다)’의 부사어이고, 예문(5) ‘单独的行动(독자적인 행동)’에서는 ‘行动’의 관형어이다. 이러한 특징은 모두 부사의 특징이 아니다. 그런데 ‘单独’는 부사 아니면 형용사이며, 다른 가능성은 없기 때문에 당연히 형용사로 귀속시켜야 한다.

6. '无谓'

'无谓'는 관형어나 술어 부분에 쓰일 수 있으며, 앞에는 '真(정말)', '真是(정말)', '太(너무)'와 같은 강조를 나타내는 단어를 붙일 수 있다. 예를 보자.

(1) 我们不能作无谓的牺牲。
우리는 무의미한 희생을 할 수 없다.

(2) 为这点小事吵架, 真是无谓!
이런 사소한 일 때문에 싸우는 것은 정말 무의미하다!

(3) 为这点小事吵架, 太无谓了!
이런 사소한 일 때문에 싸우는 것은 너무나 무의미하다!

그런데 '无谓'가 동사라고 증명할 수는 없지만 일반형용사가 출현하는 환경('太X' 등)에는 출현하기 때문에 당연히 형용사로 귀속시켜야 한다.

7. '许久'

'许久'는 관형어와 술어가 될 수는 없으며, 부사어와 보어가 될 수 있다. 예를 보자.

(1) 他许久没来了。
그는 오랫동안 오지 않았다.

(2) 大家商量了许久, 才想出办法来。
모두들 오랫동안 상의한 끝에 드디어 방법을 생각해냈다.

이는 시간부사의 특징이 아니므로 '许久'는 시간부사가 아니다. 그런데 형용사성 구조인 '很久'로는 대체할 수 있기 때문에 결국 형용사로 귀속시킬 수밖에 없다.

8. '抱歉', '抱愧'

'抱歉'은 마음속이 불안함을 나타내고, '抱愧'는 마음속에 부끄러운 바가 있음을 나타내는데, 의미적으로는 동태(动态)성을 가진다. 그러나 정도부사의 수식을 받을 수 있고(很抱歉(대단히 미안하다), 很抱愧(대단히 부끄럽다)), 목적어를 가질 수 없다는 문법 특징에 근거하여 이들을 형용사로 귀속시켜야 한다. 이들은 심리 활동을 나타내는 형용사로 볼 수 있다. 유사한 단어로는 '惭愧(부끄럽다)', '着急(조급하다)', '愤怒(분노하다)', '兴奋(흥분하다)', '愉快(유쾌하다)' 등등이 있다.

9. '整', '整整'

'整'은 여러 가지 의미가 있는데, 각각 다른 품사에 속한다. '仪容不整(용모가 단정하지 않다)'에서는 형용사이고, '整人(사람을 혼내다)', '整旧如新(낡은 것을 새것처럼 고치다)'에서는 동사인데, 이는 잘 알려진 사실이다.

그런데 '整'이 어떤 경우에는 '完全, 无剩余或不残缺(완전하다, 남음이 없거나 모자라지 않는다)'의 의미를 나타내기도 하는데, 이때는 항상 양사와 준양사(准量词) 또는 수량구와 함께 사용된다. 또 '整'은 수사와 양사 사이에 사용되기도 하고(三整天(사흘 꼬박)), 수량사 앞(整三天(꼬박 사흘))이나 뒤에 쓰이기도 한다(八年整(8년 꼬박)). 그런데 수사와 양사의 사이에 들어갈 수 있는 것은 일부 소수의 형용사만 가능하기 때문에 '整'은 형용사로 귀속시켜야 한다. 비교해 보자.

一整块 (한 덩어리 통째)　　　一满碗 (한 그릇 가득)
一大块 (큰 덩어리 하나)　　　一小碗 (작은 그릇 하나)

'整整'은 '整'의 중첩 형식으로 강조의 기능을 하는데, 이는 '满满'이 '满'의 중첩식인 경우와 마찬가지다. 이들은 모두 형용사이며 수량구 앞이나 동사 앞에 쓰인다. 예를 들어보자.

谈了整整一夜 (밤새 얘기했다)
装了满满一碗 (한 그릇 가득 담았다)
整整地谈了一夜 (하룻밤 꼬박 얘기했다)
满满地装了一碗 (한 그릇 가득히 담았다)

'수사+형용사+양사'의 구조에서 만약 수사가 '一'일 경우에는 이를 생략하고 '형용사+양사'만 남겨둘 수가 있다. 즉, '整套(한 세트 전부)'는 '一整套(한 세트 전부)'의 생략 형식이다.

제4절 부사

부사를 판정하기 위해서는 반드시 의미가 순수 부사성이라는 조건에 부합해야 하며, 여러 가지 방법들을 주의해서 사용해야 한다.

1. '继续'

'继续'는 목적어 부분에 쓰여 어떤 일과 연속관계가 있는 또 다른 일을 나타내는데, 이때는 명사이다. 예를 들어보자.

    (1) 本届会议是上届会议的<u>继续</u>。 이번 회의는 지난 회의의 연속이다.

'继续'는 또 술어 중심어로 쓰여 사물의 활동 또는 일의 변화가 연장 (延长)됨을 나타내기도 한다. 부사어와 보어를 수반할 수 있고, 명사구 목적어를 가질 수도 있는데, 이때는 동사이다. 예는 다음과 같다.

    (2) 这种情况还在<u>继续</u>。
        이러한 상황은 아직 계속되고 있다.

    (3) 这种情况一直<u>继续</u>到现在。
        이러한 상황은 지금까지 줄곧 계속되고 있다.

    (4) 这种情况<u>继续</u>了很长一段时间。
        이러한 상황은 아주 오랜 시간 동안 계속되었다.

그 외 '继续'는 주로 동사나 동사구의 앞에 쓰이는 경우도 흔한데, 이 때는 술어인가 아니면 부사어인가? 이를 분명히 밝히는 것은 품사 결정에 있어 매우 중요하다. 먼저 한 가지 예를 보자.

    (5) 务必使我们的同志<u>继续</u>地保持谦虚、谨慎、不骄不躁的作风，务必使同志们<u>继续</u>地保持艰苦奋斗的作风。
        반드시 우리의 동지가 겸손하고 신중하며 교만하지 않고 조급하지 않은 태도를 지속적으로 유지하도록 해야 하고, 반드시 동지들이 고투하는 기풍을 지속적으로 유지하도록 해야 한다.

'继续'는 '地'와 함께 사용되었으므로 분명히 부사어이다. 위의 예는 중등학교 교과서에 나온 글에서 인용하였다. 교과서에 실린 글의 제목은 '继续保持……(지속적으로……유지하자)'인데, 본문에서는 '继续地保持……'라고 하였다. 이는 부사어 '继续' 뒤에 '地'를 붙일 수도 있다는 것을 설명한다. 또 다른 예를 보자.

(6) 我继续地固执地寻求着。나는 계속해서 고집스럽게 구하고 있다.

여기서 '地'를 사용하지 않고 '我继续固执地寻求着(나는 계속해서 고집스럽게 구하고 있다)'라고 해도 의미는 같다. 이 역시 '继续' 뒤에 '地'를 쓰고 안 쓰고는 자유라는 것을 설명한다. 또 두 개의 예를 더 살펴보자.

(7) 这部伟大的历史巨著，正待我们全体科学工作者和全国各族人民来共同努力，继续创造。
이 위대한 역사적 거작은, 우리 전체 과학 종사자와 전국 각 민족 그리고 국민들이 함께 노력하여 계속 창조하기를 기다리고 있다.

(8) 他停了一下，又继续说：“到正月十五那天，我们大家又团聚在一起了。”
그는 잠시 멈추더니 계속해서 말을 했다. "정월 대보름 그날이 되면, 우리 모두는 다시 함께 모이겠죠."

예문 (7)에서 '共同努力(함께 노력하다)'와 '继续创造(계속 창조하다)'는 같은 구조인데, '继续'가 상대적으로 부사어로서의 신분이 더 분명하다. 예문 (8)도 '继续'를 부사어로 분석하면 쉽게 이해가 된다. 그런데 만약 이를 술어의 중심어로 분석하여, "说'正月十五那天, ……'('정월 대보름 그날이 되면, ……'고 말했다)" 전체를 '继续'의 목적어로 보는 것은 적합하지 않다.

그렇다면 부사어로 쓰인 '继续'의 품사는 무엇인가? 필자의 생각으로는 부사이다. '继续'는 이미 동사의 특징을 더 이상 찾을 수가 없으며, 또 일반적으로 부사 '仍然(여전히)'이나 '照样(예전대로)'으로 대체가 가능하다.

'继续＋동사＋着'라는 구조나 이와 의미가 유사한 구조에서 '继续'는 '仍然' 또는 '照样'으로 대체가 가능하다. 예를 들어보자.

(9) 这支年轻的队伍, 在极端困难的情况下, 继续顽强地斗争着。
이 젊은 팀은 극도로 어려운 상황에서도 계속해서 끈질기게 투쟁하고 있다.

(10) 伤势稍有好转, 我含着感激的眼泪离开了王大娘和乡亲们, 继续过着流浪的生活。
부상이 조금 호전되어 나는 감격의 눈물을 머금고 왕씨 아주머니와 마을 사람들을 떠나, 계속해서 유랑생활을 하고 있다.

'继续＋동사＋下去' 구조나 이와 의미가 비슷한 구조에서도 '继续'는 '照样'으로 대체할 수 있다. 예를 들어보자.

(11) ……产量很快就增加了, 因此社管会要他们继续干下去。
……생산량이 매우 빠르게 증가하였기 때문에, 지역사회 자주관리위원회는 그들에게 계속해서 일을 하라고 요구하였다.

(12) 疲困的战士从滑溜的泥巴地上爬起来继续行军。

피곤한 전사는 미끄러운 진흙 바닥에서 일어나 계속 행군하였다.

지적할 점은, 특정한 언어 환경에서는 동사로 쓰인 '继续'도 동사 목적어를 가질 수 있다는 것이다.('继续'의 목적어가 되는 동사는 사실상 이미 지칭화되었다. 제8장 '문장 내 동사·형용사의 조건 변이'의 관련 부분 참조) 그런데 이 목적어는 사실상 '继续'의 잠재적인 논리적 주어이며, 이는 문두로 이동하여 진짜 주어가 될 수도 있다.

> 继续不继续射击? 사격을 계속할 거야 하지 않을 거야?
> 继续射击! 계속 사격!
> 射击继续! 사격 계속!

일반적인 상황에서 만약 원래 문장 안의 '继续' 뒤 동사가 앞으로 이동하여 주어가 될 수 없고, 동시에 '继续'에 '地'를 붙일 수 있어서 이를 '仍然' 등으로 바꿀 수 있다면, 이때 '继续'는 부사어로 보아야 한다. 예를 들어보자.

(13) 画轴继续展开。

족자가 계속 펼쳐집니다.

(14) 它们从来不争, 不计较什么, 还是继续劳动, 继续酿蜜。

그것들은 다툰 적도 없고, 아무것도 따지지 않으면서, 여전히 계속해서 일하여 계속해서 꿀을 만든다.

예문 (13)에서 '画轴展开继续'는 성립되지 않고, '画轴继续地展开(족자가 계속해서 펼쳐집니다)'라고 하거나 '画轴仍旧展开(족자가 여전히 펼쳐집니다)'라고 해야 자연스럽다. 예문 (14)는 '还是劳动继续, 酿蜜继续'라고 하면 말이 안 되고, '还是继续地劳动, 继续地酿蜜(여전히 계속해서 일하여 계속해서 꿀을 만든다)', '还是照样劳动, 照样酿蜜(여전히 예전같이 일하며, 예전같이 꿀을 만든다)'라고 해야 오히려 매끄럽다. 여기서 '继续'는 동사가 아닌 부사이다.

2. '开始'

'开始'는 명사, 동사, 부사 세 가지 품사로 나뉜다. 예를 보자.

(1) 他开始是徒工。后来成了优秀的工程师。
　　그가 처음에는 견습공이었다. 후에 우수한 엔지니어가 되었다.

(2) 他开始了新的斗争生活。
　　그는 새로운 투쟁 생활을 시작했다.

(3) 他开始唱起来了。
　　그는 노래를 부르기 시작했다.

'开始'는 예문(1)에서는 시간명사, 예문(2)에서는 동사, 예문(3)에서는 부사로 쓰였다. 시간명사는 '起初(처음에는)', '最初(맨처음)'로 대체할 수 있어 판별하기가 쉽다. 동사 '开始'와 부사 '开始'의 구별은 좀 더 논의가 필요하다.

우선, '开始'가 '继续'와 마찬가지로 부사어가 되기도 하므로 부사의 용법이 있음을 인정해야 한다. 비교해 보자.

　　正在唱着。노래를 부르고 있다.

<u>已经</u>唱<u>了</u>。 벌써 노래를 불렀다.

<u>曾经</u>唱<u>过</u>。 일찍이 노래를 부른 적이 있다.

<u>继续</u>唱<u>下去</u>。 계속해서 노래를 불러라 / 부를 것이다.

<u>开始</u>唱<u>起来</u>。 노래를 부르기 시작했다.

매우 분명한 것은 '唱(노래하다)'의 전후에 부대성분(附带成分)이 모두 시태(时态)를 나타낸다는 것이다. '正在……着'는 동작의 진행을 나타내고, '已经……了'는 동자을 완성을 나타내며, '曾经……过'는 동작의 경험을 나타내고, '继续……下去'는 동작의 지속을, '开始……起来'는 동작의 출현을 나타낸다. '正在(마침……중이다)', '已经(이미)', '曾经(일찍이)', '继续(계속하다)', '开始(시작하다)'의 통사적 지위는 모두 같으며, 이들은 모두 부사어로 쓰인 부사이다.

좀 더 나아가면 부사 '开始'와 동사 '开始'에는 차이가 있음을 알게된다. 부사 '开始'와 다른 동사 '开始'의 특징은 다음과 같다.

첫째, 술어의 중심어(谓语中心语)가 될 수 있다. 예를 들어보자.

(4) 现在伟大的经济建设工作即将<u>开始</u>, 而地质工作必须走在前面。
이제 위대한 경제 건설 사업이 곧 시작되니, 지질 작업이 반드시 앞서나가야 한다.

(5) 合浦珠的采捞, 从汉代就<u>开始</u>了, 至今已有将近两千年的历史。
허푸현의 진주 채취는 한대부터 시작되어, 지금에 이르기까지 이미 2천년에 가까운 역사를 가지고 있다.

둘째, 명사성 어구로 된 목적어를 가질 수 있으며, 일반적으로 뒤에 '了'를 추가한다. 예를 들어 보자.

(6) 从此, 父亲在事业上开始了一个崭新的起点。

그로부터 아버지는 사업적으로 새로운 출발을 시작하셨다.

(7) 刘胡兰在艰苦的环境中开始了新的斗争生活。

리우후란은 힘든 환경에서 새로운 투쟁 생활을 시작하였다.

셋째, 동사 목적어를 가질 수도 있다.('开始'의 목적어가 되는 동사는 사실상 이미 지칭화 되었다. 제8장 '문장 내 동사·형용사의 조건 변이'의 관련 부분 참조) 그런데 동사로 된 목적어 앞에 관형어를 붙일 수도 있고, 목적어 부분 전체가 아주 자연스럽게 주어 부분으로 이동할 수도 있다. 비교하여 보자.

(8) 他们披着长发, 拿着武器, 又开始了战斗。

그들은 긴 머리를 풀어헤치고서 무기를 들고 다시 전투를 시작하였다.

(9) 战斗又开始了。

전투가 다시 시작되었다.

(10) 他们不久就开始了对红色区域的"围剿"。

그들은 오래지 않아 적색구역에 대한 '포위 토벌'을 시작했다.

(11) 他们对红色区域的"围剿"不久就开始了。

적색구역에 대한 그들의 '포위 토벌'은 오래지 않아 시작되었다.

동사 '开始'와 다른 부사 '开始'의 특징은 다음과 같다.

첫째, '了'가 붙지 않고, 뒤의 동사술어 또는 '동사술어 + 목적어'에는 보통 '起来(동사 뒤에서 동작이나 상황이 시작, 지속됨을 나타냄)' 또는 '起……来'를 붙일 수 있다. 예를 보자.

(12) 他在银行的存款开始增加起来。

그의 은행 예금은 증가하기 시작하였다.

여기서는 동사술어 '增加(증가하다)' 뒤에 '起来'를 추가하였다. 또 다른 예를 보자.

(13) 中华人民共和国960万平方公里上面的劳动人民, 现在真正开始统治这地方了。

중화인민공화국 960만 평방킬로미터 위의 노동 인민은 이제 진정으로 이곳을 통치하기 시작했다.

(14) 说着, 就开始讲大伯劳苦的一生。

이야기를 하다 보니 큰아버지의 고생스러운 일생을 이야기하기 시작하였다.

예문 (13)은 '现在真正开始统治起这块地方来了(이제 정말로 이 지방을 통치하기 시작하였다)'로 말할 수 있고, 예문 (14)는 '就开始讲起大伯劳苦的一生来了(그만 큰아버지의 고생스러웠던 일생을 이야기하기 시작하였다)'로 말할 수 있다.

둘째, 부사 '开始'는 시간 부사어인데, 앞에 상태부사어가 있으면 이 상태부사어는 '开始' 뒤로 이동하여 동사 술어를 직접 수식할 수 있다. 비교하여 보자.

(15) 于是大家紧张地开始背伞。

그래서 모두들 긴장해서 우산을 짊어지기 시작했다.

(16) 于是大家开始紧张地背伞。

그러자 모두들 긴장해서 우산을 짊어지기 시작했다.

셋째, 부사 '开始'는 처음을 나타내는데, 만약 문장을 문어체로 고친다면 이는 대부분 '初' 또는 '始'로 간략하게 줄일 수 있다. 예는 다음과 같다.

(17) 布谷鸟开始歌唱。 뻐꾸기가 노래하기 시작한다.
(18) 情况已开始有了一些改变。 상황이 이미 조금씩 변하기 시작하였다.

예문(17)의 '开始歌唱(노래하기 시작하다)'은 '初唱'으로 압축할 수 있고, 예문(18)의 '开始有了一些改变(조금씩 변하기 시작했다)'은 '始有改变'으로 압축할 수 있다.

요컨대, 부사 '开始'와 동사 '开始'를 혼동해서는 안 된다.

3. '恐怕'

일반적인 상황에서 '恐怕'는 어기부사이며 문장 안에서 부사어가 된다. '大概(아마도)'와 '也许(아마도)' 등의 어기부사와 용법이 같고, 위치도 비교적 자유로워 주어 앞이나 뒤, 술어 앞에 나타나기도 한다. 그 예는 다음과 같다.

(1) 这五年"社会大学", 我可真懂得什么叫"社会"啦。姚一真呢, 她恐怕也毕业了。
    최근 5년 동안의 '사회대학', 나는 무엇을 '사회'라고 부르는지 정말로 이해할 수 있다. 야오이전, 그녀도 아마 졸업했을 거야.

(2) 可惜天气不佳, 恐怕你们看不见日出了。
    아쉽게도 날씨가 좋지 않아서 아마 여러분들은 해가 뜨는 것을 보지 못할 것입니다.

‘恐怕’가 ‘걱정하다(担心)’의 의미를 나타내고, 문장 안에서 술어가
되고 뒤에 목적어를 가지는 경우도 있는데, 이때는 동사가 된다. 예를
들면 다음과 같다.

(3) 我因为常见些但愿不如所料, 以为未必竟如所料的事, 却每每恰如
所料的起来, 所以很恐怕这事也一律。
나는 기대한 대로 되지 않는 일들을 늘 보았기에 예상했던 대로 되지는
않을 것이라고 생각했지만, 매번 꼭 예상했던 대로 되어서, 이 일도 똑같
이 될 것 같다.

‘担心’과 마찬가지로 여기서 ‘恐怕’도 심리활동을 나타내는 동사이다.

4. ‘一律’

‘一律’는 부사로 쓰여 부사어가 되기도 하는데, 이때는 대부분 ‘一概
(모두)’로 대체할 수 있다. 예를 들어보자.

(1) 人民法院审判案件, 除法律规定的特别情况外, 一律公开进行。
인민법원의 사건 재판은 법률에 규정된 특별한 경우를 제외하고는 전부
공개적으로 진행한다.

(2) 它所有的丫枝一律向上, 而且紧紧靠拢。
그것의 모든 가지들은 전부 위로 향해있고, 또한 빽빽하게 모여 있다.

‘一律’가 부사가 아니라 형용사인 경우도 있다. 이때 ‘一律’는 ‘相同
(서로 같다)’과 유사하고, 일반적으로 술어가 된다. 예를 들면, ‘千篇一
律((여러 시나 글의 격조가 모두 비슷하여) 개별적인 특색이 없다)’, ‘规

格一律(규격이 하나같다)', 그리고 또 魯迅의 단편소설 『祝福』 속의
'(很恐怕)这事也一律((아주 걱정스럽게) 이 일도 마찬가지다)' 등이 그
러하다.

5. '附带'

'附带'는 부사로 사용되기도 하는데, 이때는 동사를 수식하는 부사어
가 되며, '順帶(…하는 김에)'로 대체가 가능하다. 예를 들면, '附带说几
句, 附带写几句, 附带谈谈两个问题(덧붙여서 몇 마디 하고, 덧붙여서
몇 마디 쓰고, 덧붙여서 두 가지 문제를 이야기해 보자)'가 그렇다.

'附带'는 또 형용사인 경우도 있다. 이때는 '주요한 것이 아니다(非主
要)'라는 뜻을 나타내고 관형어가 되며, 술어부분에서 '是……的' 사이
에 쓰일 수 있다. 예로는 '附带条件, 这个条件是附带的(부대조건, 이
조건은 부수적인 것이다)'를 들 수 있다. 아래 문장에서의 용법을 비교
하여 보자.

(1) 除此以外, 还得附带声明几句。
   이것 외에, 또 덧붙여서 몇 마디를 선언하고자 한다.

(2) 除此以外, 还有一个附带的声明。
   이것 외에, 또 다른 부수적인 성명이 하나 있다.

전자는 부사어로 '順便(덧붙여서. 하는 김에)'의 의미를 나타내고, 후
자는 관형어로 '非主要(주요한 것이 아니다)'의 의미를 나타낸다. 이들
은 의미가 다르므로 각각 부사와 형용사로 분류하여야 한다.

6. '难以', '足以'

'难'은 형용사로, '难下咽(삼키기 어렵다)'은 '很难下咽(삼키기가 매우 어렵다)'라고 말할 수도 있고, '下咽难, 下咽很难(삼키는 것이 어렵다, 삼키는 것이 매우 어렵다)'이라고 말할 수도 있다. 그러나 '难'과 '以'가 결합하여 '难以(…하기 어렵다)'가 되면 부사어의 위치에만 쓰일 수 있으며, 더 이상 형용사의 특징을 가지지 않으므로 부사에 귀속시켜야 한다.

'难以'를 동사라고 하고, 그 뒤의 동사를 목적어라고 말할 수 있을까? 그럴 수 없다. 우리는 '难以' 뒤의 동사가 목적어라는 것을 증명할 수가 없기 때문에 '难以'가 동사라는 것도 증명할 방법이 없다. 비교해 보자.

给以援助 …에게 원조를 해주다   难以援助 원조하기가 어렵다
给以适当的援助 적당한 원조를 해주다 -------------------

'给以(주다)' 뒤의 '援助(원조(하다))'는 관형어를 가질 수 있으므로 목적어라는 것을 알 수 있는데, 이를 통해 '给以'가 동사라는 것을 증명할 수 있다. '难以' 뒤의 '援助'는 관형어를 가질 수 없으므로 목적어라는 것을 증명할 방법이 없다. 반면, '难下咽'와 '难以下咽', '难援助'와 '难以援助'는 각각 의미가 같고, '형용사＋동사'와 '부사＋동사'로 구조상의 차이는 인정하지만, 이들이 모두 부사어-중심어 구조라고 하는 것은 쉽게 이해되고 수용된다.

'足以'도 '足以说明问题(충분히 문제를 설명할 수 있다)'와 같이 항상 부사어 위치에 쓰인다. 따라서 '难以'와 마찬가지로 이 역시 부사로 귀속시켜야 한다.

‘足以’는 완전히 가능하다는 의미를 나타내는데, 그렇다면 이를 조동
사로 간주할 수 있는가? ‘足以’는 ‘足以不足以······’ 또는 ‘不足以
不······’ 등이 성립하지 않는 등 조동사의 필요조건을 가지고 있지 않기
때문에 이를 조동사로 볼 수는 없다.

7. ‘宁可’, ‘宁肯’, ‘宁愿’

‘宁可’, ‘宁肯’, ‘宁愿’은 모두 어기부사로 선택의 결심을 강조한다.
이들은 주로 취사선택의 관계가 있는 양보의 복문에 사용되며, 뒷 절의
‘也不 / 也要(···도 ···지 않다 / ···도 ···하다)’나 앞 절의 ‘与其(···하느
니)’와 호응하여 뚜렷한 연결 작용을 한다. 예를 들어보자.

> (1) 他宁可倒下去, 不愿屈服。
> 그는 차라리 쓰러질지언정, 굴복하려 하지 않는다.

> (2) 我宁肯硬着头皮让她骂三天, 也不愿替自己留这条不光彩的路。
> 나는 염치 불고하고 그녀한테 사흘 동안 욕을 먹을지언정, 내 자신을 위
> 해 이 불명예스러운 길을 남겨두고 싶지 않다.

> (3) 我们宁愿帮千人万人, 不能帮助他老张!
> 우리는 천 명 만 명을 도울지언정, 장 씨 그 사람을 도울 수는 없다!

이 단어들은 분명한 연결성이 있지만 접속사는 아니다. 이들의 수식
기능, 즉 부사성이 어떤 문장 안에서는 상당히 분명할 때도 있다. 예를
들어보자.

> (4) 为了不出卖灵魂, 我宁愿居住在这卑陋潮湿的茅棚。

영혼을 팔지 않기 위해서, 나는 차라리 이 누추하고 습한 오두막집에서 살기를 원한다.

(5) 本来他可以坐汽车去, 但是他宁愿步行穿过公园。

그는 사실 자동차를 타고 갈 수 있었지만, 차라리 걸어서 공원을 가로질러 가기를 원했다.

여기서 '宁愿'은 분명히 접속사가 아니다. 다시 비교해 보자.

(6) 与其他受累, 宁可我多干点。

그가 고생을 하느니, 차라리 내가 일을 좀 더 하겠다.

(7) 宁可我多干点, 也不让他受累。

차라리 내가 일을 좀 더 할지언정, 그 사람을 고생시키고 싶지는 않다.

(8) 为了不让他受累, 我宁可多干点。

그를 고생시키지 않게 하기 위해서 차라리 내가 일을 좀 더 하겠다.

(9) 我还是宁可多干点的好。

내가 차라리 일을 좀 더 하는 편이 낫다.

위에서 '宁可'는 부사로 보아야 네 문장 모두 의미가 통한다. 만약 이를 접속사라고 하면 뒤의 두 문장은 설명하기가 어렵다. 또한 어기부사 '宁可'는 술어 앞, 주어 뒤에 쓰이거나 주어 앞에 쓰일 수도 있다. 예를 보자.

(10) 自己宁可吃点亏, 也不叫亏了人。

자기가 차라리 조금 손해를 보더라도, 남에게 손해를 끼치지는 않는다.

(11) <u>宁可</u>自己吃点亏, 也不叫亏了人。

　　차라리 자기가 조금 손해를 보더라도, 남에게 손해를 끼치지는 않는다.

8. '反而', '反倒'

　'反而'은 앞의 문장의 의미와 상반되거나 예상 혹은 인지상정에서 벗어났음을 나타내는 단어로 어기부사이다. 이는 주로 '不但不(没)……反而……(…하지 못할 뿐 아니라 오히려…)'와 같은 유형의 점층 구문에 사용되어 분명한 연결 작용을 하지만, 접속사는 아니다.

　우선, '不但不(没)……反而……'은 사실상 '不但不(没)……而且反而……(…하지 못할 뿐 아니라 게다가 오히려…)'과 같다. 이때 '不但'은 '而且'와 호응하고, '不(没)'는 '反而'과 호응한다.(한 토론회에서 张拱贵 선생이 이러한 의견을 발표하였음을 밝힌다) 따라서 '不但不(没)……反而……'과 같은 구조를 통해서는 '反而'이 접속사임을 증명할 수가 없다. 예를 보자.

(1) 我不但不嫉妒, <u>反而</u>更高兴。

　　나는 질투는 커녕 오히려 기분이 더 좋다.

　이 문장은 사실상 '而且'의 의미, 즉 '我不但不嫉妒, (而且)反而更高兴(나는 질투하지 않을 뿐만 아니라 (게다가) 오히려 더 기분이 좋다)'의 의미를 내포하고 있다. '不但'과 호응하는 것은 '反而'이 아니라 내포된 '而且'이다.

　다음으로, '反而'이 반드시 점층 구문에만 사용되는 것은 아니다. 예를 들어 보자.

(2) 时间长了, 大伙儿反而忘了她的真实姓名。

시간이 오래되어 모두들 오히려 그녀의 진짜 이름은 잊어버렸다.

(3) 令人惊异的是, 他的公司后来反而走运了。

놀라운 것은, 그의 회사가 나중에는 오히려 행운을 만났다는 것이다.

여기에서 '反而'은 수식 기능이 특히 뚜렷하므로 접속사는 분명히 아니다. 구어에서 '反而'은 '反倒(오히려)'로 말할 수도 있다. 예를 보자.

(4) 事情一说通, 我心里反倒痛快了。

일을 말로 잘 통하자 나는 오히려 속이 시원해졌다.

(5) 常是这样, 人要是饿了常心慌, 如饥饿过度, 反倒没什么感觉了。

항상 그렇듯이 사람은 배가 고프면 늘 당황하지만, 배고픔이 지나치면 오히려 아무런 느낌이 없어진다.

단조로움을 피하기 위해 '反而'을 '反倒'로 바꾸어 사용함으로써 단어의 변화를 꾀하기도 한다. 예를 보자.

(6) 他这样多管闲事, 社员们不讨厌, 反而觉得社里经常有这样一个敢说敢叫的人, 反倒提醒着大家对公共财产的爱惜。

그가 이렇게 쓸데없는 일에 참견을 많이 하지만, 사원들은 싫어하지 않고 오히려 회사에는 늘 이렇게 대담하게 말하고 소리치는 사람이 있어서, 도리어 모두들에게 공공재산에 대한 애정을 일깨워 주고 있다고 생각한다.

제5장
특수 실사의 품사 귀속

이 부분에서는 논의할 만한 몇몇 특수 실사에 대해 간략하게 분석하고자 한다. 양사의 판정은 큰 문제가 되지 않아 여기서는 토론하지 않기로 한다. 의음사(拟音词)는 감탄사와 의성사를 포함하는데, 이들의 식별 역시 큰 문제가 되지 않으므로 역시 논의를 생략하기로 한다.

제1절 수사('一带' 포함)

수사와 양사는 특수한 실사이다. 특수한 점은 수사나 양사가 단독으로 문장성분이 될 때도 있지만, 결합하여 하나의 사용 단위가 되어 한 문장성분으로 쓰이기도 한다는 것이다. 이때 전체 '수사+양사'의 구조는 흔히 '수량사(数量词)'로 불린다.

수사를 식별하는 데 있어 가장 중요한 것은 '양사와 결합할 수 있다'라는 근본적인 특징을 고려하는 것이다.

1. '许多', '多'

'许多'의 품사에 대해 학계에는 여러 이견이 있다. 陆志韦 등은 『汉语的构词法』에서 그것이 수사가 아니라 형용사라고 보았다.[1] 그런데 吕叔湘은 "이는 수량사에 귀속시켜야 한다. 수량사는 일반적으로 수사와 양사를 합친 것이거나 양사가 필요 없지만 간혹 양사를 붙이기도 하는 수사를 말한다."[2]라고 하였다.

동보구조에서 '许多'는 동량사와 결합하여 함께 보어가 될 수 있다. 그 예는 다음과 같다.

> 唱了许多遍 여러 번 노래했다
> 问了许多次 여러 차례 물었다
> 去了许多回 여러 번 갔다

명사를 중심으로 하는 관형어＋중심어 구조에서 '许多'는 주로 직접 명사를 수식하지만, 물량사(物量词)와 결합하여 함께 관형어가 되기도 한다. 그 예를 살펴보자.

> 许多家具 많은 가구　　　许多套家具 많은 세트의 가구
> 许多战士 많은 전사　　　许多名战士 많은 사람의 전사
> 许多杂志 많은 잡지　　　许多种杂志 많은 종류의 잡지

다음 예문을 살펴보자.

---

1) 저자주 : 陆志韦等 『汉语的构词法』说 : 科学出版社1957年, 45쪽.
2) 저자주 : 吕叔湘, 『语文札记』, 『中国语文』 1965年 5기 344쪽.

(1) 木头上坐满了人, <u>许多</u>张年轻战士的脸, <u>许多</u>对漆黑发亮的眼珠, 全朝着舞台。

나무 위에는 사람들로 꽉 차게 앉아 있는데, 많은 젊은 전사들의 얼굴, 칠흑같이 검고 빛나는 많은 눈망울은 모두 무대를 향해 있었다.

(2) <u>许多</u>个忙碌的日子之后, 我终于有机会造访了自己向往已久的华盛顿菲里阿美术陈列馆。

많은 바쁜 날들이 지난 후에 나는 마침내 이미 오랫동안 동경해 온 워싱턴의 페리아 미술 진열관을 방문할 기회를 가졌다.

형용사는 이렇게 양사와 직접 결합할 수 없기 때문에, 이를 통해 '许多'는 형용사가 아닌 수사임을 알 수가 있다.

반드시 지적해야 할 점은 크기가 큰 수사는 직접 명사를 수식할 수 있다는 것이다. 일부 수사는 또 AABB 형식으로 중첩되어 강조를 나타낼 수도 있다. 따라서 직접 명사를 수식할 수 있고, AABB 형식으로 중첩할 수 있다는 것은 '许多'가 수사라는 것을 부정하는 이유가 될 수 없다. 비교해보자.

<u>许多</u>新同学 많은 새 학우
<u>二百多</u>新同学 200여 명의 새 학우
<u>许许多多</u>革命先烈 아주 많은 혁명 선열들
<u>千千万万</u>革命先烈 수없이 많은 혁명 선열들

수사 '许多'와 비슷한 단어로 수사 '多'가 있다.('多'는 여러 종류의 품사에 속한다. 제5장 '조사' 부분의 '多'에 대한 설명 참고.)

양사, 준양사(准量词)와 결합하여 수량구조를 이루며, '许多'로 대체할 수 있는 '多'는 모두 수사이다. 예를 들어보자.

(3) 在居住中国的十四年间，大卫神甫曾把<u>许多种</u>中国特有的动植物介绍给海外的科学世界，其中包括<u>三种</u>中国最著名的特产动物。

중국에 거주한 14년 동안, 데이비드 신부는 많은 종류의 중국 특유의 동식물을 해외 과학계에 소개하였는데, 그 가운데에는 중국에서 가장 유명한 세 가지 특산 동물이 포함되어 있다.

(4) 北宋学者沈括，通晓<u>多种</u>科学，可是在诗词方面，他却出过笑话。

북송학자는 심괄은 여러 종류의 과학에 통달하였으나, 시와 사에 있어서는 오히려 웃음거리가 된 적이 있다.

여기에서 '三种'과 '许多种', '多种'은 모두 수량구조이다. 예문(3)의 '许多种'은 '多种'이라고 말할 수 있고, 예문(4)의 '多种'은 '许多种'이라고 말할 수 있다.

2. '好些'

'些(약간)'는 물량사이다. 이는 다른 물량사와 마찬가지로 수사 '一(일)'과 결합하여 수량구를 이루고 '这(이)', '那(저, 그)'와 결합하여 지시양사구조(指量结构)를 구성하고, 동목구조 사이에 단독으로 쓰일 수도 있다. 비교해 보자.

个 개. 명. 사람	件 일. 사건	些 약간
一<u>个</u> 한 개	一<u>件</u> 한 건	一<u>些</u> 약간
这<u>个</u> 이것	这<u>件</u> 이 건	这<u>些</u> 이것들
有<u>个</u>人 어떤 사람	有<u>件</u>事 어떤 일	有<u>些</u>问题 어떤 문제들

'些个(좀. 약간)'는 복합 물량사이다. 이 역시 '一些个(소수)', '这些个(이런 것들)'과 같이 '一'과 결합하여 수량구를 이루거나 '这', '那'와 지시양사구조를 구성할 수 있다. '些个'와 '几个(몇 개)'는 모두 '好'를 추가하여 '好些个(여러 개)', '好几个(여러 개)' 같이 정도를 강조할 수 있지만, '几个' 자체가 수량구이므로 다시 수사 '一'를 더하여 '一几个'라고 말할 수는 없다. 그렇지만 '些个'는 '一些个'라고 말할 수 있다.

여기서는 특별히 수사 '好些(많은)'에 대해 논의하고자 한다. '好些'는 '许多'와 마찬가지로 물량사, 동량사 모두와 결합할 수 있다. '好些碗饭(여러 그릇의 밥)', '好些本书(여러 권의 책)', '好些位朋友(여러 명의 친구)', '好些支钢笔(여러 자루의 펜)' 그리고 '去过好些次(여러 차례 가 본 적이 있다)', '看过好些遍(여러 번 본 적이 있다)', '说了好些回(여러 번 말했다)' 등이 그 예이다.

'好些碗'은 '好些个'와 다르다. 우선, '些', '碗', '些本', '些位' 등은 이미 결합하여 단어로 되었다고 볼 수 없지만, '些个'는 이미 결합된 단어로 볼 수 있다. 예를 들면, '他是弟弟, 你应该让他吃些个(그는 동생이니 너는 그가 좀 먹게 해야지)' 에서 '些个'는 단독으로 쓰일 수 있지만, '些碗'은 단독으로 쓰일 수 없다. 이는 '好些碗' 등은 '好些|碗'이고, '好些个'는 '好|些个'임을 뜻한다. 다음으로, '好些碗', '好些本'에서 '碗'과 '本'은 양사성이 매우 강하므로 사용할 때 사물과의 결합에 주의를 기울여야 한다. 그러나 '好些个'에서 '个'는 이미 '些'와 결합하여 '些个'로 되었기 때문에('些个'는 곧 '些'이며, 이때 '个'는 이미 약화되어 보조 작용만 할뿐 단독으로 계량의 기능을 하지 않는다), '个'와 사물의 결합에 주의를 기울일 필요가 없다. 예를 들면 '今天他买了好些个业务书(오늘 그는 많은 업무용 서적을 샀다)'에서 '书(책)'의 양을 나타내는 것은 '个'가 아닌 '些个'이다. 이는 '好些|碗'은 '수+양'이지만

'好|些个'는 '정도 + 양'임을 뜻한다.

위의 분석에 따르면 다음과 같이 처리하는 것이 타당하다.

① '好些'는 단독으로 사용되거나 '个' 이외의 양사와 결합할 때는 수
사로 본다.
② '些个'는 복합양사이고, '一些个'는 수량구조이다.
③ '好些个'는 '정도 + 양'의 구조로, '好些碗' 등과는 다르나 결합이
긴밀하고 기능 또한 '好些'와 같으므로, 수사성 구단어(数词性短
语词)로 볼 수 있다.

'好几碗(여러 그릇), 好几回(여러 번)'와 '好些碗(여러 그릇), 好些回
(여러 번)'는 서로 유사하지만 구조가 다르다. '好几碗, 好几回'는 '정도
+ 수 + 양'의 구조로 되어 있으며, '好'를 생략하여 '几碗, 几回'로 말할
수도 있다. 그런데 '好些碗, 好些回'는 '수 + 양'의 구조로 되어 있으며,
'好'를 생략하고 '些碗, 些回'으로 말할 수는 없다.

'好些', '些个', '好些个', '好些碗' 등에 대한 학자들의 견해는 상당한
차이가 있다. 여기서는 독자들이 참고할 수 있도록 몇 가지 견해를 소개
하고자 한다.

① 胡附『数词和量词』에서는 양사 '些'의 뒤에 '个'를 붙여 '些个' 또
는 '好些个'라고 말할 수 있다고 보았다.(新知识出版社, 1957년, 35쪽)
② 丁声树 등 『现代汉语语法讲话』는 '些个'가 복합양사로 앞에
'好'를 붙일 수 있다고 보았다.(商务印书馆, 1961년, 177쪽)
③ 陆志韦 등 『汉语的构词法』에서는 '好些个'를 수사로 볼 수 있는
데, 수사로 보는 것이 문법적으로 의구심을 가질 수 있지만 다른

품사로 분류하는 것은 더욱 타당하지 않기 때문에 '好些|个|人'은 억지로 수사＋양사＋명사로 볼 수도 있다고 하였다.(科学出版社, 1957年, 45쪽)

④ 『现代汉语八百词』에서는 '好些'를 수사로 분류하여 '好些个'와 '好些本', '好些回' 등을 모두 '수사＋양사'로 보았다.(商务印书馆, 1980년, 229쪽)

⑤ 『现代汉语词典』에서도 '好些'는 '许多'와 같고, '好些个'라고 말할 수도 있다고 풀이하고 있다. 또 '些个'도 '一些'와 같다고 하였다.(商务印书馆, 1973년, 399쪽, 1135쪽)

3. '无数'

'无数' 역시 수사이다. 이는 아주 큰 수를 나타내며 관형어로 사용될 때는 보통 뒤에 양사를 붙이지 않는다. 하지만 양사가 오는 경우도 있다. 예를 들면 다음과 같다.

(1) 无数颗星星在茫无涯际的宇宙中运行着。
무수한 별들이 아득히 끝이 없는 우주에서 운행하고 있다.

(2) 黄狄把眼睛睁得圆圆的, 那眼光像射出无数个奇怪的问号。
황디가 눈을 동그랗게 뜨는데, 그 눈빛이 마치 무수히 많은 이상한 의문 부호를 쏘아대는 것 같다.

'无数'는 흔히 '次', '回', '遍' 등의 동량사와 결합하여 부사어나 보어가 된다. 예는 다음과 같다.

(3) 往夕, 我天天望见宝塔, 无数次从它脚边走过。

지난 날, 나는 매일 탑을 바라보며 기단 옆을 수없이 지나다녔다.

(4) 我骑了一整天马, 问了无数次路。

나는 하루 종일 말을 타면서 수없이 많은 길을 물었다.

'无数'가 수사가 아닌 경우도 있다. '心中无数(확실히 알지 못하다)' 에서 '无数'는 저의를 모르거나 확신이 없음을 나타내는데, 동사 '无'와 명사 '数'가 결합하여 이루어진 형용사성 구단어이다.

4. '千万'

'千万'은 수사로 쓰이고, 양사와 함께 수량구를 이룬다. 예를 보자.

(1) 千万盏电灯连成了一片。

천만 개의 전등이 하나로 연결되어 있다.

(2) 千万座高山峻岭, 都被我军占领了。

천만 기의 고산준령이 아군에 의해 점령되었다.

수사 '千万'은 중첩하여 '千千万万(수천만)'이라고 할 수도 있다. 예를 들어 보자.

(3) 千千万万烈士的鲜血洒遍了祖国的河山。

수천만 열사의 선혈이 조국의 강산에 뿌려졌다.

'千万'이 수사가 아닌 경우도 있는데, 명령문에 쓰여 부사어가 되고

'务必(반드시)'로 대체가 가능하다. 이때 '千万'은 부사이다. 예를 들어 보자.

(4) 我把它放在砂罐里, 你千万记着带走!
    내가 그것을 뚝배기 안에 넣어 두었으니, 반드시 기억하고 가져가!

(5) 阴雨天, 你千万来不得!
    흐리고 비가 오는 날에는 절대 올 수 없다!

부사 '千万'은 중첩되어 '千千万万'으로도 쓰인다. 예를 들면 다음과 같다.

(6) 千千万万不能马虎大意!
    절대로 대충대충 해서는 안 돼!

5. '半'

'半'은 수사로 '$\frac{1}{2}$(2분의 1)'을 나타내는 경우가 있다. 정수가 없을 때 '半'은 양사 앞에 쓰이고, 정수가 있을 때는 양사의 뒤에 쓰인다. 예를 들면 다음과 같다.

半尺 $\frac{1}{2}$자, 반 자   三尺半 석 자 반
半斗 $\frac{1}{2}$말, 반 말   四斗半 너 말 반
半斤 $\frac{1}{2}$근, 반 근   五斤半 다섯 근 반

‘半尺’는 단일의 수량구이고, ‘三尺半’은 ‘三尺 + 半尺’가 고착화되어 만들어진 것이기 때문에 실제로는 수량구의 복합응고 형식(复合凝固格式)이다.

‘半’은 ‘一’와 결합하여 ‘一半(절반)’으로 되기도 하는데, 이때도 역시 ‘$\frac{1}{2}$’의 의미이다. ‘半’과 다른 점은 ‘一半’은 늘 사물을 지칭하고 주어나 목적어가 된다는 것이다. 예를 들어보자.

(1) 社长的话, 一半是夸奖, 一半是责备。
사장의 말은 반은 칭찬이고, 반은 질책이다.

(2) 种子, 我们留一半, 分给他们一半。
씨앗은 반은 우리가 남겨두고, 반은 그들에게 나누어 준다.

이때 ‘半’은 양사의 성질을 가지고 있다. ‘一半’은 흔히 ‘一大半(과반)’, ‘一小半(절반가량)’으로 말하며, 수량구로 볼 수 있다. (비교 : 一大块, 一小块(하나는 큰 덩어리, 하나는 작은 덩어리))

6. ‘一带’

‘杨家沟一带(양쟈거우 일대)’와 같은 구조 속에서 ‘一带’는 수량구로 보아야 한다. 수량구에 대한 별도의 절을 만들지 않았기 때문에 이를 여기에 포함하여 논의하기로 한다.

혹자는 ‘一带’를 조사라고 하는데, 이는 성립하기 어렵다. 아래의 예를 살펴보자.

(1) 延安一带的人, 把父亲叫大, 读如达。

엔안 일대의 사람들은, 아버지를 '大'라고 부르고, '다(达)'와 같이 읽는 다.

(2) 二十来岁的时候, 他就成了这一带的红人。

20세가량의 나이에 그는 이미 이 일대의 인기인이 되었다.

(3) 现在, 小兰回来了, 她就是从那一带回来的。

지금 샤오란이 돌아왔는데, 그녀는 바로 그 일대에서 돌아왔다.

'延安一带(연안 일대)'는 '这一带(이 일대)' 또는 '那一带(그 일대)'라고 말할 수도 있다. '一带'는 '这'와 '那'의 수식을 받을 수 있고, 관형어+중심어 구조의 중심어가 되므로 조사로 볼 수는 없다. 또 다른 예를 보자.

(4) 那年秋天, 雨多洪大, 这一带都淹了。

그 해 가을에는 비가 많이 내려 홍수가 크게 나서 이 일대가 모두 물에 잠겼다.

여기서 '(这)一带'는 주어인데, 이는 그것이 조사가 아님을 잘 설명한다. '一带'가 처소명사 또는 방위명사일 가능성은 있을까? 사실 '一带'는 정말로 처소 또는 방위명사와 대응하여 사용할 수 있다. 예를 들어 보자.

(5) 峨眉山, 九老洞一带的拱桐花, 牛心岭附近的报春花, 洗象池以上的冷杉, 伏龙寺周围的桢楠, 再加品种繁多的杜鹃花, 珍贵的动物小熊猫, 别处一般都是稀罕的。

어메이산, 지우라오둥 일대의 아름드리 오동나무의 꽃, 니우신령 부근의 프리뮬라, 시샹지 위쪽으로 심어진 전나무, 푸룽사 주변의 광나무, 또 품종이 다양한 철쭉, 진귀한 동물 판다는 다른 곳에선 모두 일반적으로 희귀한 것들이다.

그러나 모든 처소명사나 병위명사는 그 자체가 처소나 방위의 의미를 나타내고, 모두 단독으로 전치사와 결합할 수 있다. 예를 들면 다음과 같다.

　　在附近有许多报春花 부근에 많은 봄꽃이 있다
　　在周围有许多杜鹃花 주변에 많은 진달래가 있다
　　跟以上没什么不同 이상과 다를 바 없다

　반면, '一带'는 반드시 '这', '那', '地方' 등과 결합하여야 처소의 의미를 나타낼 수 있으며, 단독으로 전치사와 결합하여 전치사구를 이룰 수는 없다. 예를 들면 '在这一带(이 일대에서)'라고는 말할 수 있지만, '在一带'라고는 할 수 없다. 이를 통해 '一带'가 처소명사나 방위명사와는 다르다는 것을 알 수 있다.
　수량구는 인물과 처소 등을 지칭할 수 있다. '명사＋수사·양사·명사'라는 복술구조 안에서, 만약 앞의 '명사'가 하위 개념을 나타내고 뒤의 '명사'가 상위 개념을 나타낸다면, 뒤의 '명사'는 생략할 수 있어 '명사＋수사·양사'가 남으며, '수사＋양사'는 인물과 처소 등을 지칭하는 역할을 한다. 비교해 보자.

　(6) 杨家沟一带地方发生了地震。
　　　양쟈거우 일대 지방에 지진이 발생했다.

　(7) 杨家沟一带发生了地震。
　　　양쟈거우 일대에 지진이 발생했다.

(8) 杨部长一行人参观了学院图书馆。

양부장 일행 사람들은 단과대학 도서관을 참관했다.

(9) 杨部长一行参观了学院图书馆。

양부장 일행은 단과대학 도서관을 참관했다.

예문(7)에서 '一带'는 '一带地方(일대 장소)'을 지칭하고, 예문(9)에서 '一行(일행인 사람)'은 '一行人'을 지칭한다. 이들 예문에서 '杨部长一行人'과 '杨家沟一带地方', '杨部长一行'과 '杨家沟一带'는 완전히 동일한 구조이다. '一带'는 '一行'과 마찬가지로 수량구조이다. 다른 예를 살펴보자.

(10) 这一来, 马家大院那一带旱地都会变成水田, 生长谷子!

이렇게 되면, 마쟈다위안 그 일대의 메마른 땅은 모두 논으로 변하여 곡식이 자라게 된다!

(11) 你们看, 这个村庄, 你们看这一带树林, 全都是我熟悉的地方。

봐라, 이 마을, 봐라 이 일대의 숲은 모두 내가 친숙한 곳이다.

(12) 从前, 我们这带的红花姑娘们, 在同伴新婚的初夜, 总要偷偷地跑到新房的窗子外面、板壁下边去听壁脚。

예전에 우리 이 일대의 미혼 아가씨들은 친구의 신혼 첫날밤에 신혼방의 창문 밖과 판자벽 아래로 몰래 달려가 엿들었다.

예문(10)의 '一带'를 '马家大院' 뒤에 붙는 조사라고 하거나 또는 그 자체를 처소명사라고 할 수는 없다. 예문(11)의 '一带'는 더욱 수량구로 분류할 수밖에 없다. 예문(12)에서는 '一带'를 '带'로 말하였다. '这带'는 '这一带'의 축약 형식인데, 이는 '这片(이 조각)'이 '这一片(이 한 조각)'의 축약 형식인 것과 마찬가지이다. 이것은 '帶'의 양사적 성질을 더욱 잘 설명함과 동시에 '一帶'가 부사나 처소명사가 아니라는 것을 보여준다.

제2절 대사

대사는 또 다른 부류의 특수한 실사이다. 그 특수성은 대사가 유동적이면서 광범위하게 대체하는 성질을 가지고 있거나 가리키는 대상이 상당히 불명확하다는 점에 있다.

좀 더 구체적으로 말하면, 대사 자체는 구체적인 인물, 행동, 성질 및 상태 등과 고정적인 연결 관계가 없으며 어느 것을 대신할 것인지는 구체적인 문맥에서 확실히 정해진다는 것이다. 만약 한 단어가 동사의 문법 특징을 가지고 있다고 해도 동시에 유동적이며 광범위한 대체성을 가지고 있다면, 이는 대사로 보아야 한다. 예를 들어, '你能怎么样人家?(당신이 남을 어떻게 할 수 있습니까?)'에서 '怎么样'은 목적어를 가지므로 동사의 특징이 가지고 있지만, '怎么样'이 가리키는 바가 확정되지 않았기 때문에 대사로 보아야 한다. 또 '到这儿来, 在这儿坐, 从这儿动身(이리 와, 여기 앉아, 여기에서 출발하자)'에서 '这儿(여기)'은 '到', '在', '从'의 뒤에 쓰여 처소명사의 특징을 가지고 있지만, 그것이 가리키는 처소는 확정된 것이 아니기 때문에 역시 대사이다.

요컨대, 대사를 분류할 때 그것과 구체적인 사물, 행동 등과 비고정적인 '유동적이면서 광범위한 대체'의 연결인지를 중점적으로 고려해야 한다.

1. '一切'

'一切'는 일정 범위 안의 모든 사물을 총괄하여 가리킨다. 그것은 '유동적이면서 광범위하게 대체'하는 단어이고, 가리키는 대상도 상당히 불명확하므로 대사이다. 예를 들어 보자.

- (1) 邵华回来, 他老人家详细地询问了江陵的一切。
  사오화가 돌아오자, 그 노인네는 장링의 모든 것을 자세하게 물었다.

- (2) 上述一切, 还没有包括一月一日战犯求和声明中的一切宝贝。
  상술한 모든 것에는 1월 1일의 전범강화요청 성명 안의 모든 보물은 아직 포함되지 않았다.

예문(1)의 '一切'는 장링의 모든 일과 물건을 가리키고, 예문(2)에 있는 두 개의 '一切'는 각각 상술한 모든 사항과 모든 '宝贝'를 가리킨다. 이러한 구체적인 언어 환경을 떠나면, '一切'는 공허한 것이 된다.

'一切'는 주어, 목적어, 관형어가 될 수 있다. 주어나 목적어가 될 때는 모든 사물을 총괄하여 가리키며, 명사와 같다. 관형어가 될 때는 주로 사물의 수량을 대신 지칭하며, 수량구조와 같다. '一切'와 '一群(한 무리)'을 비교하여 보자.

- (3) 这就是我们向一切打砸抢英雄们的诚恳劝告。
  이것이 바로 모든 영웅들은 폭행하고 파괴하려는 것에 대한 우리들의 진지한 권고이다.

- (4) 他笼络着一群他所认为可以做喽罗的大夫们。
  그는 자신의 부하가 될 수 있다고 생각하는 한 무리의 사대부들을 농락하고 있다.

'一切……们(모든……들)'과 '一群……们(한 무리의……들)'의 용법을 통해서 '一切'의 역할이 '一群' 등의 수량구와 유사함을 알 수 있다. 그러나 여기서 '一'는 수사가 아니고 '切'는 양사가 아니기 때문에 '一切' 자체는 수량구가 아니다.

'一切'는 또 중첩되어 '一切一切'로 쓰이기도 하며, 이때는 사물의 전체 범위를 강조한다. 만약 중간에 '的'를 추가하여 '一切的一切'가 되면 역시 강조하는 것이지만, 의미상으로는 중심어가 되는 '一切'는 사물을 가리키는 데 중점을 두고, 관형어가 되는 '一切'는 수량을 가리키는 데 중점을 둔다.

2. '任何'

'任何'는 항상 관형어가 되어 사물의 수량을 총괄하여 나타내며, 수량구에 해당된다. 이도 역시 '们'과 호응하여 '任何……们(모든……들)'의 구조를 형성할 수 있다. 예를 들어보자.

> (1) 处在今天的国际环境中，殖民地半殖民地的任何英雄好汉们……
> 오늘날의 국제 환경에 처해있는, 식민지와 반식민지의 어떠한 영웅호걸들도……

이를 통해 '任何'의 역할도 '一群' 등의 수량구와 유사함을 알 수 있다. 하지만 '任何' 자체는 수량구가 아니다. 이는 마찬가지로 불명확성을 가지며, 기본적으로는 관형어 '一切'에 상당하는 대사이다. 비교해보자.

(2) <u>一切</u>困难都将被中国人民的英勇奋斗所战胜。

어떠한 어려움도 모두 중국 인민의 용맹스런 분투에 의해 극복될 것이다.

(3) <u>任何</u>困难和障碍物，我们和全国人民一道一定能够加以克服，而使中国的历史任务获得完成。

어떠한 어려움과 장애물도 우리는 전 국민과 함께 반드시 극복함으로써 중국의 역사적 임무가 완성되게 할 것이다.

예문(2)와 (3)에서 '一切'와 '任何'는 호환될 수 있다.

'任何'와 '一切'는 차이점도 있다. '任何'는 한 부류의 사물 하나하나를 강조하는 데 중점을 두어 '一个'나 '一种' 등과 함께 쓸 수 있지만, '一切'는 한 부류의 사물 전부를 강조하는 데 중점을 두어 이들과 함께 쓸 수 없다. 예를 들어 보자.

(4) <u>一切</u>中国共产党人，<u>一切</u>中国共产主义的同情者，必须为着现阶段的目标而奋斗，……对于<u>任何</u>一个共产党人及其同情者，如果不为这个目标奋斗，……就不是一个自觉的和忠诚的共产主义者。

모든 중국공산당원, 모든 중국 공산주의 찬동자는 반드시 현 단계의 목표를 위해 분투해야 하고, ……어떤 공산당원과 그 찬동자라도 이 목표를 위해 분투하지 않으면, ……자각적이고 충성스러운 공산주의자가 아니다.

'一切中国共产党人(모든 중국 공산당원)'에서, '一切'는 '任何'로 바꿀 수 있지만, '任何一个共产党人(모든 공산당원)'에서 '任何'는 '一切'로 바꿀 수 없다.

'任何'는 한 종류의 사물 하나하나를 강조하는 데 중점을 두므로 '哪(어느)'와 '什么样(的)(어떠한 (것))' 등의 대사로 대체할 수 있는 경우가 더 많다. 예를 들어보자.

(5) 哥白尼地动学说撼动人类意识之深, 自古以来没有<u>任何</u>一种创见, 没有<u>任何</u>一种发明, 可以和它相比。

코페르니쿠스의 지동설은 인류 의식의 깊이를 뒤흔들었는데, 예로부터 어떠한 독창적인 견해도, 어떠한 발명도 그것과 비교할 수 없었다.

(6) 只要我们依靠群众, 坚决地相信人民群众的创造力是无穷无尽的, 因而信任人民, 和人民打成一片, 那就<u>任何</u>困难也能克服, <u>任何</u>敌人也不能压倒我们, 而只会被我们所压倒。

우리가 군중에 의지하고 인민 대중의 창의력이 무궁무진한 것이라고 굳게 믿음으로써 국민을 신뢰하고 인민과 하나가 되기만 하면, 어떤 어려움도 극복할 수 있고, 어떤 적도 우리를 압도할 수 없고 우리에게 압도당할 뿐이다.

예문(5)에서 두 개의 '任何'는 모두 '哪'로 대체할 수 있고, 예문(6)에서 두 개의 '任何'는 모두 '什么样的'로 대체할 수 있다. 이러한 대체도 '任何'가 대사라고 판정하는 데 도움이 된다.

3. '所有'

'所有'도 역시 사물의 양을 총괄하여 가리키며, 관형어로 쓰이고 수량구에 해당된다. 이도 마찬가지로 '们'과 호응할 수 있고, '所有……们(모든 ……들)'의 구조를 형성한다. 예를 들어보자.

(1) 我们在这里向<u>所有</u>为和平、民主、民族独立和人类进步而真诚奋斗的文艺家们表示崇高的敬意。

우리는 여기에서 평화, 민주, 민족 독립과 인류 진보를 위해 진솔하게 분투하는 모든 문예가들에게 숭고한 경의를 표한다.

'所有'가 수량을 나타내는 기능은 인정해야 하지만, 수량구는 아니며 수사라고 증명할 수도 없다. '所有'는 불명확성을 가지며, '任何'와 마찬가지로 기본적으로는 '一切'에 해당한다. 비교하여 보자.

(2) 所有文艺工作者，都应当认真钻研、吸收、融化和发展古今中外艺术技巧中一切好的东西，创造出具有民族风格和时代特色的完美的艺术形式。

모든 문예 종사자는 동서고금의 예술 기교에서의 모든 좋은 점을 열심히 연구, 흡수, 융화하고 발전시켜, 민족의 품격과 시대적 특색을 지닌 완벽한 예술형식을 창조해야 한다.

(3) 一切社会主义和爱国的文艺工作者，一切维护祖国统一的文艺工作者，都要更好地互相帮助、互相学习，把全部精力，集中于文艺的创作、研究或评论。

모든 사회주의와 애국적인 문예 종사자, 조국의 통일을 지키는 모든 문예 종사자들은 모두 서로 잘 돕고 배우면서 문예의 창작과 연구 또는 평론에 모든 역량을 집중해야 한다.

이 두 문장은 같은 글 안에서 앞뒤로 이어지는 두 단락에 나온다. 동일한 '文艺工作者(문예 종사자)'에 대해서 한 문장에서는 '所有'를, 한 문장에서는 '一切'를 사용하고 있다. 수사적으로 말하면 어휘 사용에 변화가 있는 것이고, 품사적으로 보면 이를 통해 '所有'와 '一切'의 품사가 서로 같음을 알 수 있다.

'所有'는 하나의 범위 내 사물 전체가 누락이 없음을 분명히 밝히고 강조하는 데 중점을 둔다. '所有'가 '这一切(이 모든 것)' 또는 '这一些(이것들)'를 수식하는 데 쓰일 경우 그 역할은 특히 두드러진다. '所有 这一切(하나부터 열까지 이 모든 것)'에서 '所有'는 '这一切'에 누락된 것이 하나도 없음을 강조한다.

간혹 '所有'는 대사가 아닌 경우도 있다. '归人民所有(인민의 소유로 돌아가다)'와 같은 구조에서 '所有'는 '조사＋동사'이고, '尽其所有(자신이 가지고 있는 것을 다하다)'와 같은 구조에서 '所有'는 명사성 구단어로 볼 수 있다.

4. '全'

'全'은 대사로 쓰인다. 비교해 보자.

(1) 永定河上的芦沟桥, 在北京附近, 桥长265米。
    융딩강의 루거우교는 베이징 인근에 있으며, 다리의 길이 265m이다.

(2) 赵州桥非常雄伟, 全长50.82米。
    자오저우교는 매우 웅장하고 위엄이 있는데, 전체 길이는 50.82m이다.

예문(1)의 '桥(다리)'와 예문 (2)의 '全'은 호환이 가능하므로, '全'은 '桥'를 대신 지칭하는 기능을 한다는 것을 알 수 있다.

'全'의 대사적 성질은 유추를 통해서도 알 수 있다.

먼저, '全'은 '每(매. 각)'와 마찬가지로 일부 양사나 준양사와 결합할 수 있으며, 이들의 특성은 동일하다. 비교를 통해 살펴보자.

全套(设备)	풀 세트의 (설비)
每套(设备)	매 세트의 (설비)
全年(收入)	연간 (수입)
每年(收入)	매년의 (수입)

‘每’는 상당히 큰 불명확성을 가지고 있어 어떤 수(정수 혹은 개수)와 고정적인 연결성이 없으므로, 양사 앞에 올 수 있어도 이는 수사가 아니라 대사이다. ‘全’도 ‘每’와 특성이 같으므로 역시 대사이다. 형용사 ‘大(크다)’, ‘小(작다)’, ‘整(완전하다)’ 등은 양사 앞에 올 수 있지만, 그 앞에 다시 수사가 올 수 있기 때문에 ‘每’나 ‘全’과는 차이가 있다. 비교하여 보자.

      一<u>整</u>套 온전한 한 세트　　　*一全套
      一<u>大</u>套 큰 한 세트　　　*一每套

다음으로 ‘全’은 ‘各(각)’와 호응하여, 전자는 총괄하여 가리키고 후자는 따로따로 가리키며, 양자는 분업하면서도 협력함으로써 서로 조화를 이룬다. 이때 이들의 성질은 동일하다. 비교해 보자.

      <u>全</u>世界<u>各</u>国 전 세계 각 나라
       <u>全</u>国<u>各</u>省 전국 각 성
        <u>全</u>省<u>各</u>县 성 전체 각 현

      <u>全</u>校<u>各</u>系 전교 각 학과
       <u>全</u>系<u>各</u>年级 전 학과 각 학년
        <u>全</u>年级<u>各</u>班 전 학년 각 반

‘各’가 개체를 따로 나누어 칭하는 각칭대사(分指代词)라면, ‘全’은 개체를 통틀어 칭하는 총칭대사(统指代词)이다.

‘全’은 또 범위부사로 부사어가 되기도 하는데, 이때도 뚜렷한 지시성을 가진다. 예를 들어보자.

(3) 屯子里，除了一家姓张的恶霸地主之外，<u>全</u>是扛长活打短工的。

마을에는 장씨 성의 한 악질 지주 집을 제외하고는 모두 머슴살이를 하고 품팔이를 하는 집들이다.

(4) 我们这些卖票的，开车的，虽说有个职业，其实<u>全</u>是"在业游民"。

우리 같은 매표원, 운전사들은 직업이 있다고는 하지만, 사실은 모두가 '재직 실업자'이다.

(5) 沙丘的移动虽然慢，可是所到之处，森林<u>全</u>被摧毁，田野<u>全</u>被埋葬，城郭变成丘墟。

모래 언덕의 이동은 비록 느리지만, 이르는 곳마다 숲은 완전히 파괴되고 들판은 모두 묻혔으며, 성곽은 폐허로 변했다.

위에서 '全'은 머슴살이, 품팔이 하는 사람을 가리키거나 표를 파는 사람, 운전하는 사람을 가리키거나 숲, 들판을 가리키는데, 어떤 사물과 고정적인 관계가 발생하지는 않는다. 따라서 부사어로 쓰인 '全'을 대사에 귀속시키고, 부사성 대사로 간주하는 것이 비교적 적합하다. '全都(전부 다)'라는 것은 범위를 나타내는 대사 '全'과 '都'가 결합해서 이루어진 하나의 구단어이다. 그것은 부사어로만 사용되며 다른 환경에서는 출현하지 않기 때문에 부사로 귀속시켜야 한다.

대사 용법 외에, '全'이 형용사인 경우에는 '完备(완비되어 있다)' 또는 '齐全(완전히 갖추다)'으로 대체할 수 있고, 술어부분에 쓰이거나 ('设备很全, 品种很全(설비가 잘 갖추어져 있고, 품종이 빠짐없이 완비되어 있다)') 보어로 사용된다('苗未出全, 钱已收全(싹이 다 나기 전에, 돈은 이미 다 거두어졌다)').

5. '全体', '全部', '各位', '诸位', '整个'

'全体'도 대사이다. 관형어가 될 때 '全体'는 인물의 전체 수를 총칭하며 수량구와 유사하다. 예를 들면 '全体代表, 全体同学, 全体送行的人(전체 대표, 전체 학우, 전체 배웅하는 사람)' 등이며, '们'과 호응하여 사용된다. 예를 들어보자.

(1) 要使全体青年们懂得, 我们的国家现在还是一个很穷的国家。
전체 청년들로 하여금 우리나라는 아직도 매우 가난한 나라라는 것을 깨닫게 해야 한다.

주어나 목적어가 될 때는 '全体出动!'(전체 출동!), '局部服从全体(부분은 전체를 따른다)'와 같이 '全体'는 사람 또는 사물 전부를 지칭하며 명사에 해당한다.

'全部'의 의미는 '全体'와 유사하다. 항상 관형어나 부사어가 되며 사람이나 사물의 전체 숫자를 총칭한다. 예는 다음과 같다.

(2) 几乎全部旅客都进了这个旅馆或那个旅馆。
거의 모든 관광객이 다 이 여관이나 저 여관에 들어갔다.)

여기서 '全部'는 관형어이다. 만약 '旅客几乎全部都进了……(관광객은 거의 모두 다 들어갔다……)'라고 말한다면, '全部'는 '旅客(관광객)'를 가리키며 부사어가 된다. 관형어와 부사어 어느 쪽이든 모두 수량을 총칭하며, 수량구에 해당된다.

'全部'는 사실상 대사 '全'과 양사 '部'가 결합하여 이루어진 것이다. 이와 유사한 방식으로 구성된 '各位(여러분)'와 '诸位(제위)'도 대사로 보거나 대사성의 구단어라고 할 수 있다. 관형어가 될 때 이들은 인물의 전체 숫자를 총칭하는 수량대사이며, '们'과 호응하여 사용된다. 예를 들어보자.

(3) <u>诸位</u>朋友们 : 今天让我来说个新故事。
　　친구 여러분, 오늘 제가 새로운 이야기를 들려드리겠습니다.

'各位'와 '诸位'는 호칭어로 주어나 목적어 또는 겸어(兼语)가 되어 대상 전체를 총칭하는 명사이다. 예는 다음과 같다.

(4) <u>诸位</u>, 你知道这个"铁笔御史"是谁吗?
　　여러분, 이 '조각칼 어사'라는 사람이 누군지 아십니까?

(5) 请<u>各位</u>屋里坐!
　　여러분, 방안으로 들어와 앉으시죠!

'整个(전체의)'는 구조적으로는 '형용사＋양사'이지만 긴밀하게 결합하여 이미 하나의 단어로 고착화되었다. 이는 '全部'에 가깝고, 관형어나 부사어로 쓰여 대상을 총칭하는 수량대사이다. 예를 들어 보자.

(6) <u>整个</u>装束像出门做客一样。
　　전체 차림새가 마치 친지 방문을 위해 외출하는 것 같다.

(7) 空中, 屋顶上, 墙壁上, 地上, 都白亮亮的, 白里透红, 从上至下<u>整个</u>地像一面极大的火镜。
　　공중, 지붕 위, 담장 위, 땅위가 온통 새하얗게 빛나고, 흰색 속에 붉은 색이 있으며 위에서 아래로 대지 전체가 마치 커다란 볼록렌즈 같다.

여기서 단어로 사용된 '整个' 앞에는 '整块(통째)', '整套(체계를 갖춘 일련의)', '整天(온종일)'과 달리 수사 '一'을 붙일 수 없다. (제4장 형용사 '整'과 '整整'에 관한 해설 참조.)

6. '凡', '凡是', '大凡'

'凡'은 명사나 명사구 앞에서 관형어가 되고, 사물의 전체 수를 총칭하며, 관형어 '一切'에 해당하는 대사이다. 예를 들어보자.

(1) 凡讨妖怪做老婆的人, 脸上就有妖气的。

요괴를 아내로 맞으려는 모든 사람은 얼굴에 요사스런 기운이 서려 있다.

(2) 晋察冀边区的军民, 凡亲身受过白求恩医生治疗和亲眼看过白求恩医生的工作的, 无不为之感动。

진찰기 변구(중일 전쟁 시기 공산당의 항일 근거지의 하나)의 군인과 주민은 모두 직접 바이치우언 의사의 치료를 받고, 바이치우언 의사의 치료하는 모습을 직접 눈으로 보았는데, 감동을 하지 않은 이가 없었다.

'凡'은 예문(1)에서 명사를 중심으로 하는 관형어＋중심어 구조 앞에 쓰였고, 예문(2)에서는 '的'자 구조 앞에 쓰였다. 논리적으로 말하면, 이 두 예문은 모두 전칭(全称)의 정언(定言)적[3] 긍정판단이다.

杨伯峻은 『中国文法语文通解』에서 '凡'을 '총칭'하는 지시형용사로 분류하였다.[4] 그가 말한 '지시형용사'란 '这'와 '那' 등 관형어로 쓰인

---

3) 역자주 : 아무런 조건 없이 주어에 대해 술어를 긍정하거나 부정하는 판단으로, 전칭 긍정 판단, 전칭 부정 판단, 특칭 긍정 판단, 특칭 부정 판단의 네 가지가 있다. 단언적 판단, 정언 판단이라고도 한다.

지시대사를 포함하는 것이다.

'凡'은 또 '是(맞다. …이다)'와 결합하여 '凡是(대강. 대체로)'로 사용된다. '凡是'는 '凡'과 마찬가지로 총칭 수량대사이다.

(3) 按照集中营的惯例, <u>凡是</u>进行秘密组织或宣传活动的人, 立刻处死。
수용소의 관례에 따라 비밀조직이나 홍보활동을 하는 자는 모두 즉시 처형한다.

(4) 花鸟草虫, <u>凡是</u>上得画的, 那原物往往也叫人喜爱。
꽃, 새, 풀, 벌레 등 그림으로 그릴 수 있는 모든 것은 실제 사물도 종종 사람들의 사랑을 받는다.

'凡是'는 모두 '凡'으로 말할 수 있으며, '凡是'가 더 구어적임을 알 수 있다. 논리적으로 말하면 이 두 예문도 역시 전칭의 정언적 긍정판단이다.

'大凡'도 '凡'과 같이 총칭의 수량대사로, 역시 명사구의 관형어로 쓰여 사물의 절대 다수를 총칭한다. 예를 들어보자.

(5) <u>大凡</u>重视人才的年代, 往往国势强盛, 文化繁荣。
대체로 인재를 중시하던 시절에는 종종 국세가 강성하고 문화가 번영하였다.

'大凡'은 사물의 절대다수를 총칭할 뿐이며, 논리적으로 말하면 '大凡'을 사용한 판단은 특칭판단(特称判断)[5]일 뿐 전칭판단은 아니다.

---

4) 저자주 : 商务印书馆 상하이판, 1956년, 75쪽.

7. '所谓'

'所谓'도 대사이다. 그 기능은 사물을 가리키고 토론 범위를 밝히는 역할을 하는데, '말한 것'이라는 의미를 가지고 있다. 또 다른 기능은 사물을 가리키고 부정하거나 폄하하고, '어떤 사람들이 말한 것'이라는 의미를 가지는데, 의미상 '说什么(뭐라고 말하다)' 또는 부정적인 기능의 '什么(무엇)'에 가깝다. 예를 들어 보자.

(1) <u>所谓</u>放下包袱, 就是说, 我们精神上的许多负担应该加以解除。
　　이른바 짐을 내려놓는다는 말은 바로 우리의 많은 정신적인 부담이 해소되어야 한다는 말이다.

(2) <u>所谓</u>"填补空白", 完全是令人恶心的自我吹嘘。
　　이른바 '공백을 메운다'라는 것은 정말 구역질나게 하는 자기 자랑이다.

예문(1)에서는 토론하려는 사물을 가리키며, 뒷부분은 이에 대한 설명이다. 예문(2에서는 부정하려는 견해를 가리키며, 뒷부분은 이에 대해 추가로 비판을 하고 있다.

범위를 가리키든 폄하의 의미를 포함하든 '所谓'는 모두 대신하여 지칭한다는 성질을 가진다. 가리키는 대상은 구체적인 언어 환경에 의해 결정되는데, 이것은 다른 대사도 마찬가지다. 통사적인 기능에서 보면 '所谓'는 항상 관형어가 된다. 그런데 수량을 나타내지 않으므로 형용사

---

5) 역자주 : 주어의 외연의 일부분에 대하여 무엇을 주장하는 정언 판단. 주어가 가리키는 일부의 것이 주장 내용과 긍정적 또는 부정적인 관계를 갖는 경우의 정언적 판단으로, 특칭 부정 판단과 특칭 긍정 판단의 두 가지가 있다. '어떤 갑은 을이다(을이 아니다)'라는 형식으로 표시한다.(출처 : 네이버 국어사전)

성 대사라고 할 수 있다.

'所谓'는 '无(없다)'와 결합하여 '无所谓(상관이 없다. 개의치 않는다)'를 구성하기도 한다. '无所谓'는 구단어로 동사에 속한다. 이는 '说不上(말할 가치가 없다)'이나 '不在乎(마음에 두지 않는다)' 또는 '没什么关系(별로 상관없다)'의 의미를 나타낸다. 예를 들어보자.

(3) 我想：希望是本无所谓有，无所谓无的。这正如地上的路；其实地上本没有路，走的人多了，也便成了路。

나는 희망이란 애초에 있어도 좋고 없어도 상관없는 것이라 생각한다. 이것은 꼭 땅위의 길과 같아, 사실 애초에는 땅위에 길이 없었지만 다니는 사람이 많아지면 자연스럽게 길이 된다.

(4) 到哪儿我都无所谓!

어디로 가든 나는 다 상관없어!

(5) 这是一个什么地方？也许对一般人来说是无所谓的，但对她们来说却终身难忘!

여기가 어떤 곳인가? 아마 일반 사람들에게는 상관없는 곳일지도 모르겠지만, 그녀들은 평생 잊지 못할 것이다!

8. '另外', '旁', '旁人'

'另外'는 언급한 것 이외의 다른 것을 가리키는 지시대사(旁指代词)로, '此外(이외에)' 또는 '其他(기타)'에 상당한다. 예를 들어보자.

(1) 鲁迅先生团起浸湿的纸，揉烂了，把它放进炉子里。他擦干两手，将另外三张空白毛边纸收起，……

루쉰 선생은 축축한 종이를 뭉친 다음, 비벼서 부드럽게 해서 난로 안에 넣었다. 그는 두 손의 물기를 닦고서 다른 세 장의 빈 화선지를 집어서,……

(2) 小黑子他妈一摆手，几十个妇女就抬走了十一个伤员；她和<u>另外</u>三个妇女抬着吕有怀躺的这副担架，随后走去。

작고 가무잡잡한 아이의 어미가 손을 흔들자 수십 명의 여인이 곧 열한 명의 부상자를 들것에 들고 갔다. 그녀는 다른 세 여인과 뤼요화이가 누워있는 들것을 들고서 그 뒤를 따라 걸어갔다.

'另外'는 예문(1)에서 '浸湿的纸之外(축축한 종이 외)' 종이를 가리키고, 예문(2)에서 앞에서 말한 '几十个妇女之外(수십 명의 여인 외)' 다른 여인을 가리킨다.

'另外'는 부사처럼 동사의 앞에 쓰이기도 하고, 주어의 앞에 쓰여 접속사처럼 앞뒤의 문장을 연결하기도 한다. 하지만 모두 앞에서 말한 사물이나 일을 대신 지칭하는 기능을 하며, 구체적인 언어 환경 속에 들어가야 명확한 의미를 알 수 있다. 그러므로 '另外'는 또 별도로 부사나 접속사로 분류할 필요가 없다. 비교해 보자.

(3) 我们又找了<u>另外</u>几个人。우리는 다른 몇 명을 더 찾았다.
(4) 我们又<u>另外</u>找了几个人。우리는 몇 명을 또 더 찾았다.
(5) <u>另外</u>，我们又找了几个人。별도로 우리는 몇 사람을 더 찾았다.

이때 '另外'를 각각 서로 다른 품사로 분류하기에는 이유가 충분하지 않다.

'旁(옆)'은 '其他(기타)', '另外'에 상당하며, 역시 다른 것을 나타내는 대사이다. 예를 들어보자.

(6) 他有旁的事先走了。 그는 다른 일이 있어서 먼저 갔다.

(7) 旁的问题都解决了吗? 다른 문제는 모두 해결했습니까?

'旁'은 '人(사람)'과 결합하여 '旁人(다른 사람)'으로 인칭대사가 되며, 의미는 '人家(남)'와 가깝다. 예를 들어보자.

(8) 这件事由我负责, 跟旁人不相干。
이 일은 내가 책임이니, 다른 사람과는 상관이 없다.

'旁'은 또 대사가 아닌 방위사로도 쓰이는데, 이때는 '旁边(옆)'과 같다. 예로는 '路旁(길 옆)', '车旁(차 옆)', '牛棚旁(외양간 옆)', '旁若无人(옆에 사람이 없는 것처럼)', '目不旁视(눈을 옆으로 돌리지 않는다. 주변의 사물에 대해 관심을 갖지 않거나 보려고 하지 않다)' 등이 있다.

9. '人', '个人'

'人'은 보통 명사이나, 어떤 경우에는 대사로 쓰이며 '人家'로 대체할 수 있다. 예를 들어보자.

(1) 这些人对人是马克思主义, 对己是自由主义。
이 사람들은 남을 대하는 데에는 마르크스주의이고, 자신을 대하는 데에는 자유주의이다.

(2) 别欺侮人! 사람을 업신여기지 마라!

'个人'은 구단어로 '集体(집단, 단체)'와 상대되는 의미를 나타내며,

명사로 분류할 수 있다. 예를 들어보자.

(3) 集体领导和<u>个人</u>负责，二者不可偏废。

단체의 지도자와 개인의 책임, 이 두 가지 어느 한 쪽에 치우쳐서는 안
된다.

(4) ……结果是腐朽庸俗的作风发生，使党和革命团体的某些组织和
某些<u>个人</u>在政治上腐化起来。

……결국 부패하고 저속한 풍조의 발생은 당과 혁명 단체의 어떤 조직
그리고 어떤 개인을 정치적으로 타락시켰다.

'个人'은 대사로 쓰여 '我'를 뜻하며, 공식적인 자리에서 의견을 발표
할 때 사용되기도 한다. 예를 들어보자.

(5) <u>个人</u>认为这个办法是非常合理的。

개인적으로는 이 방법이 매우 합리적인 것이라고 생각합니다.

제6장
허사의 분류

여기서는 허사 가운데 논의할 가치가 있는 몇몇 단어를 예로 들어 분석을 하고자 한다.

제1절 전치사

전치사는 반드시 명사 또는 기타 단어와 함께 전치사구를 구성하며, 전치사구가 술어 부분에 나타날 때 뒤에는 반드시 동사술어가 온다. 전치사나 전치사구는 단독으로 주어 뒤에 올 수 없다. 예를 들면 '他从北京来(그는 베이징에서 온다)'에서 전치사 '从(…부터)'과 '北京(베이징)'은 전치사를 이루는데, '从北京'은 부사어이므로 뒤에는 동사술어 '来(오다)'가 출현하였다. 이때 동사술어를 생략하고 '他从'이나 '他从北京'으로만 말할 수는 없다. 간단히 말하면 전치사는 반드시 명사 등과 전치사구를 만들어야 하고, 술어의 중심어가 될 수 없다는 것이 전치사의 필요충분조건이다. '这间屋子朝南开(이 방은 남쪽으로 문이 열린다)'와 '这间屋子朝南(이 방은 남향이다)'에서 앞 문장의 '朝(…을 향하여)'는 전치사이고, 뒤 문장 안의 '朝(…으로 향하다)'는 동사이다.

1. '本着'

'本着'는 전치사로, '按照(…에 따라)', '遵照(따르다)', '遵循(따르다)'
에 상당한다. '本着'로 구성되는 전치사구는 항상 부사어가 되며, 술어
앞 주어 뒤와 주어 앞에 모두 쓰일 수 있다. 예를 들어 살펴보자.

    (1) 今天和往后, 我仍然是<u>本着</u>这个意愿去决定一切的。

        오늘과 향후, 나는 여전히 이 의향에 따라 모든 것을 결정할 것이다.

    (2) <u>本着</u>真诚合作的精神, 两国政府签订了技术协定。

        진정한 협력 정신에 입각하여 양국 정부는 기술 협정을 체결하였다.

이 전치사는 반드시 '着'가 붙어야 한다. '着'가 붙지 않은 '本' 단독
으로는 전치사가 아니다. 이로써 '本着'는 '为着(~을 하기 위해서)',
'按着(~에 따라)'와는 차이가 있음을 알 수 있다. 물론 '本着', '为着',
'按着'에서 '着'는 모두 단어를 구성하는 성분으로 볼 수 있을 뿐 시태
조사(时态助词)는 아니다.

2. '论'

'论'은 '就事<u>论</u>事(일을 가지고서 일을 논하다. 사실에 입각하여 시비
득실을 논하다)', '不能相提并<u>论</u>((성질이 다른 것을) 한 데 놓고서 같이
논할 수 없다)'과 같이 대부분 동사로 쓰인다.

  그런데 '论'은 전치사로 쓰이기도 하는데, 이때는 '按照'와 가까우며
어떤 종류나 단위에 따라 말함을 나타낸다. 어떤 종류에 따라 말하는
것을 나타낼 때 '论'자 전치사구는 주로 주어 앞에 쓰이며, 전치사구 뒤

에는 휴지를 둔다. 또 술어 앞 주어 뒤에 쓰일 수도 있는데, 이때 주어 뒤에는 반드시 휴지를 두어야 한다. 예를 들어보자.

(1) 论体力, 今日的薛书记已不能与当年的薛营长比了。

체력으로 말하면, 오늘날의 쉬에서기는 한창때의 쉬에대대장과는 이미 비교할 수 없게 되었다.

(2) 论本事, 据说她数数只能数到一百, 再往上, 她就不知道该怎么数了。

능력으로 말하면, 듣건대 그녀는 100까지만 셀 수 있고, 더 이상 위로 가면 어떻게 세는지 모른다고 한다.

(3) 这位处长, 论资格确实很老了。

이 처장님은, 자격을 논해보자면 확실히 많이 늙으셨다.

어떤 단위에 따라 말하는 것을 나타낼 때 '论'은 양사나 수량의 의미를 가지는 명사와 전치사구를 이루고, 술어 앞 주어 뒤에 쓰인다. 예는 다음과 같다.

(4) 鸡蛋论斤卖, 咸蛋论个卖。

달걀은 근으로 팔고, 소금에 절인 달걀은 낱개로 판다.

(5) 水果论筐交售给国家。

과일은 광주리 단위로 국가에 매도한다.

(6) 工资论天数计算。

급여는 일수로 계산한다.

'论 + 양사'의 전치사 구조 뒤에는 동사 술어가 출현하지 않을 때도 있는데, 이는 동사가 이미 앞에서 출현하였기 때문이다. 이때 '论'은 동사, 뒤의 양사는 목적어로 볼 수 있다. 예를 들어보자.

(7) 问 : 买鸡蛋是论斤还是论个儿?
   질문 : 계란은 근으로 삽니까 아니면 낱개로 삽니까?

   答 : 论个儿。
   대답 : 낱개로요.

3. '归'

'归'는 '物归原主(물건을 원래의 주인에게 돌려주다)', '条条江河归大海(줄기줄기 강물은 큰 바다로 돌아간다)'와 같이 일반적으로 동사이며, 술어 중심어가 되고 목적어를 가진다.

'归'는 전치사로 쓰이기도 하는데, 이때는 '由'로 대체할 수 있다. '归'로 구성된 전치사구는 항상 술어 앞 주어 뒤에 쓰여 부사어가 된다. 예를 들면 다음과 같다.

(1) 饭归你做, 菜归我买。 밥은 네가 만들고, 찬거리는 내가 살게.
(2) 图片部分归制图组完成。 이미지 부분은 그래픽 팀이 완성한다.

만약 '归'자 구조 뒤에 동사가 오지 않으면 '归'는 전치사가 아니다. 비교해 보자.

(3) 资料归你们搬, 纸张归我们运。
   자료는 너희가 옮기고, 종이는 우리가 운반한다.

(4) 资料<u>归</u>你们, 纸张<u>归</u>我们。

자료는 너희 것이고, 종이는 우리 것이다.

'归'는 예문(3)에서는 전치사이고, 예문(4)에서는 동사이다.

4. '临'

'临'은 전치사로 쓰이기도 하는데, 이때는 대체로 '到'와 같다. '동사
+时(前)'와 같이 시간 의미를 포함하는 단어와 함께 전치사구를 이루
며 부사어가 된다. '临'자 전치사구는 술어 앞 주어 뒤나 주어 앞에 모
두 쓰일 수 있다. 예를 보자.

(1) 她<u>临</u>死前还不准我写信告诉你。

그녀는 죽기 전에 내가 편지로 너에게 알리는 것을 허락하지 않았다.

(2) <u>临</u>走时, 他带着央金一同去见主人, 请求让她跟他一起走。

떠날 때에, 그는 양진을 데리고 주인에게 가서 그녀(양진)가 자신과 함께
가게 해달라고 부탁하였다.

'临'자와 전치사구를 이루는 '동사+时(前)'에서 '时'와 '前'은 생략이
가능하지만 이를 추가할 수도 있다. 예를 보자.

(3) 她<u>临</u>死还喊你的小名, 脸上还有笑容, 好像并不难过。

그녀는 죽을 때에도 당신의 별명을 불렀고, 얼굴에는 웃음을 띤 채 결코
슬퍼하지 않는 듯 했다.

(4) <u>临</u>走，明华也偷偷把送给玉春的礼物，包进她脱在地头上的花夹袄里了。

떠날 무렵, 밍화도 몰래 위춘에게 줄 선물을 그녀가 땅에 벗어놓은 겹저
고리 안에다 싸서 넣었다.

여기서 '临死(죽을 때)'는 '临死前(죽기 전에)'이라 할 수 있고, '临走
(떠날 때)'는 '临走时(떠날 때)'라 할 수 있다.

'临'과 '时'가 중간에 동사 없이 직접 결합하면 합성어인 '临时'가 된
다. 앞에서 언급하였듯이 '临时'는 형용사와 부사에 속한다.

'临'은 동사로 쓰이기도 하는데, 이때는 '来到(오다. 도달하다)' 또는
'靠近(다가가다. 근접하다)'의 의미를 나타내며, 술어로 쓰이며 목적어
를 가진다. 예를 살펴보자.

(5) 真是双喜临门!

참으로 두 가지 기쁜 일이 대문에 이르렀군요!

(6) 这个镇子三面临山。

이 마을은 삼면이 산을 접하고 있다.

동사 '临'은 연동식 안에서 첫 번째 술어 중심어가 될 수 있는데, 이
때는 '临'을 전치사로 볼 수 없다. 예를 들어 보자.

(7) 总工程师亲临现场指导。

선임 엔지니어가 직접 현장에 와서 지도한다.

이는 연동문이며, '临'은 첫 번째 술어 중심어이고, '指导(지도하다)'
는 두 번째 술어 동사이다. '临'의 목적어인 '现场(현장)'이 출현하지 않
아도 '临'과 '指导'는 여전히 연동식을 구성한다. 또한 두 번째 술어 동

사 '指导'가 없어도 문장은 여전히 성립된다. 예를 보자.

(8) 总工程师亲临指导。

선임 엔지니어가 직접 와서 지도한다.

(9) 总工程师亲临现场。

선임 엔지니어가 직접 현장에 온다.

예문 (8)에서 '临'은 첫 번째 술어 중심어이고, '指导'는 두 번째 술어 동사이다. 예문 (9)에서 '临'은 술어 중심어이다. 이 두 개 예문에서 '临'은 모두 동사로 쓰였다.

5. '赶'

'赶'은 주로 동사로 쓰이지만, 간혹 전치사로 쓰일 때는 '到'와 유사하다. '赶'자 전치사구는 어느 때에 이르렀음을 나타내며, 술어의 앞 주어의 뒤에 쓰일 수도 있고, 주어의 앞에 쓰일 수도 있다. 예를 보자.

(1) 我赶年下再回家。

나는 새해에 다시 집에 간다.

(2) 大家赶天黑再走。

모두들 날이 저물면 가거라.

(3) 赶春暖花开的时候我就来。

봄에 날씨가 따뜻하고 꽃이 필 때 오겠습니다.

(4) 赶队长回到办公室人们早已讨论开了。

대장이 사무실로 돌아왔을 때 토론은 이미 시작되었다.

예문(1), (2)에서 '赶年下(새해가 되어)'와 '赶天黑(날이 저물어)'는 술어의 앞에 쓰였고, 예문(3), (4)에서 '赶春暖花开的时候(봄에 날씨가 따뜻하고 꽃이 피면)'와 '赶队长回到办公室(대장이 사무실로 돌아왔을 때)'는 주어의 앞에 쓰였다.

6. '等', '等到'

'等'은 여러 가지 용법을 가지고 있다. 전치사로 '到'를 뜻하기도 하는데, 이때 '等'자 전치사구는 시간을 표시하며, 항상 '等……时(后)(…할 때)'의 형식을 취한다. '时'나 '后'는 생략이 가능하며 추가할 수도 있다. 예를 들어보자.

(1) 等我们坐在药场吃饭时, 小姑娘又蝴蝶般地飞来, 在老秦耳朵边悄悄告诉他, ……
우리가 약재 공장에 앉아 식사를 하려할 때, 어린 아가씨가 또 나비처럼 날아와서 친씨 아저씨의 귓가에 살짝 말했고, ……

(2) 你们心疼人家, 等你们娶媳妇的时候, 人家才能心疼你们。
너희는 그들을 아끼지만, 너희가 장가를 갈 때가 되어야 그들이 너희를 아낄 수 있을 거야.

(3) 等你死了, 我再好好干。
당신이 세상을 떠나고 나면 제가 열심히 하겠습니다.

예문(1)은 '等……时', 예문(2)는 '等……时候'을 사용하였으며, 예문

(3)에서 '等你死了后(당신이 세상을 떠난 후에)'라고 말할 수 있다.

'等到(…때에는)'는 '等'과 '到'의 복합형식이며 전치사로 쓰인다. 예를 들어보자.

(4) <u>等到</u>听完公安局同志的情况介绍、翻完宗卷之后，他的脸上才显露出强烈的表情来。

공안국 동지의 상황 설명을 다 듣고, 족보를 다 넘겨보고 나서야 비로소 그의 얼굴에는 강렬한 표정이 나타났다.

7. '拿'

'拿'는 '不准乱拿东西(물건을 함부로 집어서는 안 돼)'와 같이 주로 동사로 쓰인다. 그런데 다음 두 경우에는 전치사로 쓰인다.

하나는 '拿'가 공구, 재료, 방법 등을 나타내는 경우로, '以(…(으)로(써))'나 '用(사용하다)'으로 대체할 수 있다. '拿'자 구조는 단독으로 술어 부분에 사용할 수 없다. 예를 보자.

<u>拿</u>尺量 자를 가지고 재다　　<u>拿</u>灯光照 등불을 가지고 비추다
<u>拿</u>泥土捏 찰흙으로 빚다　　<u>拿</u>话激他 말로써 그를 자극하다

다른 하나는 처리 대상을 나타내는 경우로, '把' 또는 '对'로 대체할 수 있다. 역시 '拿'자 구조는 단독으로 술어 부분에 사용할 수 없다. 예를 보자.

(1) 你别<u>拿</u>我开玩笑! 너 나를 가지고 놀지마!
(2) 我简直<u>拿</u>你没办法! 나는 정말 너를 가지고 대책이 안 선다!

8. '替'

'替'는 동사로 쓰일 수도 있고, 전치사로 쓰일 수도 있다. 동사 '替'는 '代替(대체하다)'로 대체할 수 있다. 예를 들어보자.

(1) 他没来, 我替他! 그가 오지 않았으니 내가 그를 대신할게!
(2) 你上去, 把8号替下来! 네가 올라가서 8번을 대체해라!

전치사 '替'는 '为(…에게. …을 위하여)'로 대체할 수 있다. 예를 들어보자.

(3) 大家都替他高兴!
모두 다 그를 위해 기뻐해!

(4) 替法西斯卖力, 替剥削人民和压迫人民的人去死, 就比鸿毛还轻。
파시스트를 위해 전력을 다하고, 백성을 착취하고 억압하는 사람을 위해 죽는 것은 기러기 털보다 더 가볍다.

동사 '替'와 전치사 '替'를 구별하는 것은 상당히 까다롭다. 먼저 동사 '替'를 사용한 두 개의 문장을 살펴보자.

(5) 我替你值班。 내가 당신을 대신하여 당직을 서겠습니다.
(6) 他替我出工。 그가 나를 대신하여 일하러 나간다.

여기의 '替'는 동사로 첫 번째 술어의 중심어로 사용되었고, 뒤의 '值班(당번이 되다)'과 '出工(일하러 가다)'도 동사로 두 번째 술어로 사용되어 앞의 '替'와 연동식을 이룬다. 이러한 문장은 두 가지 중요한 특징이 있다. 첫째, 'A替B동사'는 동사를 생략하고 'A替B'라고만 말해도 성립하는데, 예문(5)와 (6)의 경우는 단독으로 '我替你', '他替我'라고만 말해도 된다. 둘째, B와 '동사' 사이에는 이미 그러하거나 확실하다는 연관성이 존재한다. 예문(5)에서 '你'와 '值班' 사이에는 '你'가 사실 이미 '당직을 하고 있다'거나 당연히 '당직을 해야 한다'는 관계가 있다. 예문(6)에서는 '我'와 '出工' 사이에도 이러한 관계가 존재한다.

반면, 전치사 '替'를 쓴 'A替B동사'는 위에서 서술한 두 가지 특징을 가지고 있지 않다. 먼저, 동사를 생략하고 'A替B'라고만 말할 수는 없다. 예를 들어보자.

(7) 儿子不能替父亲的错误负责。
아들이 아버지의 잘못 때문에 책임질 수는 없다.

여기에서 '替'는 전치사이며, '儿子不能替父亲的错误'는 성립하지 않는다.

그 다음, 'A替B'라고 하는 것이 성립한다고 해도(실제로는 원래의 의미에 부합하지 않음), B와 '동사' 사이에는 연관성이나 확실한 관계가 존재하지 않는다. 예를 보자.

(8) 你放心, 我替你做主! 안심해라, 내가 널 대신해서 책임지고 처리할게!

여기에서도 '替'는 역시 전치사이다. 표면적으로는 '我替你'와 '我替你值班'에서의 '我替你'가 똑같지만, '你'와 '做主' 사이에는 본래 그러하다는 확실한 관계가 없기 때문에 '你'와 '值班'과의 관계와는 다르다.

그 외에 전치사구조 '替……'는 심리상태를 나타내는 동사나 형용사를 수식할 수 있지만, 동목구조 '替……' 뒤에는 이러한 어구가 올 수 없다. 예를 보자.

(9) 我心里有点替她惋惜。
    내 마음이 그녀를 대신해서 약간 아쉬웠다.

(10) 我不在意, 他倒替我着急。
    나는 개의치 않는데, 그가 오히려 나를 대신해서 초조해 한다.

제2절 접속사

접속사의 품사를 분류할 때는 특히 다음 세 가지 점에 주의해야 한다.

첫째, 접속사 중에 단독으로 연결 작용을 하는 것도 있고, 다른 접속사나 관련 기능을 가진 다른 어구와 호응하여 함께 연결 작용을 하는 것도 있다. 어느 경우든 접속사는 연결 작용만 할 뿐, 앞서 말한 바와 같이 구조의 중심이 될 수는 없다.

둘째, 접속사는 연결을 하는 작용을 하므로 단일 방향성이 아니라 양방향성 또는 다방향성이다. 즉, 하나의 접속사는 항상 두 개 혹은 그 이상의 단위나 방면에 관련된다. 단독으로 사용되었든 다른 성분과 함께 사용되었든 접속사가 출현하면 이와 관련된 두 개 이상의 단위나 방면도 반드시 함께 출현한다. 예를 들면, '与其(…하기 보다는)'와 '宁可(차라리)'에서 '与其'는 양방향 접속사이다. 따라서 '与其'를 사용하게 되면 반드시 더 나은 것을 선택하는 데 필요한 '버림(舍)'과 '취함(取)'이라는 두 개의 부분이 출현하여 두 개의 절을 형성한다. '宁可'는 '与其'와 자주 호응하여 사용되지만, 그것은 '我宁可不去!(나는 차라리 가지 않겠다!)'와 같이 일방향일 가능성도 있어서 반드시 쌍방향은 아니다. (제4장 '부사'편의 '宁可'에 대한 분석 참조) 따라서 '与其'는 접속사이고, '宁可'는 부사가 된다.

셋째, 두 절의 사이에 쓰일 경우, 접속사는 주어 앞에서 주어를 포함한 관련 단위를 나타낼 수 있다. 또 술어 앞에서 관련되는 단위가 절의 술어 부분이라는 것을 나타낸다. 비교해 보자.

(1) <u>不但</u>他应该去, <u>而且</u>你也应该去。
그가 가야 할 뿐만 아니라 당신도 가야 한다.

(2) 他<u>不但</u>应该去, <u>而且</u>应该带头去。
그는 가야 할 뿐만 아니라 솔선해서 가야 한다.

(3) <u>因为</u>他有病, <u>所以</u>老师没让他去。
그가 병이 났기 때문에, 선생님은 그를 가지 못하게 하였다.

(4) 他<u>因为</u>有病, <u>所以</u>没去。
그는 병이 있어서 가지 않았다.

같은 '不但……而且……'이지만 예문(1)에서는 주어의 앞에 쓰였고, 예문(2)에서는 술어의 앞에 쓰였다. 또 같은 '因为……所以……'이지만 예문(3)에서는 주어의 앞에 쓰였고, 예문(4)에서는 술어의 앞에 쓰였다.

술어 앞이나 주어 앞에 유연하게 나타날 수 있다는 것은 두 절을 연결하는 접속사의 주요 특징이다. 이 특징은 두 절 사이에서 연결 작용을 하는 단어가 접속사인지 여부를 판별하는 근거가 될 수 있다. 일반적으로 '如果……就……(만약 …라면, 곧…)', '无论……都……(…에 관계없이 모두…)'의 '就', '都'와 같이 주어 앞에 올 수 없는 단어는 접속사로 볼 수 없다. 물론, '宁可'와 같이 어떤 단어는 주어의 앞과 뒤에 모두 올 수 있지만 일방향일 수 있는데, 이 또한 접속사로 간주하지 않는다. '宁可'는 어기부사인데, 일부 어기부사와 시간부사들은 주어 앞에 올 수 있지만 이들은 일방향이다.

아래에서는 접속사로 귀속시켜야 하는 몇몇 단어에 대해 서술하고자 한다.

1. '然后'

'然后'는 연결 관계, 즉 상황의 전후가 긴밀하게 이어져 있음을 나타내며, '于是(그래서)'와 가깝다. '然后'는 술어 앞에 올 수도 있지만, 주로 주어 앞에 쓰인다. 예를 보자.

(1) 他用两个铃铛似的大眼睛看着我，然后走到箩筐前。
   그는 두 개의 방울 같이 큰 눈으로 나를 보면서, 그런 다음에 광주리 앞으로 걸어갔다.

(2) 又走了一阵， 他又回头向我们笑了笑， 然后他先坐下来， "歇歇吧!"他说。
   또 한참 가더니, 그는 다시 고개를 돌려 우리를 향해 웃었고, 그런 다음에 먼저 앉더니 말했다. "좀 쉬자!"

'然后'는 예문(1)에서 술어 앞에 쓰였고, 예문(2)에서는 주어 앞에 쓰였다.

'然后' 뒤에는 흔히 '又', '便', '才' 등의 부사가 온다. (이들 부사도 일정한 연결 작용을 한다) 예문(1)은 '然后又走到箩筐前'라고도 말할 수 있다.

(3) 他把汤放在火上暖着，取开一个手巾包，拿出两块包米干粮给我丈夫，然后又从衣兜里摸出五个煮熟的鸡蛋，……

그는 국을 불 위에 올려 데워놓고, 수건 가방을 집어서 열더니 옥수수 건조 식량을 꺼내서 내 남편에게 주었고, 그런 다음 또 주머니에서 삶은 계란 다섯 개를 더듬어 꺼내어, ……

만약 이 문장에 주어가 있으면, '然后他又从衣兜里摸出五个煮熟的鸡蛋(그런 다음 또 주머니에서 삶은 계란 다섯 개를 집어낸다)'와 같이 접속사 '然后'와 부사 '又', '便', '才' 등은 각각 주어의 앞과 뒤에 쓴다. '然后他又……' 등은 '但是他却……'와 마찬가지로 접속사와 부사가 함께 사용된 것으로, 접속사는 주어 앞에, 부사는 주어 뒤에 출현한 형식이다. 다음 예도 마찬가지 경우이다.

(4) 如果有人送点什么吃的给他，他总要工作人员先送给我爷爷奶奶一些，然后自己才肯吃。

어떤 사람이 그에게 먹을 것을 좀 주면, 그는 항상 일하는 사람에게 우리 할아버지 할머니께 먼저 드리게 하고 나서야 비로소 자신이 먹으려고 한다.

2. '至于'

'至于'는 절이나 문장 사이에 쓰여 별도로 어떤 일을 언급함을 나타내는 접속사이다. 일부 문법책에서는 이를 전치사로 분류하고 있는데, 이는 논의의 여지가 있다.

첫째, '至于' 뒤의 어구는 주로 동작주(施事)이거나 판단, 묘사, 논의의 대상인데, 이들은 문장의 주어가 된다. 그런데 만약 '至于'를 전치사로 보게 되면, 이러한 성분의 주어 지위를 말살시킴으로써 문장의 합리적인 분석을 불가능하게 만든다. 예를 들어보자.

(1) 王大增当然是合格的, <u>至于我</u>, 却是一个大老粗, 胆气倒还马马虎虎, 别的可就谈不上。

왕따쩡은 당연히 합격이지만, 저는 완전 무식쟁이에 배짱은 그런대로 있지만 다른 것은 말할 거리도 못됩니다.

(2) 我目睹中国女子的办事, 是始于去年的, ……曾经屡次为之感叹。<u>至于</u>这一回在弹雨中互相救助, 虽殒身不恤的事实, 则更足为中国女子的勇毅, 虽遭阴谋秘计, 压抑至数千年, 而终于没有消亡的明证了。

내가 중국 여성의 일처리를 목격한 것이 작년부터인데, ……벌써 여러 차례 감탄을 하였다. 이번에 빗발치듯 쏟아지는 총탄 속에서 서로 구조하다가 목숨을 잃었다는 사실은 중국 여성들의 용감함과 의연함이 되기에 충분하고, 음모와 계략을 당하며 수천 년 동안 억압당했으나 끝내 사라지지 않을 증명이 되었다.

예문(1)에서 '却是一个大老粗(완전 무식쟁이이다)'의 주어는 '我'이다. '至于'는 접속사로, 뒤 절의 주어 앞에 쓰여 전후 절에서 언급하는 두 사람과 두 가지 상황을 연결시켜 준다고 설명하는 것은 매우 자연스럽다. 만약 '至于'를 전치사라고 한다면 '至于我'는 전치사구가 되는데, 이렇게 되면 뒤 절의 주어가 없어지게 되므로 문장을 분석하기가 어려워진다. 예문(2)도 마찬가지로, '这一回……事实(이번의 …한 사실은)'는 '更足以……明证了(…하기에 충분하고… 증명이 되었다)'의 주어가 되고, 접속사 '至于'는 이 주어의 앞에 쓰여 상하 문장을 연결시켜 준다. 그런데 만약 '至于'를 전치사로 설명하면 역시 뒤 문장의 주어를 지워버리는 결과가 초래될 것이다.

둘째, '至于' 뒤의 어구가 수동자(受事)이지만 여전히 주어, 즉 수동자 주어로 분석될 수 있다. 만약 '至于'를 전치사로 보면 이론적으로나 실제적으로 모두 문제를 야기하게 될 것이다. 예를 들어보자.

(3) <u>至于</u>这个问题, 则从未好好讨论过。
　　이 문제에 대해서는 아직 제대로 논의한 적이 없다.

이러한 문장에서 '至于这个问题(이 문제는)'는 전치사구가 부사어로 쓰였고, 주어는 '我们(우리)'과 같은 성분이 생략된 것으로 볼 수 있다. 그러나 이론적으로 '至于'가 동작주 주어 앞에는 올 수 있지만 왜 수동자 주어 앞에는 올 수 없을까? 그리고 실제적으로 '동작주'와 '수동자'를 근거로 '至于'를 접속사와 전치사로 나누는 것 역시 적절하지 않다. 예를 들어보자.

(4) <u>至于</u>这个问题, 则值得好好讨论一下。
　　이 문제는 한번 진지하게 토론할 가치가 있다.

(5) <u>至于</u>这个问题, 则是值得好好讨论的关键问题。
　　이 문제는 진지하게 토론될 가치가 있는 결정적인 문제이다.

예문(3), (4), (5) 안의 '至于'가 서로 다르다고 말할 수 있는가? 만약 예문(3)의 '至于'는 전치사이고, 예문(5) 안의 '至于'는 접속사라고 한다면, 예문(4)의 '至于'는 또 어떤 품사인가?

요컨대, 별도로 한 가지 일을 제시하는 것을 나타내는 '至于'는 접속사로 귀속시켜야 한다. '至于'가 도입한 다른 문장이나 절에서 주어는 동작주이거나 수동자일 수도 있고, 이들 두 가지와 무관할 수도 있는 등 상황이 다양하다.

또 '至于'는 접속사가 아닌 동사로 쓰여 어떤 정도에 도달하였음을 나타내기도 한다. 예를 보자.

(6) 不及格? 不至于吧? 불합격이요? 그 정도는 아니겠죠?

3. '果然'

'果然'은 '果然名不虚传(과연 명성이 헛되이 퍼진 것이 아니다)', '果然不出所料(과연 짐작한 바를 벗어나지 않는다)'에서 보듯이 주로 부사로 쓰여 말한 것 또는 예상한 것과 사실이 서로 일치함을 나타낸다.

'果然'은 또 접속사로 쓰여 가설을 나타내기도 하는데, 이때는 '如果'로 대체할 수 있다. 특수한 점은 '果然'이 '만약 확실하다면(如果确实)'의 의미를 가지고 있기 때문에 '果真(과연 사실이다)'이라고 말할 수 있다는 것이다. 술어 앞, 주어 뒤에 올 수도 있고, 주어 앞에 올 수도 있다. 예를 보자.

(1) 你果然爱她, 你就应该帮助她。
당신이 그녀를 정말로 사랑한다면, 당신은 그녀를 도와야 한다.

(2) 果然你愿意参加, 那我们太欢迎了。
정말로 네가 참가하길 원한다면, 우리는 대단히 환영한다.

4. '万一'

'万一'는 '以防万一(만일을 대비하기 위해)'와 같이 여의치 않는 특수한 상황을 가리킬 때는 목적어가 되고 명사에 속한다. 또 '计划暂不宣布, 以免万一走漏消息(만에 하나라도 소식을 새어나가지 않도록 하기 위해 계획을 잠시 발표하지 않겠다)'와 같이 지극히 적은 가능성을 강조하는 데 사용되기도 하는데, 이때는 부사어가 되고 부사에 속한다.

'万一'는 또 가설을 나타내는 경우에 일반적으로 '如果'로 대체할 수 있는데, 이때는 접속사이다. 주어가 있으면 주로 주어 앞에 쓰인다. 예는 다음과 같다.

(1) 万一有个差错, 看你怎么向党交待?

만약에 착오가 있으면 당신이 어떻게 당에 설명하는지 볼 겁니다.

(2) 万一我有个好歹, 八角坳的党组织还在, 反"夺田"已经开始了, 我们能搞起来!

만약 나에게 무슨 일이 생기더라도, 바쟈오아오의 당 조직이 아직 건재하고, '토지 강탈' 반대가 이미 시작되었으니, 우리는 해낼 수 있어!

접속사 '万一'는 '如果', '要是', '即使' 등과 함께 사용할 수도 있다. '万一'는 여의치 않은 특수한 상황의 발생을 가정하는 데 중점을 두고 있기 때문에, '如果', '要是', '即使' 등의 단어와 함께 사용하는 것이 결코 단순한 중복은 아니다.

(3) 如果万一是由于你不在人世了 — 写到这里我浑身颤栗了一下 — 我就独身过一辈子。

만약 만에 하나 네가 세상에 없다면 — 여기까지 쓰고 나는 잠시 온몸이 떨렸다 — 나는 평생 독신으로 살 거야.

(4) 要是万一遇见敌人, 我顶住, 你们把东西一扔, 就顺着河滩往对面山上跑。

만약 만에 하나 적을 만난다면, 내가 막고 버티고 있을 테니 너희는 물건을 버리고 곧바로 강가를 따라 맞은편 산위로 도망가거라.

(5) 好坏两方面都要充分估计到，即使<u>万一</u>发生意外，也不至于手忙脚乱。

잘 되거나 잘 못 되는 두 가지 경우를 모두 충분히 고려해 두었으니, 설령 만에 하나 의외의 일이 일어나더라도 어쩔 줄 모르는 정도까지 이르지는 않을 거야.

5. '比方'

'比方'은 '这不过是个<u>比方</u>(이것은 하나의 비유에 불과하다)'와 같이 명사로 사용되어 비유하는 사실을 가리키기도 한다. 또 '可以用松柏来<u>比方</u>(소나무와 측백나무로 비교할 수 있다)'와 같이 동사로 사용될 때는 '相比(비교하다)'로 대체할 수 있다. 예를 보자.

(1) <u>比方</u>美国的国务卿艾奇逊之流，他们对于现代中国和现代世界的认识水平，就在中国人民解放军的一个普通战士的水平之下。

예를 들어, 미국의 국무장관 애치슨 계열 사람들, 현대 중국과 현대 세계에 대한 그들의 인식 수준은 중국인민해방군 일개 보통 전사의 수준 아래에 있다.

'比方'은 가설을 나타내기도 하는데, 이때는 '如果'로 대체할 수 있으며 접속사가 된다. 예를 들어보자.

(2) 他的隶书真好，<u>比方</u>我求他写一副对联儿，他不会拒绝吧？

그의 예서체는 정말 좋은데, 내가 대련 한 세트 써 달라고 부탁하면 그가 거절하지 않겠지?

이러한 '比方'에 대해 『现代汉语词典』에서는 '그것은 '만약'의 의미를 나타낸다(它表示'假如'的意思)'고 하였고, 한 발 더 나아가 또 '그것은 할 말이 있지만 그 말을 일부러 얼버무릴 때에 사용한다(它用于有话要说而故意吞吐其词时)'라고 설명하고 있다.[1] 이는 접속사 '比方'의 역할을 정확하게 설명한 것이다.

6. '一旦'

'一旦'은 '忽然之间(별안간. 생각지도 못한 사이)'를 의미하는 부사이며 부사어가 된다. 예를 들면, '同学四年, 一旦离别, 确实舍不得!(4년 동안 같이 공부하다 갑자기 헤어지자니 정말 섭섭하다)'와 같다. 그런데 '一旦'은 어떤 특정한 조건을 나타내기도 하는데, 이때는 접속사가 되며 '只要(…하기만 하면)'로 대체할 수 있다. 주로 술어의 앞 주어의 뒤에 쓰이며, 주어 앞에 쓰이기도 한다. 예는 다음과 같다.

(1) 代表先进阶级的正确思想, 一旦被群众掌握, 就会变成改造社会、改造世界的物质力量。
선진계급을 대표하는 올바른 사상은 일단 대중에 의해 파악되면, 사회를 개조하고 세계를 개조하는 물질적 역량으로 변화하게 될 것이다.

(2) 不能认为新制度一旦建立起来就完全巩固了, 那是不可能的。

----

1) 저자주 : 『现代汉语词典』, 56쪽, 商务印书馆, 1979년.

새로운 제도가 일단 만들어졌다고 해서 완전히 공고해졌다고 볼 수는 없는데, 그것은 불가능한 것이기 때문이다.

위의 예에서 '一旦'은 주어 뒤에 쓰였다.

(3) 在敌人这样的摧残之下，人民创伤极其深重，如不采取有效办法，<u>一旦</u>人民元气耗尽，<u>一旦</u>军需民食没有保证，敌后抗战的坚持是不能设想的。

적들의 이러한 파괴와 학대 하에서는 인민들의 상처가 매우 깊다. 만약 효과적인 방법을 취하지 않아서 일단 인민들의 원기가 소진되고, 일단 군수물자와 인민들의 먹을 것이 보장되지 않으면, 적진 후방에서 항전을 지속하는 것은 상상할 수 없는 것이다.

위의 예에서 '一旦'은 주어 앞에 쓰였다.

7. '管', '别管'

'管'은 명사나 양사가 되기도 하고, 동사나 전치사가 되기도 한다. 그외 '管'이 '무조건'을 나타내는 경우도 있는데, 이때는 '不管(…에 관계없이)'이나 '无论(…을 막론하고)'으로 대체할 수 있고, 주어의 앞에 쓰인다. 이러한 '管'은 접속사이다. 예를 보자.

(1) <u>管</u>他是谁，搞特殊化就不行。
   그가 누구든 특별대우를 해서는 안 된다.

(2) <u>管</u>你吃也罢，不吃也罢，都得坐下来聊聊。
   네가 먹든 안 먹든 모두 앉아서 이야기를 해야 한다.

전치사로 쓰인 '管'이 처치를 나타내는 경우에는 '把'로 대체할 수 있으며, 접속사 '管'과는 뚜렷한 차이가 있다. 비교해 보자.

(3) 你管我叫山鹰也罢, 叫野鸡也罢, 我不在乎!
   네가 나를 산매라고 부르든 꿩이라고 부르든 나는 상관없어!

(4) 管你叫我山鹰也罢, 叫我野鸡也罢, 我不在乎!
   네가 나를 산매라고 부르든 꿩이라고 부르든 나는 상관없어!

예문(3)에서 '管'은 '把'로 대체할 수 있는 전치사이지만, 예문(4)에서 '管'은 '无论'으로 대체할 수 있는 접속사이다.
'別管'도 접속사이며 '无论'으로 대체할 수 있다. 예는 다음과 같다.

(5) 別管是谁, 一律凭票进场。
   누구든지 상관없이 모두 표가 있으면 입장한다.

물론 '別管他(그 사람 상관하지 마)'에서 '別管'은 하나의 단어가 아니라 '부사＋동사'이다.

제3절 조사

조사는 단어, 구, 절 뒤에 붙어 부가적인 의미를 표현한다. 단순히 문법적인 의미만을 나타내는 조사도 있지만, 일부 조사는 문법적 의미와 함께 어휘적인 의미도 가진다. 조사는 독립성이 극히 떨어지는 단어이므로, 배타법을 사용하면 실사나 특수 실사로 볼 수도 없고, 허사인 전치사나 접속사로 볼 수도 없다.

조사 중에 학자들의 견해가 대체로 일치하는 것으로는 '着', '了', '过', '的', '地', '得', '所', '们', '似的', '吗', '呢', '吧' 등이 있으며, 이 밖에 논의가 필요한 조사도 있다. 그 가운데 몇몇에 대해 아래에서 논의 하고자 한다.

1. '多'

'多'는 몇 개의 다른 품사로 귀속된다. 동사('多了一个人(한 사람이 늘었다)'), 형용사('人很多(사람이 매우 많다)'), 수사 '多种(여러 가지), 多次(여러 번)', 부사('多有办法!(방법이 얼마나 많아!)'), 대사('多高? (얼마나 크니?)') 외에 조사가 되기도 한다.

조사 '多'는 수사나 수량구조(준수량(准数量)구조 포함)의 뒤에 붙어 서 나머지가 있음을 나타낸다. 예는 다음과 같다.

十多亩 10여 묘	二十多斤 20여 근	三十多岁 30여 살
一亩多 1묘 남짓	两斤多 2근 남짓	三岁多 3세 남짓
十五亩多 15묘 남짓	十五斤多 15근 남짓	十五岁多 15세 남짓

만약 수사가 '十(십)'과 그 배수('一百(백), 一千(천), 一万(만)' 등 포함)라면 '多'는 수사의 뒤에 오고 뒤에 다시 양사나 준량사를 붙인다. 만약 한 자리 수가 '1'에서 '9'까지라면 반드시 양사나 준량사를 먼저 쓰고, '多'는 전체 수량구조의 뒤에 붙여야 한다. 문법적으로 분석할 때 에는 '十多(10 남짓), 二十多(20 남짓)'도 하나의 수사로 간주하는데, 이 는 '你们, 我们(너희들, 우리들)'도 대사로 간주할 수 있는 것과 같다.

'十五斤多(15근 남짓)'에서 앞은 수량구조이고 '多'는 조사로 보아야 한다. 이때 '多'를 형용사로 볼 수 있는가? 아니다. 형용사는 다음 두 가지 구조의 X 위치에 동시에 출현할 수가 없다.

수사 + X + 양사 (十多亩) 10여 묘
수사 + 양사 + X (一亩多) 1묘 남짓

이때 '多'는 '半'과 상당히 유사한데, 이를 수사로 볼 수 있을까? 비교해보자.

两斤多 반근 남짓   三岁多 3세 남짓
两斤半 2근 반   三岁半 3세 반

사실 '半'과 '多'는 다르다. '两斤半'에서 수사 '半' 뒤에는 양사를 추가하여 '两斤 + 半斤(2근 + 반근)'이라고 할 수 있지만, 조사 '多'의 뒤에는 양사를 추가할 수가 없으므로 '两斤多(2근 남짓)'는 '两斤 + 多斤'이라 할 수 없다.

2. '来'

'来'는 방향동사로 단독으로 사용되거나 동사 뒤에 붙어 방향이나 추세를 나타낸다. 그런데 다음 몇 가지 경우에 '来'는 조사가 된다.

첫째, 수사나 수량구조(준수량 구조 포함) 뒤에 붙어서 대략적인 수를 나타낸다. '来'가 붙는 수사는 '10(十)'과 그 배수로 한정된다.

二十来斤 20홀 가량　　　三十来里 30리 가량

四十来岁 40세 가량　　　五十来人 50명 가량

'来'가 붙는 수량구조는 '한 자리 수+도량형 단위'로 한정되며, 뒤에는 일반적으로 '重(무겁다)', '长(길다)', '高(높다)', '宽(넓다)'과 같은 형용사가 온다. 예를 들어보자.

三斤来(重) 3근 가량(무게)　　四里来(长) 4리 가량(길이)

五尺来(高) 5자 가량(높이)　　一丈来(宽) 1장 가량(넓이)

이때 조사 '来'는 일반적으로 조사 '多'로 대체할 수 있다.

둘째, 서수사 '一', '二', '三', '四'의 뒤에 붙어 이유의 열거를 나타낸다. 예를 들어보자.

(1) 老秦一来不懂这种管饭只是替做一做, 将来还要领米, 还以为跟派差派款一样；二来也不知道家常饭就行, 还以为衙门来的人一定得吃好的。他既是这样想, 就把事情弄大了。

라오친은 첫째, 이러한 식사 제공은 단지 대신 준비하는 것일 뿐이므로 나중에 쌀을 받는다는 것을 모르고, 관리를 파견하고 분담금을 할당하는 것과 똑같다고 생각하였다. 둘째, 그는 보통 집에서 먹는 식사 정도면 된다는 것도 모르고, 관청에서 나온 사람은 틀림없이 잘 먹어야 한다고 여겼다. 그가 이렇게 생각하였기에 일을 더욱 크게 만들었다.

'一来'와 '二来'가 여기서는 부사어이며, 전체는 수사로 볼 수도 있다.

셋째, 시간을 나타내는 일부 명사, 수량구조, 준수량 구조의 뒤에서 특정한 시간의 단락을 나타낸다. 즉, 과거의 어느 시간에서부터 말을 할 때까지의 시간을 나타낸다. 예를 들어보자.

古来 예로부터　　　　　長期来 오랜 기간 동안
几天来 며칠 동안　　　　七八个月来 7, 8개월 동안
千百年来 수천 수백 년 동안

이러한 '来'와 유사한 것으로 '以来(동안)'도 있는데, 이 역시 조사이다.

长期以来 오랜 기간 동안
几个月以来 몇 개월 동안

建国以来 건국 이래
粉碎"四人帮"以来 '사인방'을 쳐부순 이래

넷째, 문장의 끝에 사용되는 동사나 동사구 뒤에 붙어 어떤 행위, 활동이 이미 출현하였음을 나타내며, '来着(…을 하고 있었다. …이었다)'와 유사하다. 예를 들어보자.

(2) 找到地里, 又听到这么一句话 : "前时还在这儿来, 这会谁知上哪儿去了!" 当你再找到别的地块上, 人们又会告诉你 : "刚还在来, 可能上五队去了。"

땅을 찾아 놓았더니 또 이런 말을 들었다. "이전에는 그래도 여기 있었었는데, 지금은 어디로 갔는지 누가 알겠어!" 당신이 또 다른 땅을 다시 찾아 놓으면, 사람들은 당신에게 또 "방금까지도 있었는데, 아마도 5대(五队)로 갔을 거야."라고 알려 줄 것이다.

(3) 昨天我怎么跟你们说来的?

어제 내가 너희에게 어떻게 말했었니?

동사 뒤에 붙는 방향동사는 종종 허화(虛化)되어 정도의 차이는 있지만 조사의 성질을 지닌다. 특히 '看来(보아하니)', '想来(생각해보니)' 등에서 '来'는 이미 조사에 상당히 근접해 있는 단어이다.

3. '开外'

이 단어는 일부 수사나 수량구조(준수량 구조 포함)의 뒤에 붙어서 '还要多(더 많다)'의 의미를 나타내며, 조사 '多'에 가깝다. '开外(이상)'에 붙는 수사는 주로 나이를 나타낸다. 예를 들어보자.

五十开外 50세 이상　　　七十开外 70세 이상

'开外'에 붙는 수량구조는 일반적으로 연령을 표시하고, 그 다음으로는 거리나 시간을 나타내는 데 쓰인다. 예를 들어보자.

五十岁开外 50세 이상　　七十岁开外 70세 이상
二十米开外 20미터 이상　　六十里开外 60리 이상
五年开外 5년 이상　　　　五星期开外 5주 이상

4. '等', '等等', '云云', '云'

'等'은 명사나 병렬구조 뒤에서 사물의 수량이 하나에 그치지 않음을 나타낸다. 또 생략하는 것이 있음을 나타내기도 하고, 더하여 하나로 합침을 나타내기도 한다. 예는 다음과 같다.

(1) 人们排成两行站在堤上，陆续不断地往前传递木桩、芦席、沙袋等各种器材。

사람들은 둑에 두 줄로 서서 말뚝, 삿자리, 모래주머니 등 각종 자재를 끊임없이 앞으로 전달하였다.

(2) 他曾经访问过法国、西德、英国和意大利<u>等</u>四个西欧国家。

그는 프랑스, 서독, 영국과 이탈리아 등 네 개의 서유럽 국가를 방문한 적이 있다.

'等'은 명사 뒤에 쓰일 수도 있는데, 다음 예와 같다.

(3) 小部分站在中立地位, 但仍属倾向于投降, 例如宝庆<u>等</u>县。

일부는 중립적인 위치에 서긴 했지만, 바오칭 등과 같은 현은 여전히 항복쪽으로 기울었다.

'等等'도 생략을 나타내며 '等'보다 강조의 의미가 더욱 강하다. 예는 다음과 같다.

(4) 洗脸水<u>等等</u>, 他都准备好了。

세안수 등등 그는 다 준비를 해 놓았다.

(5) 扒钉、钢筋头、机器零件<u>等等</u>东西, 共八千多斤。

물림쇠, 철근, 기계 부품 등등의 물건이 모두 8천여 근이다.

'等等'은 문장의 끝부분에 자주 사용되는데, 예는 다음과 같다.

(6) 由于无产阶级的领导, 根本地改变了革命的面貌, 引出了阶级关系的新调度, 农民革命的大变动, 反帝国主义和反封建主义的革命彻底性, 由民主革命转变到社会主义革命的可能性, <u>等等</u>。

프롤레타리아 계급의 영도가 혁명의 면모를 근본적으로 바꾸어 놓았기 때문에 계급 관계의 새로운 조사, 농민혁명의 큰 변동, 반제국주의와 반봉건주의 혁명의 철저성, 민주혁명에서 사회주의 혁명으로의 전환 가능성 등등을 이끌어내게 되었다.

'云云'에는 '이러이러하다(如此如此)'의 의미가 있는데, 일부 어구의 뒤에서 생략이나 끝남을 나타낸다. 예는 다음과 같다.

(7) "修得安民"<u>云云</u>说得过于堂皇而蹈空, 实际上他有硬的一手和软的一手。

'백성을 편안하게 하고자 정비한다' 운운 하면서 지나치게 웅대하고 공허하게 말하지만, 사실 그는 강경한 한 수와 부드러운 한 수를 가지고 있다.

(8) "笑面虎", "笑在脸上, 苦在心头", 情况不同了, "反映内心"<u>云云</u>, 要重新研究了, 可是"面部表情"依然有效。

'겉은 온화하지만 속은 음흉한 사람', '얼굴에는 웃음을 짓지만 마음에서는 괴로워한다'는 말은 상황이 달라졌으니 '속마음을 반영한다'고 운운하는 것은 새로 연구해야 한다. 하지만 '얼굴표정'은 여전히 유효하다.

현대중국어 문어체에서는 주로 '云云'을 쓰지만, 경우에 따라서는 '云'을 쓰기도 한다. 예를 들어보자.

(9) 连惟一可信的弟子也已经失掉, 孔子自然是非常悲痛的, 据说他一听到这消息, 就吩咐去倒掉厨房里的肉酱<u>云</u>。

믿을 만한 유일한 제자조차도 이미 잃었으니, 공자는 당연히 매우 비통하였다. 그는 이 소식을 듣자마자 부엌에 있는 육장을 부어버리라고 분부하였다 한다.

(10) 总之, 梁先生自认为是一切中国人的代表, 这些书既为自己所不懂, 也就是为一切中国人所不懂, 应该在中国断绝其生命, 于是出示曰"此风断不可长"云。

요컨대, 양 선생은 스스로 모든 중국인의 대표라고 자인하며, 이 책들은 자신이 이해하지 못하면 곧 모든 중국인이 이해하지 못하는 것이기 때문에 중국에서 그 생명을 마감해야 한다는 뜻에서 '이 분위기는 결코 오래 갈 수 없다'는 등 말을 하였다.

5. '不过'

'不过'는 부사로 사용되어 범위를 나타내며 '仅仅(단지)'으로 대체할 수 있다. 또한 접속사로 사용되어 전환을 나타내기도 하는데, 이때는 '只是(그러나)', '可是(그러나)' 등으로 대체할 수 있다. 예는 다음과 같다.

(1) 苏冠兰摆摆手, 爽快地说 : "艺术<u>不过</u>是唱歌、跳舞、弹琴、画画儿……这一切又有什么用?"

수관란은 손을 흔들며 시원스럽게 말했다. "예술은 노래, 춤, 거문고 타기, 그림 그리기에 불과할 뿐……이 모든 것이 무슨 소용이 있어?"

(2) 我同父亲在一起时, 一直学习钢琴、提琴和作曲, <u>不过</u>, 最擅长的还是舞蹈。

나는 아버지와 함께 있을 때 줄곧 피아노와 바이올린, 작곡을 공부했다. 그렇지만 가장 잘하는 것은 그래도 무용이었다.

예문(1)의 '不过'는 부사이고, 예문(2)의 '不过'는 접속사이다.

'不过'는 '聪明<u>不过</u>, 再聪明<u>不过</u>, 最聪明<u>不过</u> ; 喜欢<u>不过</u>, 再喜欢<u>不过</u>, 最喜欢<u>不过</u>(매우 총명하고, 더 이상 총명할 수 없으며, 가장 총명하다. 매우 좋아하고, 더 이상 좋아할 수 없으며, 가장 좋아한다)'에서는

조사로 사용된다. 이때는 형용사나 심리활동 동사 뒤에 붙어서 최고 한도에 도달했음을 강조하며, 주로 형용사 등의 앞에 있는 '再', '最'와 같은 부사와 호응하여 사용된다. 또 다른 예를 들어보자.

(3) 洁琼气<u>不过</u>, 骂了那家伙一顿。
   제치옹은 몹시 화가 나서 그 녀석을 한바탕 꾸짖었다.

(4) 您法力高深, 见识渊博, 兼任这两项职务是再恰当<u>不过</u>了!
   당신은 신통력이 높고 견문이 넓으니, 이 두 가지 직무를 겸직하는 것은 더 이상 적합할 수가 없습니다!

(5) 这种光最神奇<u>不过</u>。
   이런 빛이 가장 신비롭다.

이러한 '不过'는 조사성 구단어(助词性短语词)라고 할 수 있다. 이는 정도가 극에 달하였음을 강조하는데, '极(극도로)'와 유사하다. 하지만 '不过'는 근본적으로 부사어가 될 수 없고 부사의 필요조건을 갖추지 못하며, 또 '再', '最'와 호응할 때도 '极'로 대체할 수 없다. 그러므로 이는 부사가 아니다.

6. '连'

'连'은 동사로 쓰여 '心连心(마음과 마음이 이어지다)'과 같이 연결하다의 의미를 나타낸다. 또 부사로 쓰여 '<u>连</u>发三封信(연이어 세 통의 편지를 발송한다)'과 같이 연속의 의미를 나타내기도 하며, '<u>连</u>我共来了八个人(나까지 여덟 사람이 왔다)', '<u>连</u>皮重二十斤(껍질째 무게가 스무 근이다)'과 같이 '包括在内(안에 포함하다)'의 의미를 나타내기도 한다.

또 '连'은 조사로 쓰이기도 하는데, 명사와 명사구 또는 기타 어구에 붙어 강조의 작용을 하며, 뒤에는 '都', '也' 등과 호응한다.

(1) 他连工具都自己带来了。
  그는 공구까지도 직접 가지고 왔다.

(2) 她连个委员都不是, 怎能当主任呢?
  그녀가 위원도 아닌데 어찌 주임을 맡을 수 있겠는가?

(3) 他连一声也不吭。
  그는 한마디도 말하지 않는다.

(4) 我连喜欢都喜欢不过来呢!
  나는 좋아하는 것도 못 하는군!

이러한 '连'을 혹자는 전치사라고 한다. 그러나 '连' 뒤에 있는 어구는 주로 동작주를 나타내기 때문에 '连'을 전치사로 보는 견해는 설득력이 없다. 예를 들어 보자.

(5) 这一下, 不光是妇女, 连男人们也都笑了起来。
  이번에는 여성뿐만 아니라 남자들조차도 웃기 시작하였다.

(6) 为什么高兴, 连她自己也说不出来。
  왜 기쁜지 그녀 자신도 말하지 못한다.

'连'이 전치사가 되면 '连男人们(남자들도)'과 '连她自己(그녀 자신도)'는 전치사구가 된다. 그런데 이렇게 되면 문장의 주어가 없어진다. 그렇다면 뒤의 어구가 동작의 대상, 즉 수동자일 때는 '连'을 전치사로 보고 동작주일 때는 '连'을 조사로 볼 수 있을까? 두 경우 모두 그렇게 볼 수 없다. 우선 뒤의 어구가 동작주이든 수동자이든 '连'의 기능은 같기 때문에 이를 인위적으로 둘로 나눌 수는 없다. 또 '施(동작을 행하는 것)'인지 '受(동작을 받는 것)'인지를 단정 짓기가 매우 어려운 경우도 있다. 예를 들어보자.

(7) 他连头都没抬, 只说了句 : "好么!"
　　그는 고개도 들지 않고 "좋아!"라는 말만 한마디 할 뿐이었다.

(8) 他笑得连嘴也合不拢来。
　　그는 입조차 다물지 못할 정도로 웃었다.

여기서 '头(머리)'와 '嘴(입)'는 동작을 행하는 주체인가 아니면 받는 대상인가? 수동자 주어의 존재는 인정하면서 왜 조사 '连'이 수동자 주어를 강조한다는 것은 인정할 수 없는가? 사실, '连'은 각종 주어(동작주, 수동자, 중성의 주어를 모두 포함)를 모두 강조할 뿐만 아니라, 부사어(예문(3)의 '一声')와 중복 사용된(复用) 술어 동사 중에서 앞의 동사(예문(4)의 '喜欢')를 강조할 수도 있다.

이러한 '连'을 张志公 선생은 『语法学习讲话』[2]에서 부사로 분류하였다. 실제로 '他连一声也不吭(그는 한마디도 말하지 않는다.)'과 '我连喜欢都喜欢不过来呢(나는 좋아하는 것조차도 좋아할 수 없군!)'에서 '连'은 대체로 부사에 가깝다. 하지만 '连……都(也)……'의 구조를 총체적으로 보면, '连'은 대부분 명사나 명사구에 붙어 있는 반면, 부사는 일반적으로 명사와는 서로 어울리지 않는 품사이다. 이는 곧 '连'

---

2) 저자주 : 上海教育出版社, 1962년 6쪽.

은 부사의 조건에 부합하지 않으므로 부사로 볼 수는 없다는 것을 의미한다.

이러한 '连'은 간혹 '甚至(심지어)'로 대체할 수 있는데, 그렇다면 이를 접속사라고 할 수 있을까? 역시 그럴 수 없다. 먼저, '连'이 '甚至'나 다른 접속사로 대체할 수 없는 경우도 있기 때문이다. 다음으로, '连'이 어떤 경우에는 명백히 일방향(单向) 단어이기 때문이다. 예를 들면, '笑得连嘴也合不拢来'에서 '连'은 '甚至'로 바꿀 수 없고, 동시에 일방향의 단어이기 때문에 접속사의 쌍방향성과는 차이가 있다.

점층문(递进句)에서 '连'의 앞에 간혹 '甚至'나 '就'가 오기도 한다. 예를 들어보자.

(9) 你毕竟长着一个联邦调查局的鼻子，甚至连别人私生活的讯息也闻得出来。

당신은 FBI의 코를 가지고 있어서 심지어 다른 사람의 사생활 정보조차도 냄새 맡을 수 있군.

(10) 不但我佩服他，就连从前反对过他的人，也不得不赞扬他。

내가 그에게 탄복할 뿐만 아니라, 이전에 그를 반대했던 사람들조차 그를 찬양할 수밖에 없다.

예문(9)에서 '连'은 조사이고, '甚至'는 접속사이다. 예문(10)에서 '就'는 '就是 / 就算'과 같으며, 사실상 이 역시 접속사로 '即使'에 상당한다. '连'은 조사이다. 그런데 '就连'은 결합이 긴밀하여 구단어로 볼 수 있기 때문에 접속사로 분류한다.

7. '起见'

'起见'은 어기조사이다. 이 단어는 목적 부사어(어떤 문법책에서는 목적절로 봄)의 끝에서 앞의 '为', '为了', '为着' 등과 호응하여 목적을 강조하는 어기를 나타낸다. 예를 들어보자.

(1) 为慎重起见，一定要报请上级批准。
신중을 기하기 위하여 반드시 상급 기관에 승인을 요청해야 한다.

(2) 为了安全起见，请大家系上保险带。
안전을 위하여 여러분 안전벨트를 매주세요.

'起见'은 언뜻 보기에 동사와 같아서 '为'자 전치사구의 수식을 받는다. 하지만 이 단어는 사실 단독으로는 쓸 수 없고 부사의 수식을 받을 수 없으며, 이를 생략해도 문장의 기본 구조에는 결코 영향을 미치지 않기 때문에 동사는 아니고 어기사에 귀속시켜야 한다.

8. '的'

'的'는 구조조사로 쓰일 때도 있고, 어기조사로 쓰일 때도 있다.
어기조사 '的'는 문장 끝에 쓰여 긍정의 어기를 강조하며 생략해도 문장의 기본 의미에는 영향을 미치지 않는다. 예를 들어보자.

他知道的。그는 알고 있다.
他知道。그는 알고 있다.
他不会不答应的。그는 승낙하지 않을 리가 없다.
他不会不答应。그는 승낙하지 않을 리가 없다.

어기조사 '的'는 주로 문장 속에서 긍정이나 강조를 나타내는 '是'와 호응을 이루며, '他是知道的(그는 알고 있다)'와 같이 '是……的' 형식을 구성한다. 그리고 구조조사 '的'는 '他是报社的(그는 신문사 사람이다)'와 같이 단어나 구와 함께 '的'자 구조를 이루어 '是'의 목적어로 문장의 끝에 출현하는데, 역시 '是……的'의 형식을 구성한다. '是……的' 구조의 두 가지 상이한 '的'를 어떻게 구별할 것인가 하는 것은 번거로운 문제이다. 여기에서 이들을 구별 방법을 두 가지 제시해 보고자 한다.

첫째, '的'를 생략할 수 있는지와 '是'를 '的确(확실히)'로 교체할 수 있는지를 살펴본다. 만약 가능하다면 '的'는 어기조사가 되고, 불가능하다면(성립되지 않거나 의미가 변한다면), '的'는 구조조사가 된다. 예를 들면, '他是很聪明的(그는 매우 영리하다)'는 '他的确很聪明(그는 정말로 영리하다)'라고 말할 수 있으므로 '的'는 어기조사이다. 그런데 '这张桌子是石头的(이 테이블은 돌로 된 것이다)'는 '这张桌子的确石头'라고 할 수 없기 때문에 '的'는 구조조사이다. 또 '我是教书的(나는 공부를 가르치는 사람이다)'는 '我的确教书(나는 분명히 공부를 가르친다)'라고 말하게 되면 의미변화가 발생하므로 '的'는 역시 구조조사이다.

둘째, 문맥과 결부시켜 전체 문장이 사물의 분류를 나타내는 판단문인지 살펴본다. 만약 판단문이라면 '的'는 구조조사가 되고, 그렇지 않다면 '的'는 어기조사가 된다. 예를 들어, '他是愿意帮忙的(그는 돕기를 원하는 사람이다)라는 문장은 단독으로 보면 두 가지 가능성이 다 있다. 그런데 '他愿意帮忙, 他愿意帮忙的, 他是愿意帮忙的(그는 돕기를 원하고, 정말 돕기를 원하고, 확실히 돕기를 원한다)'와 같은 문맥에서는 분류가 아닌 강조에 중점을 두고 있으므로 '的'는 어기조사이다. 그런데 '别人都袖手旁观, 只有他才是愿意帮忙的(남들은 모두 수수방관하고 있는데, 오직 그 사람만은 기꺼이 돕기를 원한다)'라는 문맥에서는 분류에 중점을 두어서 그가 '愿意帮忙的(돕기를 원하는)' 부류의 사람에 속한다는 것을 설명하는 것이므로 '的'는 구조조사가 된다.

제7장
구단어短语词의 분류

  ‘구단어(短语词)’란 결합 정도가 단어보다는 약하고 구보다는 강한 일종의 언어단위를 말한다. 吕叔湘 선생은 “단어와 구의 사이에 있는 ‘来不及(미치지 못하다)’, ‘看中了(마음에 들었다)’와 같은 것들은 ‘구단어’라고 할 수 있다.”라고 하였다.[1]

  구단어가 존재한다는 것은 사실이다. 하지만 이의 범위를 확정짓기는 상당히 어렵다. 아직 단어로 굳어지지 않았다고 말하기 어려운 것도 있고, 하나의 구가 아니라고 말하기 어려운 것도 있다. 이 책에서는 구단어의 범위를 명확하게 확정하려는 시도는 하지 않을 것이다. 그것은 불가능하기 때문이다. 앞의 몇몇 절에서 이미 일부 구단어를 언급하기도 하였는데 구단어라고 지적한 것도 있고, 명확하게 지적하지 않은 것도 있다. 여기서는 단지 일부 현상에 대해서만 구단어의 분류 문제를 집중적으로 논의하고자 한다. 이는 하나의 새로운 시각, 새로운 측면에서 품사 분류의 원칙과 조건, 방법에 대한 인식을 심화시킬 수 있을 것이다.

  먼저, 구단어 중에는 그대로 바로 고착화된 것도 있고, 축약 후 고착화된 것도 있다는 것을 알아야 한다. ‘按理(이치대로라면)’와 ‘按说(이

---

1) 저자주 : 『汉语语法分析问题』, 10쪽.

치대로라면)'를 예로 들면, 전자는 '按照情理(이치에 근거하면)'의 의미를 나타내며, 하나의 전치사와 하나의 명사가 결합하여 직접 고착화된 부사성 구단어인 반면, 후자는 '按照事实或情理来说(사실이나 도리에 비추어 말하다)'라는 의미를 나타내며, '전치사＋명사＋동사'가 축약 과정을 거쳐서 고착화된 부사성 구단어이다.

다음으로, 구단어의 품사는 그 구성 성분과 전혀 관계가 없다고 말할 수는 없지만, 구성 성분으로 구단어의 품사를 분류할 수는 없다는 점을 알아야 한다. 결정적인 역할을 하는 것은 역시 문법 특징이다. '据说(말하는 바에 의하면)'와 '按说'를 예로 들면, 이들은 모두 '전치사(명사)＋동사'로 구성되었지만, 전자는 동사이고 후자는 부사이다. 또 예를 들어, 앞의 구성 성분이 '不'인 구단어들은 품사가 완전히 다르다. '不是(잘못)(派他的不是(그의 잘못을 지적하다))', '不韪(잘못)(冒天下之大不韪(천하의 몹쓸 짓을 저지르다))'와 같이 명사인 것도 있고, '不齿(멸시하다)', '不甘(만족하지 않다)', '不愧(손색없다)', '不吝(아끼지 않다)', '不惜(아끼지 않다)'와 같이 동사인 것도 있다. 또 '不错(좋다)', '不等(같지 않다)', '不公(공정하지 않다)', '不力(무력하다)', '不详(자세하지 않다)', '不一(다르다)' 등과 같이 형용사인 것도 있고, '不妨(무방하다)', '不禁(금치 못하다)', '不日(머지않다)', '不消(…할 필요가 없다)', '不用(…할 필요가 없다)'과 같이 부사인 것도 있다. 또 품사가 여러 개인 구단어도 있는데, '不拘(구속되지 않다. …를 막론하고)'는 동사('不拘小节(사소한 일에 구애되지 않다)')와 접속사('不拘什么任务, 我都愿意完成(어떤 임무든 나는 완수하고 싶다)')가 될 수 있고, '不堪(견딜 수 없다. 심하다)'은 동사('不堪其苦(그 고통을 견디지 못하다)')와 형용사('疲倦不堪(몹시 피곤하다)')가 되며, '不成(안 된다. 쓸모없다. 반문어투를 나타냄)'은 동사('我不成了, 实在走不动了!(난 안 돼. 정말 못 가겠어!)')와 형용사

('这部电影太不成!(이 영화는 너무 형편없어!)'), 어기조사('难道就这样算了不成?(설마 이대로 그만둔다는 건 아니겠지?)')가 된다.

마지막으로 반드시 알아야 할 점은, 일부 구단어는 어느 한 품사의 뚜렷한 문법 특징을 가지고 있지 않아 분류하기가 어렵다는 것이다. 따라서 구단어의 품사를 분류할 때는 역시 이용 가능한 모든 조건을 적절히 이용하고, 직접 판정, 배제, 유추 등의 방법을 능숙하게 활용할 수 있어야 한다.

아래에서는 실사의 성질과 허사의 성질이라는 두 가지 측면에서 예를 들어 구단어를 서술하고자 한다.

제1절 실사성 구단어

실사 성질의 구단어를 판별하는 방법과 요점은 실사나 특수 실사를 판별하는 것과 같다.

1. '不是', '不韙'

'不是'는 목적어가 될 수 있으며, 수량구조로 된 관형어를 가질 수도 있다. 이를 근거로 '不是'는 명사성의 구단어로 분류할 수 있다. 예는 다음과 같다.

(1) 镇平妈忙向叔叔一再赔不是。
    전핑의 어머니는 아저씨에게 황급히 거듭 잘못을 빌었다.

(2) 羊子给她送去, 最好再给她赔个不是。

양 새끼를 그녀에게 보내고, 또 그녀에게 사과도 하는 것이 좋겠다.

여기서 '不是'는 모두 '赔(사과하다)'의 목적어가 되며, 뒤의 '不是'는 관형어 '个'를 가지고 있다.

'不是'가 만약 '是' 뒤의 목적어 자리에 쓰이면, 주로 소유성 관형어를 가진다. 예를 들어보자.

  (3) 婵娟, 我看还是你的<u>不是</u>。
      찬쥐안, 내가 보기엔 아무래도 네 잘못이야.

'不韪'도 목적어로 쓰일 수 있으며, 관형어를 가진다. '冒天下之大不韪'에서 '不韪'는 목적어의 중심어이며, 관형어 '天下'와 '大'를 가진다. '不韪'는 수량구조의 수식을 받을 수는 없지만, 술어의 자리에 출현할 수도 없으므로 동사나 형용사에 속할 수는 없다. 따라서 '不韪'는 명사로 분류할 수 있다.

2. '禁得住', '禁不住', '保不住'

'禁得住'는 감당해 낼 수 있다는 의미를 나타내며, 목적어를 가질 수 있는 동사성 구단어이다. 예를 들어보자.

  (1) 怎么<u>禁得住</u>那么大的风? 그렇게 큰 바람을 어떻게 이겨낼 수 있어?
  (2) 这种东西<u>禁得住</u>太阳晒吗? 이런 것이 햇빛을 견딜 수 있어?

'禁不住'는 품사가 여러 가지이다. 감당해낼 수 없다는 의미를 나타낼 때는 목적어를 가질 수 있는 동사성 구단어가 되고, 금할 수 없다와

자기 뜻대로 되지 않다는 의미를 나타낼 때는 순수 부사성 구단어가 된다. 예를 들어보자.

(3) 根本<u>禁不住</u>那么大的风! 그렇게 큰 바람은 도저히 막을 수 없다!
(4) 我<u>禁不住</u>笑了起来。나는 참지 못하고 웃기 시작했다.

예문(3)의 '禁不住'는 동사이고, 예문(4)의 '禁不住'는 부사이다.

'保不住' 역시 '禁不住'와 마찬가지로 동사와 부사가 있다. 유지할 수 없다는 의미를 나타낼 때는 목적어를 가질 수 있는 동사성 구단어인데, 예를 들면, '小伙子, 不加油干, 就保不住年度奖金了!(젊은이, 힘내서 일하지 않으면 연간 상여금은 유지할 수 없다네!)'와 같다. '保不住'는 또 가능하기는 하나 반드시 그렇지는 않다는 의미를 나타내기도 하는데, 이때는 순수 부사성을 지니는 부사성 구단어이다. 예를 들면, '这个天儿很难说, <u>保不住</u>会下雨。(이런 날씨는 말하기가 어려운데, 아마 비가 올 것 같다)'와 같다.

3. '据说'

'据说'는 동사이다. 그런데 그 앞에는 부사가 올 수 없고, 뒤에는 동태조사가 올 수 없다. 또 '据说这件事早就传开了(듣자하니 이 일은 벌써 널리 퍼졌다고 한다.)', '这件事据说早就传开了(이 일은 듣자니 벌써 널리 퍼졌다고 한다)'와 같이 문장 안에서는 항상 독립성분이 되어 주어의 앞뒤에 오므로 이의 동사성을 직접 판정하기는 어렵다. 이를 동사로 판정하려면 '听说'와의 비교에 절대적으로 의존할 수밖에 없다. '据说'는 '据别人说(다른 사람의 말에 따르면)'이고, '听说'는 '听别人

说(다른 사람의 말을 들으면)'이므로 많은 경우에 '据说'와 '听说'는 호환이 가능하다. 예는 다음과 같다.

(1) 叭儿狗一名哈巴狗, 南方却称为西洋狗了, 但是, 听说倒是中国的特产, ……
    叭儿狗(발바리견)는 일명 哈巴狗(하바견)라고도 하는데, 남쪽 지방에서는 이를 서양개라고 한다. 하지만 듣자하니 오히려 중국의 특산품이라고 한다……

(2) 然而终于将那谋主释放了, 据说是因为已经成了民国, 大家不应该再修旧怨罢。
    그런데 마침내 그 주모자를 석방하였는데, 듣자하니 이미 민국이 되어 모두들 더 이상 묵은 원한을 갚으려 해서는 안 된다고 하였기 때문이라 한다.

예문(1)은 '据说'를 써도 되고, 예문(2)는 '听说'를 써도 된다. 이는 '听说'와 '据说'가 유사하다는 것을 보여준다. '听说'는 분명히 동사이므로(목적어와 동태조사를 가진다. '我也听说过这件事(나도 이 일을 들은 적이 있다)'), 이와 유사한 '据说'도 동사로 분류하여야 한다.

4. '了不起', '差不多'

'了不'는 형용사로 분류해야 하는데, 이는 판단하기가 쉽다. 왜냐하면 '很了不起(아주 대단하다)', '非常了不起(정말 대단하다)'처럼 부사의 수식은 받을 수 있지만, 목적어는 가질 수 없기 때문이다.

'差不多'도 형용사로 분류해야 하지만, 정도부사의 수식을 받을 수 없기 때문에 직접 판정하기는 어렵고 배타와 유추의 방법으로 이의 품사를 결정할 수밖에 없다.

(1) 两只箱子的重量<u>差不多</u>。

　　이 두 개 상자의 무게는 차이가 거의 나지 않는다.

(2) 两只箱子<u>差不多</u>重。

　　이 두 개 상자는 비슷하게 무겁다.

(3) 这只箱子<u>差不多</u>有十公斤重。

　　이 상자는 대략 10킬로그램의 무게이다.

　'差不多'가 예문(1)에서는 술어이고, 예문(2)와 (3)에서는 각각 형용사와 동사 앞에 쓰여 부사어가 된다. 이는 어떤 위치에 출현하든 모두 '相差很少(서로 차이가 매우 적다)', '相近(서로 가깝다)'의 의미를 가진다.

　'差不多'는 술어로도 사용되기 때문에 부사로 볼 수는 없다. 또한 목적어를 가질 수도 없으며, 동사라는 근거도 찾을 수가 없으므로 동사로 분류할 수도 없다. 다른 한편으로, '差不多'는 '接近(가깝다)', '相近' 또는 '几乎相同(거의 같다)'으로 대체할 수 있는데, '相近'과 '相同'은 형용사이고, '接近'도 '比分相当接近(점수가 상당히 근접해 있다)'처럼 형용사로 쓰일 수 있기 때문에 '差不多'는 형용사로 분류하는 것이 적합하다.

　'差不多'는 또 '一般(일반적이다)', '普通(보통이다)'의 의미를 나타내기도 하는데, '的'를 붙여 관형어가 되기도 한다. 이러한 '差不多'를 형용사로 분류하는 것은 더욱 논쟁의 여지가 없을 것이다. 예를 들어보자.

(4) <u>差不多</u>的人他是看不上眼的! 보통 사람은 그의 눈에 차지 않아!

(5) <u>差不多</u>的价钱就可以了! 보통 가격이면 돼!

5. '差点儿'

'差点儿'은 형용사로 분류할 때가 있는데, 이때는 품질이 약간 떨어진다는 의미를 나타내고, 문장에서 술어 또는 관형어가 되며, 형용사성을 가진 '稍差(약간 못 미치다)', '较差(비교적 못 미치다)'로 대체할 수 있다. 예는 다음과 같다.

(1) 价钱还合理，就是货色差点儿。
가격은 그래도 합리적이지만, 품질이 좀 못 미친다.

(2) 差点儿的货色他们不肯要！
좀 떨어지는 제품은 그들이 원하지 않을 거야!

'差点儿'은 또 부사로 분류해야 하는 경우도 있다. 이때는 어떤 일이 현실에 근접하거나 겨우 실현되었음을 나타내고 순수한 부사성을 띠므로, 보통 부사 '几乎'로 대체할 수 있다. 예는 다음과 같다.

(3) 我说这句话的时候，鼻子一酸，差点儿流出了眼泪。
나는 이 말을 할 때, 코가 찡해져서 하마터면 눈물이 날 뻔했다.

(4) 当时我差点儿被录取。
당시에 나는 가까스로 합격했다.

예문(3)에서 '差点儿'은 일이 실현에 가까워졌음을 나타내고, 예문(4)에서는 일이 겨우 실현되었음을 나타내는데, 이 둘은 모두 '几乎'로 대체할 수 있다.

'差点儿'은 또 '差一点(儿)'로도 사용되는데, 다음은 그 예이다.

(5) "哼! 还不认账哩!" 快话撒撒嘴, "差一点没闹翻天!"

"흥! 아직도 잘못을 인정하지 않는군!" 빠른 말로 입을 삐죽였다. "하마 터면 야단법석 떨 뻔 했잖아!"

여기서 '几乎'와 유사한 '差一点'은 부사이다. '差点儿'이 '동사＋양 사'('差一点'은 '동사＋수량구조'임)인 경우도 있는데, 이때는 구단어가 아니며, 동사 '差'는 동사 '欠缺(부족하다)'로 대체할 수 있다. 예를 들 어보자.

(6) 纸张够了, 就是颜料还差点儿。
   종이는 충분한데 다만 물감이 그래도 좀 부족하다.

6. '从此', '借故' 등

'从此'는 원래 전치사구이고, '借故'는 원래 동목구조이지만, 문장 안 에서 상당히 긴밀하게 결합하여 하나의 사용 단위가 되었기 때문에 이 들도 역시 구단어로 볼 수 있다.

구단어로서 이들은 부사어가 되는 것이 주요 기능이기 때문에 부사 로 분류해야 한다. 예는 다음과 같다.

(1) 我从此没去了。나는 그때부터 가지 않았다.
(2) 我借故没去了。나는 핑계를 대고 가지 않았다.
(3) 我从此借故没去了。나는 그때부터 핑계를 대고 가지 않았다.

예문(1)에서 '从此'는 시간을 나타내고, 예문(2)에서 '借故'는 방식·방법을 나타내며, 예문(3)에서는 '从此'와 '借故'를 함께 사용하여 시간과 방식·방법을 모두 나타내고 있다.

전치사구나 동목구조가 고착화되어 이루어진 부사성 구단어는 대체로 많다. 예를 들면 다음과 같다.

'从头(처음부터)', '按理(이치대로)', '趁便(~하는 김에)', '趁势(유리한 형세를 이용하여)', '趁早(일찌감치)', '乘机(기회에 편승하여)', '乘兴(내친김에)', '乘虚(허점을 노려)', '就地(그 자리에서)', '就近(근방에)', '顺便(~하는 김에)', '顺手(~하는 김에)', '沿路(길을 따라)', '到处(도처에)', '依次(차례대로)', '随后(뒤이어)', '随口(입에서 나오는 대로)', '借口(핑계 삼아)', '抽空(틈을 내어)', '连年(해마다)', '连日(며칠 낮을 이어서)', '连夜(며칠 밤을 이어서)', '劈头(바로 정면으로)', '倾巢(병력을 총동원하여)', '迎面(얼굴을 마주하고서)', '逐年(해마다)', '逐月(달마다)', '逐日(날마다)', '改日(날을 바꾸어)', '改天(날을 바꾸어)', '尽情(맘껏)', '尽兴(흥을 다하여)'

물론 전치사구나 동목구가 굳어진 구단어가 모두 부사인 것은 아니며, 부사인지 여부는 역시 문법적 특성을 근거로 판단해야 한다. 예를 들면, '尽心(마음을 다하다)'과 '竭力(진력하다)'는 구조가 같고 의미도 유사하지만, '尽心'은 '很尽心'이라고 말할 수 있고 술어도 될 수 있는 반면, '竭力'는 '很竭力'라고 말할 수도 없고 부사로만 사용된다. 다음 예를 보면 이를 알 수 있다.

(4) 她尽心地为我们办事。 그녀는 성의를 다해 우리를 위해 일을 처리했다.
(5) 她对我们确实很尽心。 그녀는 우리에게 확실히 마음을 다한다.
(6) 他竭力地为我们辩护。 그는 힘을 다해 우리를 위해 변호한다.
(7) *他对我们确实很竭力。

이를 통해 '竭力'는 부사이고, '尽心'은 형용사임을 알 수 있다.

7. '十分之一'

'十分之一', 즉 '열 가운데 하나'는 본래 '수량구조'가 '수(량)'을 꾸며 주는 수식구조이다. 이는 결합이 긴밀하여 구단어로 볼 수 있으며, 수사로 분류한다. 뒤에는 양사가 올 수도 있으며, '十分之一秒$\left(\frac{1}{10}초\right)$', '二分之一$\left(\frac{1}{2}\right)$', '五分之三$\left(\frac{3}{5}\right)$', '百分之五十$\left(\frac{50}{100}\right)$' 등과 같이 수량구조를 구성한다.

제2절 허사성 구단어

허사의 성격을 지닌 구단어를 판별하는 방법과 요점은 허사를 판별하는 방법과 같다.

1. '总之'

'总之'는 어구와 절, 문단 사이에 사용되어 뒷부분이 앞부분을 총괄하는 내용이라는 것을 나타내므로 접속사로 분류해야 한다. 예는 다음과 같다.

(1) 人的社会实践, 不限于生产活动的一种形式, 还有多种其他的形式, 阶级斗争, 政治生活, 科学和艺术的活动, <u>总之</u>社会实际生活的一切领域都是社会的人所参加的。

인간의 사회생활은 생산 활동의 한 형태에만 국한되지 않고 다양한 형식, 계급투쟁, 정치활동, 과학과 예술의 활동도 있는데, 이를 요약해 보면 사회 실생활의 모든 분야가 사회적 인간이 참여하는 영역이다.

(2) 但在前几天，我忽然在无意之中看到一本日本文的书，可惜忘了书名和著者，<u>总之</u>是关于中国戏的。

하지만 며칠 전, 나는 무의식중에 문득 일본어로 된 책 한 권을 보았는데, 아쉽게도 책의 제목과 저자는 잊어버렸지만, 요컨대 중국의 극에 관한 것이었다.

예문(1)에서 '总之'는 어구의 사이에 쓰여 총괄을 나타내고, 예문(2)에서는 절 사이에서 결론을 도출한다.

그렇다면 '总之'는 부사성 성분일까? 명사구 사이에서 분합을 나타내는 예문(1)의 용법을 보면, 부사는 이러한 특징이 없으므로 '总之'는 부사가 아니다.

'总之'는 '总而言之(총괄적으로 말하면)'로 표현되기도 하는데, 현대 중국어에서 이는 접속사성 구단어로 볼 수 있다. 하지만 상대적으로 보면, '总之'는 합성어에 가까운 구단어이고, '总而言之'는 구에 더 가까운 구단어이다.

2. '反之'

'反之'는 대조 관계를 나타내는 접속사성 구단어로, 절과 문단 사이에 쓰여 내용상 앞부분과 상대되거나 서로 반대되는 뒷부분을 도출한다. 예는 다음과 같다.

(1) 由于事物范围的极其广大, 发展的无限性, 所以, 在一定场合为普遍性的东西, 而在另一一定场合则变为特殊性。反之, 在一定场合为特殊性的东西, 而在另一一定场合则变为普遍性。

사물의 범위가 지극히 광범위하고 발전의 무한성 때문에, 어느 한 곳에서 보편적인 것이 다른 곳에서는 특수한 것으로 변하기도 한다. 반대로, 어느 한 곳에서 특수한 것이 다른 곳에서는 보편적인 것이 되기도 한다.

(2) 常常, 梅书记给她讲的道理她懂得了, 后来经林副书记一说, 她又糊涂了。反之, 在林副书记那儿听来的有板有眼的理论, 经梅书记三言两语, 却又把她送上了五里云端。

언제나 메이 서기가 말한 이치를 그녀는 이해했지만, 나중에 린 부서기의 말을 거치면 오히려 무슨 말인지 도로 이해할 수 없어졌다. 반대로, 린 부서기에게서 듣고 온 조리 정연한 이론이, 메이 서기의 두 세 마디를 거치면 오히려 그녀를 오리무중으로 빠지게 하였다.

'反之'와 '相反(상반되다)'은 의미가 가깝지만 품사는 다르다. '相反'은 관형어가 될 수 있지만, '反之'는 불가능하다. 또 '相反'은 절이나 문단 사이에 사용되기도 하지만, 뒤에 '地'를 붙이거나 앞에 '恰恰(꼭)', '正好(마침)' 또는 기타 수식성분을 붙일 수 있기 때문에 이를 접속사로 분류할 수는 없다. 예를 들어보자.

(3) 所谓形而上学的或庸俗进化论的宇宙观, 就是用孤立的、静止的和片面的观点去看世界。……和形而上学的宇宙观相反, 唯物辩证法的宇宙观主张从事物的内部、从一事物对他事物的关系去研究事物的发展, ……

형이상학적 혹은 통속 진화론적 우주관은 고립되고 정지된, 그리고 단편적인 관점으로 세상을 보는 것이다. ……형이상학적 우주관과는 반대로 유물변증법적 우주관은 사물의 내부를 통해, 한 사물의 다른 사물에 대한 관계를 통해 사물의 발전을 연구할 것을 주장하는데, … …)

여기에서 '相反'은 전치사구로 된 부사어 '和形而上学的宇宙观(형이상학적 우주관과)'을 수반한다. '相反'이 단독으로 쓰이면 접속사이고, 부사어를 수반하면 형용사라고 하는 것은 설득력이 없다. '相反'이 단독으로 쓰일 때 실질적인 의미가 없다는 점은 부정할 수가 없는데, 이를 인정하더라도 기껏해야 형용사성 구단어의 약화된 용법으로밖에는 볼 수가 없다.

'反之则不然(반대로 말하면 그렇지 않다)'은 가설 관계를 포함하는 긴축문으로, 동사 '反'과 대사 '之', 연결부사(关联副词) '则', 부사 '不', 대사 '然'으로 구성되어 있다. 여기서 '反之'를 구단어로 보는 것은 적절하지 않다. 문맥간의 관계를 통해 보건대, '反之则不然'는 상하 문장을 연결하는 역할을 하는 '연결문(关联句)'으로 뚜렷한 연결성을 가지지만, '反之则不然'에 포함된 '反之'만을 단독으로 떼어내어 접속사성 구단어로 볼 수는 없다.

3. '此外'

'此外'도 절과 문단을 연결하여 앞에서 말한 상황 이외의 기타 상황을 끌어내는 접속사성 구단어이다. 예를 들어보자.

(1) 自从有阶级社会存在以来，世界上的知识只有两门，一门叫做生产斗争知识，一门叫做阶级斗争知识。自然科学、社会科学，就是这两门知识的结晶，哲学则是关于自然知识和社会知识的概括和总结，此外还有什么知识呢？没有了。

계급사회가 존재한 이래 세계의 지식은 오직 두 가지뿐인데, 하나는 생산투쟁 지식, 하나는 계급투쟁 지식이라고 한다. 자연과학과 사회과학은 바로 이 두 지식의 결정체이고, 철학은 자연지식과 사회지식에 관한 개괄과 총화인데, 그 밖에 또 어떤 지식이 있나요? 없습니다.

(2) 此外, 锻炼身体也很重要。有了强壮的身体, 才能把工作做得更好, 才能学习得更好。

그 밖에, 신체 단련도 매우 중요하다. 강건한 몸이 있어야 일도 더 잘할 수 있고, 공부도 더 잘 할 수 있다.

'此外'는 간혹 '除此之外'라고 말하기도 한다. '除此之外'도 구단어로 보고 접속사로 분류할 수 있지만, 이는 구에 더 가깝고, '此外'는 합성어에 더 가깝다.

'另外'도 '此外'와 의미가 비슷하지만, '另外'는 지시대사로 '将另外三张空毛边纸收起(다른 세 장의 빈 화선지를 치운다)'에서와 같이 관형어가 될 수 있지만, 접속사성의 '此外'에는 이러한 용법이 없다.

4. '再说'

'再说'는 절이나 문단 사이에 쓰여 한 단계 더 나아감을 나타내고, '而且'와 '况且'와 유사하므로 이 역시 접속사로 분류해야 한다. 예를 들어보자.

(1) 算了吧, 主任不是让你十号才正式提天气预报吗, 再说县站也没说有冰雹。

됐어. 주임이 너에게 10일이 되어서야 정식으로 일기예보를 하라고 하지 않았어? 게다가 현의 기상관측소에서도 우박이 내린다는 말은 없었어.

(2) 照你说, 咱们都应该替自己留条路, 大家高高兴兴, 都没意见。那样办得到吗? <u>再说</u>, 这是一条什么样的路呵!

네 말대로라면, 우리 모두 자신을 위해 길 하나를 남겨놓아야 모두가 기뻐하면서 의견이 없지. 그렇게 할 수 있어? 그리고 그것이 어떤 길이냐고!

'别忙, 等一等再说(서두르지 마라. 좀 있다가 다시 얘기하자)'에서 '说'는 동사이고 '再'는 부사이며, '再说'는 구단어가 아니라 '부사어 + 중심어' 구조로 된 구이다.

5. '无奈'

'无奈'는 접속사로 쓰여 절 사이에서 전환을 나타내기도 하는데, 이 때는 '可是(그러나)'나 '但是(그러나)'로 대체할 수 있으며 '不如意(뜻대로 되지 않는다)'의 의미를 가진다. 예를 들어보자.

(1) 昨天本想去游泳, <u>无奈</u>天不作美, 下起大雨, 只好作罢。

어제는 원래 수영하러 가려고 했으나, 유감스럽게도 날씨가 좋지 않고 비가 많이 와서 그만둘 수밖에 없었다.

(2) 本想马上告诉他, 叫他早点高兴高兴, <u>无奈</u>他正和别人研究事情, 只好待会儿再说。

원래는 그에게 곧바로 알려 좀 일찍 그를 기쁘게 해 줄 생각이었는데, 공교롭게도 그가 다른 사람과 업무를 협의 중이어서 좀 있다가 이야기하는 수밖에 없겠다.

또 '无奈'는 형용사로 쓰여 '没有办法(방법이 없다)'의 의미를 나타내기도 하는데, 이때 '出于无奈(어쩔 수 없는 사정으로)', '他也无奈(그도 어쩔 수 없이)'와 같은 문맥 속에서는 흔히 단독으로 부사어가 되기도 한다. 예를 들어보자.

(3) 这时刘长春已欠了一身饥荒, 取借无门, 无奈只好三文不值两文地卖掉仅有的财产——两间半房子, 才卖了四百元钱。

이때 리우창춘은 이미 온 몸이 생활고에 찌들려 있었고, 돈을 빌려 쓸 곳이 없게 되자 어쩔 수 없이 겨우 가지고 있던 자산을 헐값에 팔아치웠다. …두 칸 반짜리 집을 겨우 사백 위안의 돈에 팔았다.

이러한 '无奈'는 '可是'나 '但是' 등으로 대체할 수 없기 때문에 접속사가 아니다. 그런데 '无奈'는 부사도 아니다. 왜냐하면 술어 안에서 중심어가 될 수도 있고('他实在无奈, 只好卖掉房子(그는 정말 어쩔 수 없어서, 하는 수 없이 집을 팔았다)'), '出于(…에서 나오다)' 뒤에 출현할 수도 있는데('他出于无奈, 只好卖掉房子(그는 어쩔 수 없는 사정으로 하는 수없이 집을 팔았다)'), 부사는 이러한 성질을 가지고 있지 않기 때문이다. 그리고 '无奈'는 다른 품사의 성질도 가지고 있지 않으므로, 형용사로 분류할 수밖에 없음을 알 수 있다.

6. '别说'

'别说(말할 필요도 없이)'도 접속사이며, 점층관계를 나타내는 복문에 쓰여 한 단계 낮은 상황은 대수롭지 않으며 단계가 더 높은 상황도 있음을 나타낸다. 간혹 앞 절에 나타나기도 하는데, 이때는 대체로 '不仅(…뿐만 아니라)'에 상당하며, 전체 복문은 낮은 단계에서 높은 단계로 들어가는 관계이다. '别说'는 또 복문의 뒷 절에 나타나기도 하는데, 이때는 대체로 '何况(하물며)'에 상당하며, 전체 복문은 높은 단계에서 낮은 단계로 나가는 관계이다. 예를 통해 살펴보자.

  (1) 别说是水, 连片雪也找不到了。
    물은 말할 것도 없고, 눈 한 점도 찾을 수 없다.

  (2) 连片雪也找不到, 别说是水!
    눈 한 점도 찾을 수 없는데, 물은 말할 것도 없지!

  예문(1)은 '不仅……而且……(…뿐만 아니라 또한 …이다)'의 점층문이고, 예문(2)는 '尚且……何况……(…조차 …한데 하물며…)'의 점층문이다. 또 예를 들어보자.

  (3) 别说是嫁妆, 连一双像样的鞋都没有穿出来。
    혼수는 말할 것도 못되고, 그럴듯한 신발 한 켤레차도 신지 못했다.

  (4) 连一双像样的鞋都没有穿出来, 别说是嫁妆!
    그럴듯한 신발 한 켤레조차도 신지 못했는데, 혼수는 말할 필요도 없다!

  예문(3)의 '别说是嫁妆(혼수는 말할 것도 못되고)'는 '不仅是嫁妆(혼수뿐만 아니라)'이라고 말하는 것과 같고, 예문(4)의 '别说是嫁妆'은 '何况是嫁妆(하물며 혼수는 오죽할까)'이라고 말하는 것과 같다.
  '别说'는 또 '부사＋동사'로 '不要说(말하지 마라)'를 나타내는 경우도 있는데, 이때는 구단어가 아닌 일반적인 구이다. 예를 들어보자.

  (5) 爹, 你别说了, 还是怨我工作没做好。
    아버지, 말씀 마세요, 역시 제가 일을 제대로 하지 못한 것을 원망해야지요.

7. '之类', '之流', '者流'

'之类'는 '这一类(이 부류)'의 의미이지만, 현대중국어에서는 이 역시 구단어로 볼 수 있다. '之类'는 명사나 병렬구조 뒤에 붙어서 사물의 수량이 하나에 그치지 않음을 나타내는데, '等(등)'이나 '等等(등등)'에 가까우므로 조사로 분류해야 한다. 예를 들어 보자.

(1) 此后似乎事情还很多, 如"白状元祭塔"<u>之类</u>, 但我现在都忘记了。
이후로 '백장원제탑' 등등의 일이 아주 많을 것 같은데, 나는 지금 모두 잊어버렸다.

(2) 成绩好的有奖励, 譬如奖一辆纺车, 奖毛巾、肥皂、笔记本<u>之类</u>。
성적이 좋은 사람에게는 표창이 있는데, 예를 들면 물레 한 대나 수건, 비누, 공책 등등을 상으로 주는 것이다.

'之流'와 '者流'의 기능도 '之类'와 비슷하며 역시 조사성 구단어이다.

(3) 无名氏文学如《子夜歌》<u>之流</u>, 会给旧文学一种新力量, 我先前已经说过了；现在也有人介绍许多民歌和故事。
「자야가」와 같은 무명씨의 문학은 구문학에 새로운 힘을 줄 것이라고 내가 이전에 이미 말한 적이 있다. 지금도 많은 민가와 이야기를 소개하는 사람들이 있다.

(4) 农民运动发展的结果, 农民的文化程度迅速地提高了。不久的时间内, 全省当有几万所学校在乡村中涌现出来, 不若知识阶级和所谓"教育家"<u>者流</u>, 空唤"普及教育", 唤来唤去还是一句废话。
농민운동이 발전한 결과, 농민의 학력 수준이 급속히 향상되었다. 얼마

안 가 전체 성에서 몇 만 개의 학교가 시골 농촌지역에서 쏟아져 나올 터인데, 이는 지식인 계층과 소위 '교육가'라는 사람들이 '교육 보급'을 공허하게 외치지만, 아무리 외쳐도 결국은 탁상공론일 뿐이다.

8. '好了'

'好了'는 어기조사로 쓰일 때 문장 끝에 쓰여 진술이나 명령(청유)의 어기를 나타내고, 승낙·권유·양보 등의 의미를 가진다. 이는 대체로 초기 백화문의 '便了(…면 된다)'와 유사하고, '就是了(…면 된다)'로 대체할 수 있다. 생략하여도 문장의 기본 구조의 완전성에는 영향을 미치지 않는다. 예를 들어보자.

(1) 你如果不愿进宫, 等她认真提到的时候, 我替你婉谢好了。
    네가 만약 궁에 들어가기를 원하지 않는다면, 그녀가 진지하게 얘기를 꺼낼 때 내가 너를 대신하여 완곡하게 거절하면 된다.

(2) 你悄悄地叫婵娟把衣服给你, 不要声张好了。
    찬쥐안에게 조용히 옷을 달라고 해라. 소문 내지 말고.

(3) 一首一尾你要加些什么话, 也由你斟酌好了。
    머리 부분과 끝부분에 어떤 말을 넣을지도 당신이 생각해보면 됩니다.

(4) 吉先生 : …· 怎样写法?
    지 선생 : …· 어떻게 쓰지요?
    吉太太 : 随便写几句好了。
    지부인 : 아무거나 몇 마디 쓰면 됩니다.

만약 '好了' 앞에 '就'가 오면 '好了'는 어기조사의 성질을 가지지 않는다. 비교해 보자.

(5) 子兰, 你去好了。 쯔란아, 네가 가면 돼.

(6) 你去就好了! 네가 가면 좋겠다.

예문(5)는 '你去就是了'와 같으며, '好了'는 어기조사이다. 예문(6)은 긴축문으로, 동사 '去'와 형용사 '好'는 모두 술어의 중심어이고, '了'가 어기조사이다.

'好了'가 단독으로 쓰이는 경우에도 어기조사가 아니다. 예를 들어보자.

(7) 好了, 好了, 你们两位不必互相标榜了。
    자, 자, 당신들 두 분 서로 치켜세울 필요는 없잖아요.

여기서 '好了'는 '형용사 + 어기조사'이다. '好'와 '了'의 결합이 강하므로 단독으로 쓰인 '算了(됐다)'나 '行了(됐다)' 등과 마찬가지로 감탄사의 의미를 약하게 가지고 있음은 인정해야 하지만, 분명히 어기조사는 아니다.

9. '得了'

'得了'가 어기조사로 쓰일 때 진술이나 명령의 어기를 나타내며, '便了'나 '好了', '就是了'와 기본적으로 같지만 불만의 의미를 약간 나타낸다. 예를 통해 살펴보자.

(1) 你放心, 我明天一定去, 绝不让生产受影响得了。

안심해. 내가 내일 꼭 가서 절대 생산에 영향을 미치지 않도록 할 테니깐.

(2) 你走<u>得了</u>, 家里的事不用你操心。

너는 가면 된다. 집안일은 네가 걱정할 필요가 없어.

'得了' 앞에 '就'가 오면 어기조사성 구조가 아니다. 예를 들어보자.

(3) 我也不预备睡觉, 随便坐坐就<u>得了</u>。

나도 자려고 하는 게 아니니, 편하게 들르면 된다.

'随便坐坐就得了(편하게 들르면 된다)'는 긴축문으로, '坐坐(앉다. 들르다)'와 '得了'는 모두 동사이며 술어의 중심어가 된다.

'得了'가 단독으로 쓰이는 경우에도 역시 어기조사성 구조는 아니다. 예를 들어보자.

(4) 得了, 得了, 别闹了! (됐어, 됐어, 소란피우지 마!)

여기서 '得了'도 동사로, 단독으로 쓰인 '算了', '行了' 등과 마찬가지로 감탄사의 의미를 약간 띤다고 할 수 있을 뿐이다.

10. '不成'

'不成'은 어기조사로 사용되기도 하는데, 이때는 의문문의 문미에 쓰여 짐작이나 반문의 어기를 타나내며, 주로 앞의 '难道(설마…하겠는가?)', '莫非(설마…란 말인가?)' 등과 호응한다. 예를 들어보자.

(1) 你老人家这么大年纪了，难道要人成天表扬你<u>不成</u>?

어르신께서는 연세도 이렇게 많으신데, 설마 하루 종일 칭찬해달라고 하시는 건지요?

(2) 莫非支部书记的这种性格，对于别的人们也有什么传染<u>不成</u>?

설마 지부 서기의 이런 성격이 다른 사람들에게도 무슨 전염이 되는 것은 아닐까?

‘不行’으로 대체될 수 있을 때는 ‘不成’이 어기조사성 구조가 아니다. 예를 들어보자.

(3) 在那里，爬上三十里的大山，爬上二十里的沙滩，还可以找到清水泉、污水井；现在可<u>不成</u>了，走了好几天，依然望不见水的踪影。

거기에서 30리의 큰 산을 오르고 20리의 모래사장을 올라가면, 맑은 샘, 오수 우물도 찾을 수 있었다. 그런데 지금은 그럴 수 없게 되어, 며칠을 걸어도 물의 자취를 볼 수가 없다.

여기서 ‘不成’은 ‘不行’으로 바꿀 수 있고, 문장의 끝에 쓰지 않아도 되므로, 어기조사가 아닌 동사로 분류해야 한다.

11. ‘的话’, ‘的缘故’

‘的话’는 어기조사로 분류해야 한다. 이 단어는 복문에서 가정절 끝에 쓰여 가정의 어기를 나타내며, 흔히 앞의 ‘如果(만약)’, ‘要是(만약)’, ‘假如(만약)’, ‘万一(만일)’ 등과 호응한다. 예를 들어보자.

(1) 要是你猛抬眼看见了前面远远有一排——不，或者只是三五株，

一株, 傲然地耸立, 像哨兵似的树木<u>的话</u>, 那你的恹恹欲睡的情绪
又将如何?

만약 네가 눈을 번쩍 들어 앞에 멀리 한 줄 ― 아니, 혹은 서너 너덧 그루,
한 그루만이라도 꿋꿋하게 우뚝 서 있는 초병 같은 나무를 보았다면, 지
쳐서 자고 싶은 너의 기분은 또 어떻겠니?

가정절은 결과절의 뒤로 도치되기도 하는데, 이때 '的话'는 도치된
가정절의 끝에 출현할 수 있다. 예를 들어 보자.

> (2) 语文, 是几门很难教的功课之一, 如果不说它是最难教的一门功
> 课<u>的话</u>。
> 국어는 가르치기 어려운 몇 과목 중 하나이다. 만약 그것이 가장 어려운
> 과목이라고 말하지 않는다면.

'的话'와 구조가 비슷하면서 절의 끝에 쓰이는 것으로 '的缘故(…의
이유로)'가 있다. 이는 원인을 나타내는 절의 끝에 오며, 주로 앞의 '因
为(…때문에)', '由于(…로 인하여)' 등과 호응하여 원인을 설명하는 어
기를 나타내기 때문에 어기조사로 분류할 수 있다. 예를 들면, '因为山
洪暴发<u>的缘故</u>, 汽车好几天没进山来了。(산에 홍수가 난 탓으로 자동
차들이 며칠 동안 산으로 들어오지 못했다.)'와 같다.

12. '也罢'

'也罢'는 어기조사로 분류되기도 하는데, 여기에는 두 종류의 용법이
있다.

첫째는 '也罢'가 문장의 끝에 쓰이는 경우인데, 이때 기능은 '便了'나

'好了', '得了', '就是了'와 비슷하며 하는 수없이 용인한다거나 그럴 수
밖에 없다는 의미를 나타낸다. 예를 들어보자.

(1) 他既然那么忙, 我暂时不找他<u>也罢</u>。
   그가 그렇게 바쁘니 나는 당분간 그를 찾지 않아도 좋아.

(2) 他很久没来了, 其实呢, 不来<u>也罢</u>。
   그가 오랫동안 오지 않았는데, 사실은 오지 않아도 된다.

둘째는 '也罢'가 각각 두 개 이상의 절이나 문장성분의 뒤에 쓰여 '무
조건', 즉 어떤 상황에서도 결과의 출현이나 결론의 성립에 영향을 미치
지 않음을 강조하는 어기를 나타낸다. 주로 앞의 '无论(…에 관계없이)',
'不管(…에 관계없이)'과 호응한다. 예를 살펴보자.

(3) 历史上不论中国的战争<u>也罢</u>, 印度的战争<u>也罢</u>, 都是孤立的。
   역사상 중국의 전쟁이든 인도의 전쟁이든 모두 고립된 것이다.

(4) 其实, 看天<u>也罢</u>, 点香<u>也罢</u>, 真正当钟用的还是你爷爷。
   사실 하늘을 보든 향을 피우든, 시계 역할을 하는 것은 역시 너의 할아버
   지시다.

(5) 干<u>也罢</u>, 不干<u>也罢</u>, 眼下到了年根儿啦, 社员们谁家不做点年菜磨
   点豆腐?
   하든 안하든 곧 연말이 다가오는데, 사원 여러분 설음식을 좀 장만하지
   않고 두부를 좀 만들지 않는 집이 있나요?

'也罢'가 단독으로 쓰일 때는 어기조사성 구조가 아니다. 예를 들어보자.

(6) <u>也罢</u>! 好歹先找队长谈谈。

됐어! 아무튼 먼저 대장을 찾아가서 얘기 좀 해야겠어.

여기서 '也罢'는 단독으로 쓰인 '也行', '算了', '得了'와 같으며, 동사성 구조이다. 물론 이들은 모두 감탄사의 의미를 약하게 띠고 있다.

13. '也好'

'也好'가 어기조사로 쓰일 때는 '也罢'와 유사하다. 예를 보자.

(1) 既然有了孩子，让她先回姑姑家<u>也好</u>。
아이가 생긴 이상, 그녀에게 먼저 고모 집으로 돌아가게 하는 것도 좋다.

(2) 在车站躲一下<u>也好</u>，要是在柳村下车，那不是正走在路上吗？
정류장에서 좀 피해있어야지, 만약 리우마을에서 하차했으면 지금 걸어가는 중이겠지요?

위 두 예문에서 '也好'는 첫 번째 용법의 '也罢'와 같으며, '好了'로 대체할 수 있다.

(3) 答应<u>也好</u>，不答应<u>也好</u>，你要早点拿定主意啊！
승낙하든 안 하든 좀 일찍 결정을 해!

(4) 铁厂<u>也好</u>，钢厂<u>也好</u>，或者是别的什么工厂<u>也好</u>，反正那里有千千万万只精巧坚强的手，正配合着全国人民一致的节奏，用钢铁铸造着祖国的江山。
제철소든 제강소든 또는 다른 어떤 공장이든 다 좋아. 아무튼 그곳에는 수없이 많은 정교하고 강인한 손이 있어 온 국민의 일치된 리듬과 보조를 잘 맞추어서 조국의 강산을 강철로 주조하고 있다.

위 두 예문의 '也好'는 두 번째 용법의 '也罢'와 같다.
'也好'가 단독으로 쓰이는 경우는 어기조사성 구조가 아니다. 예를
보자.

(5) 也好, 在工会主任直接领导下做工作, 学的东西多了, 进步也快。
그것도 괜찮아! 노조 주임의 직접 지도하에서 일을 하면 배우는 것이 많
아지고 진보도 빨라지지.

'好'는 형용사이고, '也'는 부사이다.
문장 끝에 출현하는 '也好'도 '也罢'로 대체할 수 없으면, 이 역시 어
기조사성 구조가 아니다. 예를 보자.

(6) 这小张师傅, 民主作风也好。
이 젊은 장 선생은 민주적인 태도 또한 좋다.

여기서 '好'는 형용사로, 술어의 중심어이고, '也'는 부사로 부사어가
된다.

제8장
문장 내 동사·형용사의 조건 변이

동사와 형용사는 구체적인 문장 속에 들어가게 되면 특정한 구조의 제약으로 인해 품사가 조건부로 어떤 변이를 일으킬 수 있다. 경우에 따라서는 동사와 형용사가 명사와 가까워져 지칭화 현상이 나타나기도 하고, 형용사가 동사와 가까워져 동태화 현상이 나타나기도 한다.

제1절 동사·형용사의 지칭화

'동사·형용사의 지칭화(动词形容词的指称化)'란 동사·형용사가 주어 부분이나 목적어 부분에 쓰여 그 기본 역할이 묘사에서 지칭으로 전환되는 것을 말한다. 이것은 주어·목적어 위치의 제약을 받기 때문에 동사와 형용사가 성질에 있어 명사와 가까워지는 현상이다. 비교하여 보자.

(1) 他在创作。 그는 창작하고 있다.
(2) 他搞创作。 그는 창작을 한다.

'创作(창작하다)'는 동사이다. 앞의 예문에서는 '创作'가 술어가 되어 일종의 행위를 묘사하고, 뒤의 예문에서는 '创作'가 목적어 위치에 쓰여 일종의 직업적인 활동을 지칭한다.

동사와 형용사의 지칭화에 관해서는 다음과 같은 세 가지 점에 주의하여야 한다.

첫째, 동사와 형용사가 주어, 목적어 위치에 출현한다. 혹자는 전치사의 후치 성분을 전치사 목적어라고 칭하는데, 이 역시 동사와 형용사의 지칭화를 촉진시킬 수 있다

(1) 他把创作当成生活中最重要的一件事。
    그는 창작을 삶에서 가장 중요한 일로 여긴다.

둘째, 주어와 목적어가 되는 동사와 형용사도 관형어를 가질 수 있다. 앞에 관형어가 출현하지 않더라도 관형어의 빈자리를 남겨두기도 하고, 관형어가 출현하기도 한다. 예를 들어보자.

(2) 他搞农村题材的创作。
    그는 농촌을 소재로 한 창작을 한다.

위의 예문에서, '创作'는 관형어 '农村题材(的)'를 수반한다. 물론, '관형어(的) + 동사' 또는 '관형어(的) + 형용사'의 구조는 더 이상 일반적인 의미의 동사성 구조 또는 형용사성 구조가 아니다.

셋째, 지칭화된 동사와 형용사는 두 가지 성질, 즉 양면성을 띤다. 하나는 동사, 형용사의 일부 용법이 남아 있는 것으로, 부사의 수식을

받을 수 있다는 점이 이에 해당된다. 이는 동사, 형용사가 완전히 명사로 전환되지는 않았다는 것을 말한다. 예를 들어보자.

(3) 把小说改成剧本, 实际上是搞再创作。
소설을 각본으로 바꾸는 것은 사실상 재창작을 하는 것이다.

위의 예문에서 '搞(하다)' 뒤의 목적어 자리에 출현한 '创作'가 부사 '再'의 수식을 받을 수 있는 것은 동사의 일부 특징이 아직 남아 있다는 것을 보여준다.(이때 '再创作'는 전체가 목적어가 된다.)

다른 하나는, 지칭화 된 동사와 형용사가 '什么(무엇)' 또는 '什么意见(어떤 의견) / 感觉(느낌)／情况(상황)'이라는 질문에 대답할 수 있기 때문에 명사와 가깝다는 것이다. 예를 보자.

(4) 讨论之后, 大家对厂长作出的生产安排, 一致表示同意。
토론을 한 다음, 모두들 공장장이 정한 생산 안배에 대해 만장일치로 동의를 표시했다.

(5) 我慢慢回过头来, 酣睡的人的呼吸那样匀称, 我的心里充满了温暖。
천천히 고개를 돌려보니, 달콤하게 잠든 사람의 호흡이 그렇게 고르므로, 내 마음은 따뜻함으로 가득 찼다.

(6) 疼爱和打骂一点都不矛盾。
아끼는 것과 때리고 욕하는 것은 조금도 모순되지 않는다.

예문(4)에서는 동사 '同意(동의하다)'가 단독으로 목적어가 되고, 예문(5)에서는 형용사 '温暖(따뜻하다)'이 단독으로 목적어가 되며, 예문(6)에서는 동사 '疼爱(아끼다)'와 '打骂(때리고 욕하다)'가 병렬구조를 이루며 주어가 된다. 이들은 모두 지칭화 되어 '什么'와 같은 질문에 대답을 할 수 있다. 다시 예를 들어보자.

(7) 我们应当向抢险英雄们表示庆贺和敬意。
우리는 위험을 무릅쓴 영웅들에게 축하와 경의를 표해야 한다.

(8) 迫切希望事业大发展的心情, 不能简单地表现为焦躁和牢骚。
사업의 큰 발전을 간절히 바라는 마음은 초조함과 불평으로 간단히 표현할 수 없다.

예문(7)에서 '敬意(경의)'는 명사이므로 이와 병렬로 사용된 '庆贺(경하하다)'는 동사의 지칭화된 용법이어야 한다. '庆贺'는 이미 지칭화 되었기 때문에 명사에 가까워져서 명사와 병렬될 수가 있는 것이다. 만약 그렇지 않고 하나는 동사, 하나는 명사라면 성질이 완전히 다른 두 단어가 어떻게 병렬할 수 있겠는가? 마찬가지로 예문(8)에서도 '牢骚(불평)'가 명사이므로 그것과 병렬하는 '焦躁(초조하다)' 역시 형용사의 지칭화된 용법이어야 한다.

주어, 목적어의 위치는 동사와 형용사가 관형어를 수반할 수 있게 만드는데, 관형어를 수반한다는 것은 동사와 형용사가 지칭화 되었다는 명시적인 표지이다. 그렇다면 '관형어(的) + 동사 / 형용사'의 구조는 어떻게 만들어지는가? 주요 상황으로 다음 세 가지가 있다.

첫째, 주술구조의 술어는 동사, 형용사가 되는데, 만약 '주술' 사이에 '的'가 들어가면 주어 부분이나 목적어 부분에 쓰이는 관형어 + 중심어 구조가 된다. 예를 들어보자.

(1) 人喊叫 사람이 외친다

→ <u>人</u>的喊叫 사람의 외침

→ 这确是<u>人</u>的喊叫 이것은 확실히 사람의 외침이다

(2) <u>他迂</u> 그는 진부하다

→ <u>他</u>的迂 그의 진부함

→ 我心里暗笑<u>他</u>的迂 나는 마음속으로 은근히 그의 진부함을 비웃는다

'喊叫(외치다)'는 동사이고, '迂(굽다. 진부하다)'는 형용사이며, '人喊叫'와 '他迂'는 모두 주술구조이다. 주술구조 사이에 '的'를 추가하여 '人的喊叫', '他的迂'라고 하면 관형어+중심어 구조가 되고, '喊叫'와 '迂'는 구조의 중심어가 된다. '这确是人的喊叫' 에서 '人的喊叫'는 '是'의 목적어가 되므로 '什么'라는 질문에 대답할 수 있게 된다. 마찬가지로 '我心里暗笑他的迂'에서도 '他的迂'는 '暗笑'의 목적어가 되므로 '什么'라는 질문에 대답할 수 있게 된다. 다시 비교해 보자.

(3) <u>总理逝世</u>, 我们一开始也不敢告诉他。
총리가 서거하였지만, 처음에 우리는 감히 그에게 알릴 수 없었다.

(4) <u>总理的逝世</u>, 在老一代革命家的心里, 就是这样地引起了深深的悲痛。
총리의 서거가 구세대 혁명가의 마음속에서 바로 그렇게 깊은 슬픔을 불러일으킨 것이다.

예문(3)에서 '总理(총리)'는 주어이고, 동사 '逝世(서거하다)'는 술어이다. 그런데 예문(4)에서는 '总理'와 '逝世' 사이에 '的'를 추가하여 '总理'는 관형어가 되고, '逝世'가 주어의 중심어가 된다. '总理的逝世'가 주어 부분에 쓰였는데, 이는 '什么'라고 하는 질문에 대답할 수 있게

되어 지칭의 기능을 한다. 또 다른 예를 보자.

(5) 他很关心<u>我们</u>的安全。邓妈妈受他的委托，亲自到成都来接我。
그는 우리의 안전에 관심이 매우 많다. 덩씨 엄마는 그의 부탁을 받고
청두로 직접 나를 데리러 오셨다.

여기에서는 '我们(우리)'과 '安全(안전(하다))' 사이에 '的'를 추가하
여 '我们'은 관형어가 되고, 형용사 '安全'은 목적어의 중심어가 된다.
그리고 '他(그)'와 '委托(부탁하다)' 사이에 '的'를 넣어 '他'는 관형어가
되고, 동사 '委托'는 목적어의 중심어가 된다. '我们的安全', '他的委托'
는 모두 목적어 부분에 쓰여 상황과 사건을 지칭한다.

둘째, 부사어＋중심어 구조에서 중심어는 동사가 되는데, 만약 부사
어와 중심어 사이에 '的'를 넣거나 '地'를 '的'로 바꾸면 부사어＋중심
어 구조는 주어 부분이나 목적어 부분에 쓰이는 관형어＋중심어 구조로
변한다. 예를 통해 살펴보자.

(1) 在对立面的斗争中发展 대립면에서의 투쟁 가운데 발전한다
→ 在对立面的斗争中的发展 대립면의 투쟁 가운데에서의 발전
→ 这<u>是</u>在对立面的斗争中<u>的</u>发展 이것은 대립면의 투쟁 가운데에서
의 발전이다

'在对立面的斗争中发展'은 부사어＋중심어 구조이고, '在对立面的
斗争中的发展'은 관형어＋중심어 구조이다. 그리고 '这是在对立面的
斗争中的发展'에서 '在对立面的斗争中的发展'은 목적어 부분에 쓰여
객관적인 상황을 지칭하고 있다.

(2) 无尽地悲怆 한없이 슬프다

→ 无尽的悲怆 한없는 슬픔

→ 在旧中国, 洞庭湖只有无尽的悲怆 구중국에서 둥팅호에는 한없
는 슬픔뿐이었다

'无尽地悲怆'는 부사어＋중심어 구조인데 '无尽的悲怆'에서는 관형
어＋중심어 구조가 되었다. '只有无尽的悲怆'에서 '无尽的悲怆'은 목
적어 부분에 쓰여 인물의 감정을 지칭한다. 다시 비교해 보자.

(3) 我们大家都衷心拥护会议的决定。
우리는 모두 회의의 결정을 진심으로 지지한다.

(4) 对于会议的决定, 我们大家都表示衷心的拥护。
회의의 결정에 대해 우리는 모두 진심어린 지지를 표한다.

예문(3)에서 '衷心拥护(진심으로 지지하다)'는 부사어＋중심어 구조
이고, 그 안의 '拥护(지지(하다))'는 술어의 중심어이다. 예문(4)에서 '衷
心的拥护'는 '的'를 추가하였기 때문에 관형어＋중심어 구조가 되었으
며, 동사 '表示(표시하다)'의 목적어로 쓰여 인물의 심리 활동을 지칭한
다. 다음 예에서 두 개의 '关怀(배려하다)'를 또 비교해 보자.

(5) 周总理不仅是在关怀我的子女, 也是对整个革命后代的关怀啊!
저우총리는 내 자식을 배려하고 있는 것일 뿐만 아니라 혁명의 후손 전체
에 대한 배려이기도 하다.

앞의 '关怀'는 술어의 중심어이고, 동사의 일반적 용법이다. 그리고
뒤의 '关怀'는 관형어 '对整个革命后代(的)'를 수반하고, '是'의 목적어

이므로 동사의 지칭화 용법이다.

이러한 지칭화 용법은 동사나 형용사를 중심어로 하는 관형어＋중심어 구조가 주어 부분이나 목적어 부분에 출현하고, 관형어와 중심어의 사이에 주로 '的'를 넣음으로써 형성된 것이다. 만약 관형어＋중심어 구조가 술어 부분에 출현하고, '的'를 '地'로 바꾸면 지칭화 현상은 더 이상 존재하지 않는다. 비교해 보자.

(6) 他们曾有过两次秘密的会见。

그들은 전에 두 차례의 비밀스런 만남을 가졌었다.

(7) 他们曾经两次秘密地会见。

그들은 전에 두 차례 비밀리에 만났었다.

예문(6)에서 '会见(회견(하다))'은 목적어의 중심어가 되어 관형어 '两次(두 차례)'와 '秘密(的)(비밀(스러운))'를 가지는데, 이는 지칭화된 용법이다. 예문(7)에서는 '会见'이 술어의 중심어가 되어 부사어 '两次' 와 '秘密(地)(비밀(스럽게))'를 가지는데, 이는 서술적 용법이다.

위에서 서술한 두 가지 상황은 때로는 결합하기도 한다. 즉, 하나의 구조가 만약 지칭화의 조건을 상실하거나 지칭화의 환경을 벗어나면 그 구조는 '주어＋술어'나 '부사어＋술어'로 바뀌는 것 외에도 '주어＋부사어＋술어'로 바뀔 수도 있다는 것이다. 예를 들어보자.

(8) 大会作出的决议, 受到了全体代表的热烈拥护。

총회에서 나온 결의는 전체 대표의 뜨거운 지지를 받았다.

(9) 全体代表热烈拥护。

전체 대표가 뜨겁게 지지한다.

예문(8)에서 '拥护'는 중심어가 되고, 관형어 '全体代表(的)(전체 대표(의))'와 '热烈(열렬한)'('的'를 추가할 수 있음)를 수반하는 지칭화 용법이다. 예문(9)에서 '全体代表'는 목적어의 위치에서 벗어나 문장의 주어 부분이 되었고, '热烈(열렬히)'는 부사어, '拥护'는 술어 부분의 중심어가 되었다.

주의할 점은 '주어＋부사어＋술어'의 구조가 지칭화의 환경에 들어간 후 만약 부사어가 관형어의 부사가 될 수 없으면, '부사어＋술어'는 함께 중심어가 된다는 것이다. 비교해 보자.

(10) 他不老实。 그는 성실하지 않다
(11) 他的不老实, 是谁都知道的。 그의 부성실함은 누구나 다 아는 것이다.

예문(10)에서 '他不老实'는 '주어＋부사어＋술어'이다. 예문(11)에서 '他的不老实'는 주어가 되고, '不老实'는 주어의 중심어가 된다.('不老实' 자체는 '부사＋형용사'로 분석할 수 할 수 있으나, 이는 구 내부의 구조관계이고 문장 전체의 구조에서 존재하는 성분 관계는 아니다.)

셋째, '进行(진행하다)'으로 대표되는 동사('搞(하다)', '作了(했다)', '加以(…하다)', '开始(시작하다)', '停止(멈추다)', '结束(끝나다)', '继续(계속하다)' 등을 포함)의 목적어는 동사가 되는데, 목적어 동사가 관형어를 가지면 목적어 부분은 관형어＋중심어 구조가 된다. 예를 들어 살펴보자.

进行研究 연구를 하다 → 进行科学研究 과학 연구를 하다
进行学习 학습을 하다 → 进行政治学习 정치 학습을 하다
进行创作 창작을 하다 → 进行文学创作 문학 창작을 하다

进行改革 개혁을 하다 → 进行教学改革 교육개혁을 하다

进行调查 조사를 하다 → 进行社会调查 사회조사를 하다

여기서 주의해야 할 점은 다음과 같다.

첫째, '进行' 등의 동사가 술어가 되면 뒤에 오는 목적어는 전형적인 명사로 이루어지지는 않는다. 따라서 위 예문의 '科学研究', '政治学习' 등은 명사구조와 아주 유사함에도 불구하고, 전형적인 명사구조가 아니라 동사가 중심이 되는 지칭화 용법의 관형어＋중심어 구조이다.

둘째, '进行' 등의 동사가 술어가 되면, 그 뒤에 목적어로 사용된 동사는 관형어를 가지지 않아 일반 동사처럼 보이는 경우에도 반드시 지칭화 용법으로 보아야 한다. 왜냐하면 이때 목적어로 쓰인 동사 앞에 관형어의 빈자리를 남겨두는데, 여기에는 단지 관형어만 올 수 있고 부사어는 올 수가 없기 때문이다. 다시 말해, '进行' 등 동사의 제약을 받으면 뒤의 동사는 일반적인 동사와 다르다는 것이다. 비교해 보자.

(1) 看来, 这几位首长要热烈地进行谈话了。

보아하니, 이 몇 분의 수장은 열렬히 이야기를 나눌 모양이다.

(2) 看来, 这几位首长要进行热烈的谈话了。

보아하니, 이 몇 분의 수장은 열렬한 대화를 나눌 모양이다.

앞의 예문에서 '热烈地(열렬히)'는 부사어가 되고, '谈话(이야기하다)'는 단독으로 '进行'의 목적어가 된다. 뒤의 예문에서 '热烈的(열렬한)'는 '谈话'의 관형어가 되어 '热烈的谈话'로 합쳐져서 '进行'의 목적어가 된다. 단독으로 쓰인 '谈话'나 관형어＋중심어 구조인 '热烈的谈话'는 모두 지칭화된 용법이다. 또 다시 두 가지 예를 살펴보자.

(3) 他只能在这汽车的颠簸中, 闭闭眼睛, 积蓄力量, 再<u>作勇猛的跃进</u>。

그는 이 자동차의 요동 속에서 눈을 감고 힘을 축적하여 다시 용맹한 약진을 할 수밖에 없다.

(4) 看他们的演出, 陈主任已经给<u>我作了安排</u>。

그들의 공연을 보고 천주임은 이미 나에게 안배를 하였다.

위의 예문에서 술어의 중심어로 쓰인 '作'는 모두 '进行'으로 대체할 수 있다. 두 예문의 목적어 부분에서, 예문(3)의 '跃进(약진하다)'은 관형어 '勇猛(的)(용맹한)'을 수반하고, 예문(4)의 '安排(안배하다)'는 '很好(的)(좋은)'와 같은 관형어를 첨가할 수 있는데, 이들은 모두 지칭화된 용법이다.

지칭화의 상황들을 알게 되었으니 지칭화로 볼 수 없는 상황들도 알아야 한다. 이와 관련하여 다음 세 가지 점에 유의해야 한다.

첫째, 동사나 형용사가 목적어로 쓰여도 '怎么样(어때)'이라는 질문에만 대답할 수 있으며, 그 성질이 아직 명사와 완전히 가까워지지는 않았으므로 지칭화 용법은 아니다. 예를 들어보자.

(1) 敌人企图<u>破坏</u>。 적은 파괴를 기도한다.
(2) 我不想<u>报名</u>。 나는 신청하고 싶지 않다.
(3) 这个经验值得<u>重视</u>。 이 경험은 중시할 가치가 있다.

'破坏(파괴하다)', '报名(신청하다)', '重视(중시하다)'는 모두 목적어로 사용되었지만, '怎么样'이라는 질문에만 대답할 수 있고, 관형어를 가질 수도 없다. 예를 들면, '这个经验值得<u>重视</u>'는 '这个经验值得大家的<u>重视</u>'라고 말할 수 없다. 이들은 모두 일반적인 동사이며 지칭화 용법이 아니다. 알아야 할 점은 '什么'는 명사성 대사로, 사물을 물을 때 그와 상응하는 것은 명사성 어구인 반면, '怎么样'은 비명사성 대사로, 동작이나 성질, 상태, 방식 등을 묻기 때문에 그와 상응하는 것은 명사성 어구라는 것이다. 따라서 '怎么样'이라는 질문에만 대답할 수 있는 단어는 성격상 지칭화가 불가능한 것이다.

둘째, 명사의 가장 기본적인 특징(예를 들면, 물량을 나타내는 수량구조의 수식을 받는 것 등)을 가지고 있으면서 이미 명사로 전환을 완료한 것은 명사로 보아야 한다. 예를 들어보자.

(4) 打倒了"四人帮", 这是我国革命历史上又一个伟大的<u>转折</u>。

4인방을 타도하였는데, 이것은 우리 혁명사상 또 하나의 위대한 전환이다.

(5) 科学是老老实实的学问, 来不得半点<u>虚假</u>。

과학은 정직한 학문이므로 조금의 거짓도 있어서는 안 된다.

예문(4)에서 '转折(전환하다)'는 목적어가 되어 물량구조 '一个'의 수식을 받는다. 여기에서는 동사가 임시로 명사로 전환되었다. 예문(5)에서 '虚假(거짓)'는 목적어가 되어 물량구조 '半点(조금)'의 수식을 받는다. 여기에서는 형용사가 임시로 명사로 전환되었다.

셋째, 동사와 명사에 모두 속하거나 명사와 형용사에 모두 속하는 단어가 명사의 문법 환경에 출현할 때는 이를 명사로 간주해야 한다. 예를 보자.

(6) 在学习中遇到<u>困难</u>或者问题的时候, 要多向老师请教, 多和同学研究, 多开动脑筋。

배우는 가운데 어려움이나 문제에 부딪혔을 때에는 선생님께 가르침을 많이 청하고 친구와 많이 탐구하며 머리를 많이 써야 한다.

(7) 最后, 祝你们身体好, <u>学习好</u>, <u>工作</u>好!

마지막으로, 여러분 몸 건강하고, 공부와 일이 잘 되기를 축원합니다!

'困难(곤란(하다))'은 명사이거나 형용사인데, 여기서는 명사로 쓰였다. 그리고 '学习(공부(하다))'와 '工作(일(하다))'는 명사이거나 동사인데 여기서는 모두 명사이다.

1950년대에 우리 문법학계에는 '동사와 형용사의 명물화(名物化)'라는 주장이 제기되었는데, 1980년대에 많은 학자들이 이 주장에 의문을 제기하자 이후 교육현장에서 수용하지 않게 되었다. 그런데 이는 단지 문제를 덮어두기만 할 뿐 해결된 것은 아니었다. 주어와 목적어 자리에 있는 동사와 형용사는 많은 제약을 받는데, 이는 일반적인 위치에 있는 동사와 형용사와는 아주 많은 차이가 있다. '지칭화'라는 견해로 '名物化'라는 견해를 대체하는 것이 만족스러운지는 여전히 의문이다. 그러나 이 문제는 품사 문제 가운데 하나의 난제이므로 이에 연구를 더욱 강화해야지 회피해서는 안 된다는 것은 의심의 여지가 없다.

제2절 형용사의 동태화

'형용사의 동태화(动态化)'란 형용사가 성질이나 상태의 변화를 나타내는 성분을 가지고 있어 어느 정도 동태성을 가지지만 아직 완전히 동사로 전환되지는 않은 것을 말한다. 이것은 문장 안에서 형용사가 위치의 제약을 받아 성격상 동사와 가까워지는 현상이다.

형용사의 동태화 상황은 주로 3 종류가 있는데, 이는 형용사의 동태화 조건을 나타낸다.

1. 형용사는 '已经……了(이미…하였다)'와 같은 구조 안에 쓰여 어떤 성질이나 상태의 변화가 이미 완료되었음을 나타낸다. 예를 들어보자.

(1) 杯里的水已经凉了。
컵의 물이 이미 식었다.

(2) 天黑了。路滑, 拿这盏小桔灯照你上山吧!
날이 어두워졌어. 길이 미끄러우니 이 작은 귤 모양의 등을 가지고 비추며 산을 올라가라!

예문(1)에서 '凉(시원하다)' 앞에는 '已经(이미)'이 추가되었고, 뒤에는 '了'를 수반하여 '차게 변하다(变凉)'라는 의미를 나타낸다. 예문(2)에서는 '黑(검다)' 뒤에 '了'를 수반하였고, 또 앞에 '已经'을 추가할 수 있어 이미 '어두워졌다(变黑)'라는 의미를 나타낸다.

(3) 夜, 已经很深了。밤이 이미 아주 깊어졌다.
(4) 时间, 已经很长了。시간이 매우 길어졌다.
(5) 外面更黑了。밖이 더 어두워졌다.

'深(깊다)', '长(길다)', '黑'가 모두 정도부사 '很', '更'의 수식을 받는다는 것은 여전히 형용사의 성질을 가지고 있다는 것을 설명한다. 다른 한편, '已经', '了'를 대동할 수 있다는 것은 상당한 동태를 지니고 있다는 것을 설명하기도 한다. 이의 부정 형식은 '还没……(아직…아니다)'이다. 예를 들어보자.

236

(6) 天还没黑, 演出开始了。

날이 아직 어두워지지도 않았는데, 공연은 시작되었다.

'还没黑(아직 어두워지지 않았다)'는 '已经黑了(이미 어두워졌다)'에 대한 부정이다. 이러한 부정 형식 안의 형용사도 역시 동태화 된 것이다.

2. 형용사는 '曾经……过一阵(일찍이 한때 …적이 있다)'과 같은 구조 안에 쓰여 어떤 성질이나 상태가 한동안 존재했었다는 것을 나타낸다.

(1) 晚上, 雨小过一阵, 风也曾平息下来。

밤에는 비가 한동안 잦아들었고 바람도 잠잠해졌다.

(2) 他确实曾经神气过好几年。

그는 확실히 여러 해 동안 의기양양 했었다.

예문(1)은 '小(작다)' 뒤에 '过'와 동량보어를 붙여 '小'의 상태가 한 참동안 지속되었다는 것을 나타낸다. 예문(2)는 '神气(의기양양하다)'의 앞에는 '曾经'을 추가하고, 뒤에는 '过'와 동량보어를 붙여 '神气'의 상 태가 한참동안 지속되었다는 것을 나타낸다. 요컨대, 어떤 성질이나 상 태가 한때 출현하였지만 이후에 변화가 생겨 더 이상 존재하지 않는다 는 것을 설명한다. 이처럼 동태화된 형용사는 '雨略微小过一阵(비가 한동안 약간 잦아들었다)'에서처럼 정도부사 '略微(조금)', '稍微(조금)' 의 수식을 받기도 한다.

이의 부정 형식은 '从来没……过(여태껏 …적이 없다)'이다. 예를 들 어보자.

(3) 这一带从来没热闹过。 이 일대는 여태껏 붐빈 적이 없었다.

'从来没热闹过'는 '曾经热闹过(붐빈 적이 있다)'에 대한 부정이다. 이때 형용사도 역시 동태화된 용법이다.

3. 형용사가 '顿时……起来(갑자기 …하기 시작하다)', '逐渐……下 去(점점 …해지다)' 등의 구조 안에 쓰여 어떤 성질과 상태의 변화가 이미 시작되었거나 지속됨을 나타낸다. 예를 보자.

(1) 我顿时紧张起来。 나는 갑자기 긴장하기 시작했다.
(2) 炉火的微光渐渐暗下去。 난로불의 희미한 빛이 점점 어두워진다.

예문(1)은 '紧张(긴장하다)'의 상태가 시작되었음을 나타내고, 예문 (2)는 '暗(어둡다)' 의 상태가 계속 발전해감을 나타내는데, 이들은 모두 변화의 의미를 담고 있다.

'성질이나 형태 변화의 시작'과 '성질이나 형태 변화의 지속'의 두 상황이 병렬로 사용되는 경우도 있는데, 이때는 서로 어우러져 대조되는 가운데 객관적인 사실을 설명한다. 예를 들어보자.

(3) 敌人一天天烂下去, 我们一天天好起来。
     적들은 나날이 썩어가고, 우리는 나날이 좋아진다.

여기서 '烂(썩다)'와 '好(좋다)'도 역시 동태화되었다.
이러한 구조에서 동태화된 형용사 앞에 쓰여 시간을 나타내는 어구는 사용하지 않고, 뒤의 방향동사만 사용할 수도 있다. 또 반대로 시간을 나타내는 어구만 사용하고, 뒤의 방향동사는 사용하지 않을 수도 있다. 예를 들어 보자.

(4) 从潼关到宝鸡的列车到达郭县站的时候, 天色暗下来了。
통관에서 바오지까지 가는 열차가 구어현 역에 도착했을 때 날이 어두워졌다.

(5) 他满身灰尘的后影, 刹时高大了。
온 몸이 먼지로 가득한 그의 뒷모습이 순간 커졌다.

예문(4)에서 '暗下来(어두워졌다)'은 '逐渐暗下来(점차 어두워졌다)'라고 말하는 것과 같지만 '逐渐'과 같은 시간사는 출현하지 않았다. 예문(5)에서 '刹时高大(순간 커졌다)'는 '刹时高大起来(순간 커졌다)'라고 말하는 것과 같지만 '起来'라는 방향동사는 출현하지 않았다. 이를 통해 '起来(일어나다)', '下去(내려가다)', '下来(내려오다)' 등이 뒤에 붙거나 '立即(즉시)', '突然(갑자기)', '顿时(갑자기)', '刹时(순간)' 등이 앞에 붙으면, 형용사가 나타내는 성질이나 상태가 모두 동태성을 가진다는 것을 알 수 있다.

동태화된 형용사는 '我顿时更加紧张起来(나는 갑자기 더욱 긴장하기 시작했다)', '天色更加暗下去(날이 더 어두워졌다)'에서 보듯이 정도부사 '更加(더욱 더)'의 수식을 받을 수도 있다.

위 세 가지 상황 외에, 일부 형용사는 '着'를 붙여 성질이나 상태가 지속되고 있음을 나타낼 수도 있다.

(6) 金宝掀门进来, 很疲乏, 面孔灰暗着。
진바오가 문을 열고 들어오는데 피곤에 매우 지쳐있고 얼굴은 어두웠다.

여기에서 '着'를 추가한 '灰暗(어둑어둑하다)' 역시 동태화된 것이다. 그런데 이러한 방식으로 동태를 나타낼 수 있는 형용사는 많지 않다.

일반 문법서적에서는 형용사의 동태화를 다루지 않는다. 그런데 위에 열거한 각종 현상을 통해 보면, 형용사가 동태화된다는 사실은 부정할 수가 없다. 동태화의 조건을 귀납하면 다음과 같다.

형용사가 문장에 들어가서 술어 부분에 쓰이면, 그 앞, 뒤에는 시간과 관련 있는 부사, 동태조사, 방향동사 등 동사의 앞, 뒤에 주로 쓰이는 언어 요소들이 출현하는데, 이는 문장의 어구 배치에 있어 특정한 패턴을 형성한다. 동사는 사물의 행위 변화를 동태적으로 반영하고, 형용사는 정태적으로 사물의 성격 상태를 반영한다. 하나의 형용사에 시간부사, 방향동사 등이 붙으면 여전히 사물의 성격이나 상태를 나타내지만 이미 '정태'적인 것이 아니다. 따라서 이러한 현상은 형용사의 동태화 용법이며, 동사와 형용사의 지칭화 현상과 같이 품사의 조건 변이 현상이다. 이를 인정하는 것은 복잡하고 변화가 많은 언어사실을 동태적으로 인식하는 데 도움이 된다.

물론, 하나의 형용사가 이미 동사의 근본적인 특징(목적어를 수반)을 갖추었다면, 그 형용사는 이미 동사로의 전환을 완료하였으므로 임시로 동사가 되었다고 인정해야 한다. 유명한 시 구절 '春风又绿江南岸(봄바람은 강남의 강기슭을 또 푸르게 하네)'에서 '绿(푸르다)'는 바로 형용사가 임시로 동사로 전환된 것이다. 또 예를 들어보자.

(1) 他红着脸说 : "我就是爱说梦话, ……"
그는 얼굴을 붉히며 말했다. "나는 잠꼬대 같은 소리를 잘 해…….'"

(2) 老板却黑起脸抵塞地说 : "你怕撞着败家鬼罗!"

사장은 표정을 어둡게 하고 얼버무리며 말했다. "넌 패가망신시키는 놈과 맞부딪치는 게 두려운 거야!"

'红(着)(붉히다)'와 '黑(起)(어둡게 하다)'는 목적어 '脸(얼굴)'을 수반하고 있으므로 이들은 이미 동사로 쓰였다.

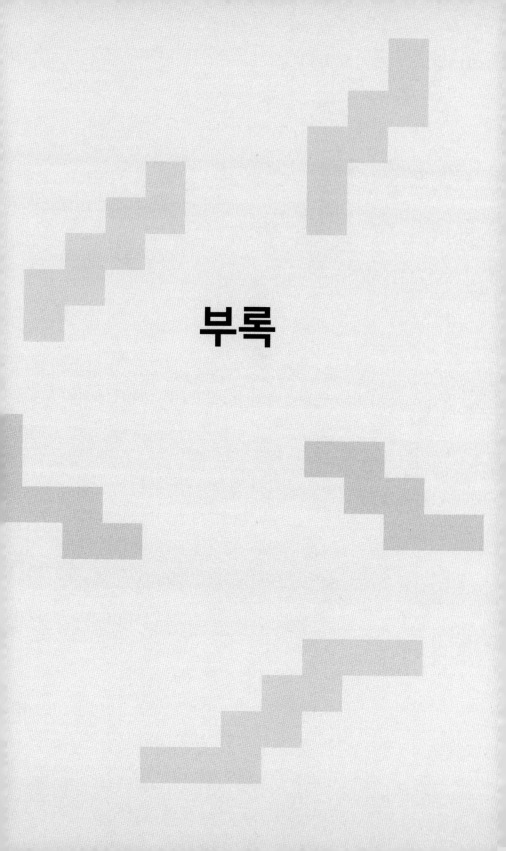

부록

본고에서는 시간사 '刚刚(방금)'에 대해 논하고자 한다. 일반적으로 시간사 '刚刚'은 '刚(지금. 막)'에 상당한다고 본다. 그런데 사실 '刚刚'은 '刚刚₁'과 '刚刚₂'로 나누어진다. 전자는 '刚'에 상당하는 시간부사이고, 후자는 '刚才(방금)'에 상당하는 시간명사이다. 본고는 '刚刚'에 대해 의미, 문법, 언어값(linguistic values)에 걸쳐 다각도로 고찰할 것이다. 여기에는 다음 세 가지 내용이 포함된다.

1. 의미적 각도에서 '刚刚'을 고찰한다. '刚刚₁'과 '刚刚₂'의 의미 특징을 묘사하고 양자의 차이를 비교할 것이다.
2. 문법적 각도에서 '刚刚'을 고찰한다. 통사적 기능(造句功用), 상대적 지위(相对位次), VP의 조건이라는 세 각도에서 '刚刚₁'과 '刚刚₂'의 문법적인 차이를 밝힌다.
3. 언어값의 각도에서 '刚刚'을 고찰한다. 표의(表意)적 가치, 리듬(节律)적 가치, 문체(语体)적 가치의 세 부분을 통해 '刚刚'의 화용(语用)적 가치를 상세히 기술하고자 한다.

'刚刚'은 '仅仅(겨우) / 恰好(마침)'와 같은 의미(声音很小, <u>刚刚</u>可以

听到(소리가 아주 작아 겨우 들을 수 있다) / 身高一米六, 刚刚达到标准(키가 1미터 60센티미터이니 겨우 기준에 도달한다))를 나타내는데, 이는 시간 개념과는 무관하며 상황이 단순하기 때문에 여기에서는 논의하지 않기로 한다.

제1절 의미의 각도에서 본 '刚刚'

1.1 시간사 '刚刚'의 시간 개념

시간사 '刚刚'은 사실 두 가지 시간 개념과 관계가 있다. 의미와 동의(同义) 대체 어휘 및 문법 특징의 차이에 따라 '刚刚'은 두 가지로 나눌 수 있다. '刚刚₁'은 주로 사건 발생 시간의 시발점을 나타내며, 시간사 '刚'으로 대체할 수 있다. '刚刚₂'는 말하기 바로 얼마 전에 사건이 발생하였음을 나타내며, 시간사 '刚才'로 대체할 수 있다. 예를 들어보자.

【刚刚₁】
他们都刚刚过了春节就出发了。
그들은 모두 막 설을 쇠자마자 바로 출발했다.

→ 他们都刚过了春节就出发了。
그들은 모두 막 설을 쇠자마자 바로 출발했다.

→ *他们都刚才过了春节就出发了。

【刚刚₂】
他们刚刚都出发了。그들은 방금 모두 출발했다.
→ *他们刚都出发了。

→ 他们<u>刚才</u>都出发了。 그들은 방금 모두 출발했다.

고찰의 편의를 위해 먼저 다음 몇 가지 개념을 명확히 하고자 한다.
1) 사건의 시간 : '刚刚'의 수식을 받는 동사성 어구가 나타내는 사건의 발생 시간
2) 지칭점(指称点) : '刚刚'이 나타내는 시간 위치
3) 기준점(参照点) : '刚刚'은 주로 어느 한 시점에서 오래되지 않은 이전을 나타내며, 이 어느 한 시점이 바로 기준점이다.

1.2 '刚刚₁'

'刚刚₁'의 지칭점은 사건의 발생 시간과 매우 밀접한 관계가 있으며, 이는 모두 사건 시간의 시발점상에 있다. 예를 보자.

(1) 三个人<u>刚刚</u>举杯相碰, 酒杯就都在半空静止了, ……
세 사람이 막 잔을 들고 서로 부딪히자, 술잔은 허공에서 모두 조용히 멈추었다.…… (贾平凹『浮躁』)

(2) 小芸<u>刚刚</u>分到科里。
샤오윈은 방금 과로 배치되었다. (王安林『办公室里有蜜蜂』)

사건 시간은 '举杯相碰(술잔을 서로 부딪치다)'과 '分到科里(과로 배치되다)'가 발생한 시간이며, 지칭점은 '举杯相碰'과 '分到科里'의 시발점에 있다. 이 두 가지 예는 또 두 가지 경우를 나타낸다.
1. 지칭점과 사건 시간이 완전히 겹친다. 이 때 사건 시간은 예문(1)처럼 주로 비연속적인 것이거나 지속 시간이 지극히 짧아서 사건

이 발생하자마자 곧바로 멈추거나 종료된다.

2. 지칭점과 사건 시간이 불완전하게 겹친다. 이 때 사건 시간은 비교적 길게 지속되는데, '刚刚'이 가리키는 것은 예문(2)처럼 사건 시간이 시작되는 그 시점이다.

'刚刚₁'의 기준점은 불특정한 어떤 시간이 되며, 특정 어구를 포함하는 구체적인 문맥의 제약을 받는다.

기준점은 발화 시점이 되기도 하는데, 이때 지칭점은 말하기 얼마 전에 있다. 예를 보자.

(3) "你怎么才回来?" 당신은 왜 이제야 돌아옵니까?

　　"讨论会<u>刚刚</u>结束。" 토론회가 이제 막 끝났습니다.

(4) 两个新毕业的大学生, <u>刚刚</u>分配到文化局不久……

　　새로 졸업한 두 명의 대학생은 이제 막 문화국에 배치된 지 얼마 안 됩니다.…… (苏叔阳『假面舞会』)

위의 두 예문에서 '刚刚'이 나타내는 시간은 모두 발화 시점을 기준점으로 한다.

간혹 기준점이 과거의 어느 시점이고, 지칭점은 말하기 얼마 전이 아니라 과거 어느 시점의 얼마 전에 있는 경우도 있다.

(5) 那件事出现得很突然。当时武光东<u>刚刚</u>率领一个代表团访问日本归来。

　　그 일은 매우 갑자기 발생했다. 당시 우광둥은 막 대표단을 인솔하여 일본을 방문하고 돌아왔다. (水运宪『裂变』)

(6) 总理笑了笑, 　摇摇头。这位历史的伟人<u>刚刚</u>见到延安街头要饭的孩子。

총리는 웃으며 고개를 가로 저었다. 이 역사적인 위인은 방금 전에 연안의 길거리에서 빌어먹는 아이를 만났다. (闵国库『在倾斜的版图上』)

예문(5)에서 기준점은 특정 단어 '当时(당시에)'가 나타내는데, '当时'는 과거의 어느 시점, 즉 '那件事出现(그 일이 나타난 것)'이 처한 시간이다. '刚刚'이 나타내는 지칭점은 기준점인 '当时'의 얼마 전 시간에 있다. 예문(6)에서 기준점은 구체적인 문맥 '那时, 总理笑了笑, 摇摇头(그때, 총리는 웃으며 고개를 가로 저었다)'에 나타나 있으며, 지칭점은 이 기준점 얼마 전의 시점이다.

1.3 '刚刚₂'

'刚刚₂'의 역할은 '昨天(어제)', '上午(오전)' 등과 마찬가지로 사건 시점의 위치를 확인하는 것이며, 지칭점과 기준점은 고정적이고 명확한 관련이 있다. '刚刚₂'의 경우, 지칭점은 항상 기준점인 발화 시점의 얼마 전이 된다. 예를 들어보자.

(7) 他刚刚在粮店卖完花生, 曾经牵着毛驴来这儿转悠。

그는 이제 막 곡물가게에서 땅콩을 다 팔고는, 당나귀를 끌고 여기에 와서 한가로이 거닐었다. (张一弓『寻找』)

(8) 我想刚刚她一定又是在呆呆凝望着那群鸽子在飞翔的。

나는 좀 전에 그녀가 틀림없이 또 그 비둘기 무리가 나는 모습을 멍하니 뚫어지게 바라보고 있었을 것이라고 생각한다. (张抗抗『塔』)

'他……牵着毛驴来这儿转悠(그는…당나귀를 끌고 여기에 와서 한가로이 거닐다)'의 시간, '她······呆呆凝望着那群鸽子在飞翔(그녀는···그 비둘기 무리가 나는 모습을 멍하니 뚫어지게 바라보다)'의 시간은 모두 '刚刚'이다. 단지 차이가 있다면, 전자는 화자가 직접 본 사실이고 후자는 화자가 추론한 것이라는 점이다.

1.4 '刚刚₁'와 '刚刚₂'의 비교

첫째, '刚刚₂'의 기준점은 고정적이지만 '刚刚₁'의 기준점은 유동적이다. '刚刚₂'라고 말할 때 기준점은 분명히 발화시점이지만, '刚刚₁'이라고 말할 때 기준점은 발화 시점일 수도 있고, 아닐 수도 있다. 비교해 보자.

【刚刚₁】
伤口刚刚痊愈。 상처가 막 나았다. (발화 시점)
当时, 伤口刚刚痊愈。 그때, 상처가 막 나았다. (과거 시점)

【刚刚₂】
伤口刚刚还在出血呢。 상처에서 방금 전에도 피가 나고 있었다. (발화 시점)
*当时, 伤口刚刚还在出血呢。 (과거 시점)

'刚刚₁'의 기준점은 발화 시점과 반드시 고정적인 관련이 있는 것은 아니므로, '刚刚₁'이 말하기 얼마 전이라는 의미를 나타내더라도 특정한 통사구조 안에서는 이러한 의미가 사라질 수 있다. 예를 들어보자.

통사구조 I : '刚刚······ 的时候(막 ··· 하였을 때)'
  a. 游乐场刚刚开放。
    놀이동산이 막 개장했다.

250

b. 游乐场刚刚开放的时候，一天要接待好几万人。

놀이동산이 막 개장하였을 때는, 하루에 수만 명의 사람들을 맞아야 했다.

a. 她刚刚上大学。

그녀는 이제 막 대학에 갔다.

b. 她刚刚上大学的时候，看什么都新鲜。

그녀가 막 대학에 갔을 때, 보는 것마다 다 새로웠다.

a문장에서는 사건의 시발점이 발화하기 얼마 전이라는 의미를 나타내지만, b문장에서는 이러한 의미가 '……的时候'라는 통사구조에 의해 없어지고 단지 사건 시간의 시발점만을 강조하며, 화자는 단지 이 시발점에서 어떤 일이 발생하였는지를 설명할 뿐이다.

통사구조 II : '刚刚……就……(…하자마자 곧…)'

a. 他的论文刚刚发表。

그의 논문은 이제 막 발표되었다.

b. 他的论文刚刚发表，就引起了国内外学术界的广泛注意。

그의 논문은 막 발표 되자마자 곧바로 국내외 학계의 광범위한 주의를 불러일으켰다

a. 他刚刚当上科长。

그는 이제 막 과장이 되었다.

b. 他刚刚当上科长，穿着就讲究起来了。

그는 막 과장이 되자마자 곧바로 옷차림에 신경을 쓰기 시작했다.

a문장에서는 사건의 시발점이 발화하기 얼마 전임을 나타내지만, b문

장에서는 '刚刚 …… 就 …… '라는 통사구조에 들어가면서 발화하기 얼마 전이라는 의미는 없어지고, 화자는 사건의 시발점만을 가리킬 뿐이다.

둘째, '刚刚₁'과 '刚刚₂'는 모두 '前不久(얼마 전)'라는 의미와 관련되지만, '不久(오래지 않는)'에 나타난 화자의 심리적 특징은 서로 차이가 크다.

'刚刚₂'의 '不久'는 기본적으로 객관적인 진술이다. 청자는 이를 근거로 그것이 나타내는 시간의 위치를 대략적으로 파악할 수 있다. 이는 아마 몇 분 전 혹은 두세 시간 전이며, 절대 하루를 넘지 않을 것이고, 일반적으로는 반나절도 넘기지 않을 것이다. 예는 다음과 같다.

(9) 刚刚她这两句话, 是那么成熟与机智, 可想而知, 今天晚上的会面, 也是她一手促成的。

방금 그녀의 이 두 마디 말이 그토록 성숙하고 재치 있으니, 오늘 저녁의 만남도 그녀가 혼자서 성사시켰다는 것을 알 수 있다. (水运宪『裂变』)

(10) 他将刚刚他怎样丢钱和拾到十块钱的事情都告诉了妈妈。

그는 방금 자기가 어떻게 돈을 잃었고, 10원을 주웠는지의 일을 모두 엄마에게 말했다. (杜宣『好孩子毛小弟』)

'刚刚₁'의 '不久'는 상당히 주관적인 묘사이다. 청자는 단지 구체적인 문맥과 사건을 근거로 그것이 나타내는 시간의 위치를 추측할 수 있을 뿐이다. 이는 몇 초, 몇 분, 몇 시간 전일 수도 있고, 며칠, 몇 달, 심지어 몇 년 전일 수도 있다. 예를 들어보자.

(11) 我们前面那辆汽车的尾灯已经亮了, 刚刚刹住车, ……

우리 앞의 저 차 미등은 벌써 불이 들어왔다, 방금 브레이크를 밟았으니, …… (德兰『真』)

(12) 这也难怪, <u>刚刚</u>交替过来, 省长的处境是很困难的。

　　이 역시 이해가 된다. 이제 막 교체되었으니, 성장(省长)의 처지가 아주
　　곤란하였다. (水运宪 『裂变』)

　　앞의 예문에서는 상하 문맥으로 보아 일반적으로 몇 초 전을 가리킨
다. 반면, 뒤의 예문에서는 시간을 파악하기가 어려운데, '交替过来(교
체되어 오다)'는 며칠 전일 수도 있고, 몇 달 전일 수도 있으며, 심지어
는 일 년 전일 수도 있다.

　　한 동안의 시간을 길다고 할지 짧다고 할지는 보통 개인 심리 상태의
영향을 받으므로 주관적인 의식과 정서를 반영한다. '刚刚₁'이라는 시간
사는 '긴 시간'을 '짧은 시간'으로 보고 강조할 수 있다. 아래의 대화를
살펴보자.

　　父亲 : <u>刚刚</u>学过四则混合运算, 怎么就不会做了?
　　아버지 : 방금 사칙 혼합연산을 배웠는데, 어째서 할 줄 모르니?

　　儿子 : 都学过一个学期了, 谁还记得!
　　아들 : 배운 지 벌써 한 학기나 되었는데, 누가 아직 기억해요!

　　'一个学期(한 학기)'가 아들이 보기엔 상당히 길지만, 아버지는 오히
려 '刚刚₁'을 사용하여 짧음을 강조하고 있다. 이는 묘사의 주관적인 색
채를 반영한다는 것을 알 수 있다.

　　요컨대, '刚刚₁'은 사건의 시발점을 가리키는 데 중점을 두고, '刚刚₂'
는 사건이 발화 시점 바로 얼마 전의 시간에 발생하였음을 확인하는 데
사용되므로, 이들의 본질적인 의미 특징은 차이가 있다.

제2절 문법적 관점에서 본 '刚刚'

2.1 '刚刚₁'은 시간부사이고, '刚刚₂'는 시간명사이다.

양자는 의미적으로 차이가 있고, 문법적으로도 많은 차이를 보인다.[1] 아래에서는 세 가지 각도에서 이들의 문법적 차이를 고찰하고자 한다.

1) 통사적 기능(造句功能) : 어떤 문장성분이 되는지, 단독으로 문장을 구성할 수 있는지를 말한다.
2) 상대적 위치(相对位次) : 어떤 성분이나 어구와 서로 호응할 때 처하게 되는 위치를 말한다.
3) 동사구(VP)의 조건 : 동사구는 '刚刚'의 수식을 받는 동사 또는 동사구를 말한다.

2.2 통사적 기능

시간부사 '刚刚₁'은 부사어로만 쓰이지만, 시간명사 '刚刚₂'는 부사어뿐만 아니라 관형어도 될 수 있으며, 단독으로 문장을 구성할 수도 있다. 예를 들어보자.

---

1) 저자주 : '刚才'는 시간명사이고, '刚才'에 상당하는 '刚刚₂' 역시 시간명사이다. 대체로 '刚刚₂'를 쓴 곳은 모두 '刚才'로 바꿀 수 있지만, 반대로 '刚才'를 모두 '刚刚₂'로 바꿀 수 있다고 말할 수는 없다. 이러한 상황은 결코 이상하지 않다. 시간명사 안에서 각 시간명사의 사용 범위는 큰 것도 있고 작은 것도 있다. '刚才'에 비해 '刚刚₂'의 사용 범위는 약간 작고, '昨天', '上午'와 같은 부류에 비해, '刚才'의 사용 범위는 역시 약간 작다. 본 논문에서는 '刚刚₁'과 '刚刚₂'의 문법상의 차이만을 고찰하므로, '刚刚₁'과 '刚刚₂' 호환조건의 전반적인 묘사 문제는 다루지 않는다.

(13) 同时，对小桂，又隐隐地产生了厌恶感；原来你刚刚₂的动作是为
了……

동시에 샤오구이에게 또 은근슬쩍 혐오감이 생겼다. 알고 보니 너 금방
그 동작은…… (张贤亮『早安! 朋友』)

(14) 大家想起刚刚₂办公室里的情景，不禁毛骨悚然。

모두들 방금 사무실 광경을 떠올리고는 소름이 돋는 것을 금치 못했다.
(王安林『办公室里有蜜蜂』)

위 예문에서 '刚刚'은 명사 또는 명사구 앞에서 관형어로 쓰였다.

(15) 其中一个护士用漠然的口气截住我焦急的询问；"走啦。他非得要
求出院。刚刚₂。"

그 가운데 한 간호사가 무심한 말투로 나의 급한 질문을 가로막았다. "갔어
요. 그가 굳이 퇴원을 요구했어요. 방금 전에요." (张辛欣『在同一地平线上』)

위 예문의 '刚刚'은 단독으로 쓰였는데, 이는 한 개의 단어로 이루어
진 단어문(独词句)으로 분석할 수 있다.

여기서 지적할 점이 있다. '刚刚₁'과 '刚刚₂'는 모두 부사어가 될 수 있
다는 점에 있어서는 차이가 없다. 그렇지만 복문에서 '刚刚₁'과 '刚刚₂'가
앞 절에 쓰이고, 뒷 절에 이와 호응하는 시간사가 있으면, 시간부사 '刚
刚₁'과 호응하는 시간사는 주로 시간부사 '立即(즉시)'와 같은 부류이
고, 시간명사 '刚刚₂'와 호응하는 시간사는 주로 시간명사 '现在'와 같
은 부류라는 점이다. 이를 정리하면 다음과 같다.

S刚刚₁VP, (S)立即VP。
S刚刚₂VP, (S)现在VP。

예문을 통해 비교해보자.

(16) 他刚刚₁跑到车站, 小伙子们马上把他拉回去了。

그가 달려서 역에 막 도착하자, 젊은 사람들이 곧바로 그를 끌고 돌아 갔다.

(17) 他刚刚₂跑来车站, 现在又不知跑到哪里去了。

그가 방금 전에 역으로 달려왔는데, 지금은 또 어디로 뛰어갔는지 모르 겠다.

또 다른 예를 들어보자.

(18) 那位病人刚刚还咳嗽不止, 现在好多了。

그 환자는 방금 전에도 기침을 멈추지 않았는데, 지금은 훨씬 좋아졌다.

(19) 苏三荡刚刚还喧嚣杂迟, 此刻却是一片死一般的沉默。

수산탕은 좀 전에도 시끄럽고 요란스러웠는데, 지금은 오히려 죽은 듯 말이 없다.

여기서 '刚刚'은 '现在', '此刻'와 호응하는 시간명사 '刚刚₂'이다.

2.3 상대적 위치

2.3.1 다른 성분과 대응할 때의 위치

첫째, '刚刚₁'은 항상 주어 뒤에만 나타나고 주어 앞에는 올 수가 없 지만, '刚刚₂'는 주어 앞뒤에 모두 올 수 있다. 예를 들어 보자.

(20) 上工的铃刚刚₁响过, 张三就把电门合上了。

작업 시작종이 막 울리자 장산은 곧바로 스위치를 켰다. (陈村『一天』)
→ *刚刚₁上工的铃响过, 张三就把电门合上了。

(21) 路灯刚刚₂还很亮, 过了这点时光就变得不大亮了。

가로등이 방금 전에는 아주 밝았는데, 약간의 시간이 지나니 벌써 어두워
졌다. (同上)
→ 刚刚₂路灯还很亮, 过了这点时光就变得不大亮了。

방금 전에는 가로등이 아주 밝았는데, 이 약간의 시간이 지나니 벌써
어두워졌다.

'刚刚₁'이 주어 앞에 쓰일 때는 비교적 뚜렷한 휴지가 올 수 있으며,
표기상 쉼표를 붙일 수도 있다.

(22) 刚刚, 它们还只是一些模糊不清、躲躲闪闪的剪影。

방금 전, 그것들은 아직 약간의 희미하고 얼룩얼룩한 형상뿐이었다. (王家
达『青凌凌的黄河水』)

둘째, 술어 부분에 쓰일 때 '刚刚₁'은 일반 부사어 뒤에 출현할 수 있
고, 심지어 연동구조의 중간에도 출현할 수 있지만, '刚刚₂'는 일반 부
사어 앞에 출현해야 한다.[2] 예를 통해 살펴보자.

---

2) 저자주 : 여기에서 사용하는 것은 '일반 부사어'의 개념이다. 어기를 표시하는 일부
부사어, 예를 들어 추측의 어기를 표시하는 '似乎', '好像'과 같은 경우, '刚刚₂'는
뒤에 출현해도 되고 앞에 출현해도 되지만, '刚刚₁'은 오히려 뒤에만 출현할 수
있다. 비교하여 보자.
小两口似乎刚刚₂, 还在吵嘴。젊은 부부는 방금까지, 여전히 말다툼을 하고 있는
것 같다.

(23) 他在饭店<u>刚刚</u>₁吃完饭，不想就碰着一个人。

그는 식당에서 막 밥을 다 먹고 난 후, 생각지도 않게 한 사람을 만났다.
(贾平凹『浮躁』)

(24) 我们各自都有几柜书，有着共同年龄的女儿她们又同样兴奋地<u>刚</u>
<u>刚</u>₁接到重点大学的"录取通知书"。

우리들은 각자 모두 몇 상자의 책을 가지고 있고, 또 이제 막 중점 대학의
'합격통지서'를 받은 것에 함께 흥분한 같은 나이의 딸이 있다. (罗达成
『少男少女的隐秘世界』)

위 예문에서 '刚刚₁'은 일반 부사어 뒤에 쓰였는데, '刚刚₂'는 이러한
위치를 가지지 않는다.

(25) 他拍着他那叠谱纸，像他家新买了钞票机<u>刚刚</u>₁印出了票子。

그는 자신의 그 악보 묶음을 손바닥으로 치고 있었는데, 마치 그의 집에
지폐 기계를 새로 사서 방금 지폐를 인쇄한 듯하였다. (张欣『投入角色』)

(26) 70年代末期他从乡下回来<u>刚刚</u>₁复职……

70년대 말 그는 시골에서 돌아와 막 복직하였는데…… (熙高『燃烧的暴风雪』)

위 예문에서 '刚刚₁'은 연동구조인 '新买了钞票机印出了票子(지폐
기계를 새로 사서 지폐를 인쇄하였다)', '从乡下回来复职(시골에서 돌
아와 복직하였다)'의 중간에 각각 쓰였는데, '刚刚₂'는 이러한 위치를
가지고 있지 않다.

小两口刚刚₂似乎还在吵嘴。젊은 부부는 방금까지 아직도 말다툼을 하고 있는 것
같다.
小两口似乎刚刚₁, 起床。젊은 부부는 막 일어난 것 같다.
*小两口刚刚₁, 似乎起床。

2.3.2 부사와 호응할 때의 위치

'还(아직)', '都(모두)', '又(또)' 등의 부사와 '刚刚'의 위치 관계는 절대적이다. 이들이 '刚刚'과 함께 쓰일 때, '刚刚₁'는 반드시 이들의 뒤에 오고, '刚刚₂'은 반드시 이들의 앞에 온다. 비교해 보자.

> 小孙女还刚刚₁说外语呢! 어린 손녀는 이제 막 영어를 말해요!
> 小孙女刚刚₂还学说外语呢! 손녀는 방금도 영어를 배우고 있었어요!

또 다음 두 개의 예문을 살펴보자.

(27) 这些兵其实都刚刚学喝酒, 对各种酒什么味并不能辨清, ……
이 병사들은 사실 모두 다 이제 막 술 마시는 것을 배워서 갖가지 술이 어떤 맛인지에 대해 결코 분명하게 분간하지 못하고…… (周大新『走廊』)

(28) 昨天下了一场雨, 下午机关又刚刚进行过大扫除, 整个办公室便窗净几亮。
어제는 비도 한차례 내렸고, 오후에는 또 기관에서 막 대청소를 해서인지 사무실 전체가 깨끗하고 환해졌다. (王安林『办公室里有蜜蜂』)

예문(27)에서 '刚刚'은 '都' 뒤에 쓰였으므로 시간부사 '刚刚₁'이 된다. 만약 '都'가 '刚刚' 뒤에 쓰여 '这些兵刚刚都学喝酒(이 병사들은 방금 전에 모두 술 마시는 것을 배웠다)'라고 말한다면, '刚刚'은 시간명사인 '刚刚₂'가 된다. 예문(28)에서도 '刚刚'은 '又' 뒤에 쓰였으므로 시간부사 '刚刚₁'이며, 문장 첫머리에는 시간명사인 '下午'가 출현하였다. 만약 '又'가 '刚刚' 뒤에 쓰여, '机关刚刚又进行大扫除(기관에서는 방금 전에 또 대청소를 했다)'라고 말한다면, '刚刚'은 시간명사인 '刚

剛剛₂'가 된다. 이때는 '剛剛₂'가 시간명사 '剛才'와 같기 때문에 문장 첫머리에 시간명사 '下午'는 다시 출현할 수가 없다.

다음 두 가지에 대해서는 설명이 필요하다.

첫째, '剛剛'과 '才'는 함께 쓰여 '才剛剛' 또는 '剛剛才'라고 말하기도 한다. 이는 의미가 같은 단어를 함께 사용하는 동의연용(同义连用) 형식이다. 이때 '才'는 시간부사이며, '剛剛'은 뒤에 쓰이면 당연히 시간부사이지만, 앞에 쓰였을 때도 역시 시간부사이다. 예를 들어보자.

(29) 当炮火开始全线轰响的时候, 潘荪才剛剛₁走到了41高地的山脚。
포화가 모든 전선에서 굉음을 내며 울리기 시작했을 때, 판순은 비로소 이제 막 41고지의 산기슭에 도착했다. (周大新『走廊』)

(30) 我也剛剛₁才到。 나도 방금 전에 비로소 도착했다. (刘震云『塔铺』)

둘째, '剛剛₁', '剛剛₂'와 함께 출현할 수 있는 부사가 항상 같은 것은 아니다. 예를 들어, '剛剛₁'은 '别'와 함께 쓸 수 있지만, '剛剛₂'는 이를 배척한다. 반면, '剛剛₂'는 '正在'와 함께 쓸 수 있지만, '剛剛₁'은 이를 배척한다. 예를 통해 살펴보자.

(31) 这可不是闹着玩的, 别剛剛₁出了劳改队, 又进了阎王殿。
이것은 절대로 장난이 아니니, 방금 노동개조대에서 나와 놓고 다시 염라대왕전에 들어가지는 마라…
→ *S剛剛₂别……

(32) 我剛剛₂正在洗漱, 忽见一道黑影从我眼前闪过。
내가 좀 전에 세수하고 양치질하고 있는데, 갑자기 검은 그림자 하나가 내 눈앞을 스쳐 지나가는 것이 보였다.
→ *S正在剛剛₁……

2.3.3 동사구(VP)의 조건

1) 의미상의 조건

일부 동사는 의미상 일종의 '과정동사'인데, 기준점 이후에 지속된 행위를 나타낸다. '刚刚₂'는 말하기 얼마 전의 시간을 나타내므로 뒤에는 이러한 과정동사가 올 수 없지만, '刚刚₁'은 행위의 시발점을 나타내기 때문에 뒤에 과정동사가 나타날 수 있다. 예를 들어보자.

(33) 老秀才晚年得子, 深怕断了香火, 匆匆在邻村选中一个姑娘, 便逼着刚刚₁成年的儿子结婚。

　　나이 지긋한 수재가 만년에 아들을 얻었는데, 향불(자신을 위해 향을 피워 줄 후대)이 끊길까 몹시 걱정하여 황급히 처녀 하나를 이웃 마을에서 골라 놓고, 이제 막 성년이 된 아들을 결혼하라고 압박하였다. (边震遐 『秋鸿』)

(34) 达师傅又翻一次身, 眼前又出现一个莫雨, 这次是……一个刚刚₁发胖的、好脾气的中年妇女。

　　다 선생님이 다시 한 번 더 몸을 돌리자, 눈앞에는 또 모위(소설 『择天记』의 여주인공)가 나타났는데, 이번에는……이제 막 뚱뚱해진 성격 좋은 한 중년 여성이었다. (铁凝 『六月的话题』)

일부 동사는 그 자체는 과정동사가 아니지만, VP전체가 과정동사와 같아서 역시 '刚刚₂'가 아닌 '刚刚₁'과 함께 사용된다.

(35) 我们的读者中肯定有许多是刚刚₁做爸爸妈妈的。

　　우리 독자들 중에는 틀림없이 이제 막 엄마 아빠가 된 사람이 많이 있을 것이다.

(36) 而且, 在福冈举行的亚洲女排锦标赛上, 他就给刚刚₁经过新老更替的中国女排泼了一盆冷水。

또한 후쿠오카에서 열리는 아시아 여자배구 선수권대회에서 그는 이제 막 세대교체를 거친 중국 여자 배구팀에 찬물을 끼얹었다. (鲁光『中国男子汉』)

2) 구조상의 조건

'刚刚 + 동사 + 시간보어'의 구조에서 '刚刚₁'과 '刚刚₂'의 시간보어에 대한 조건은 차이가 있다. 시간보어가 '수사 + 양사' 구조일 때, '刚刚₁'을 쓰면 시간보어는 짧은 시간과 긴 시간을 모두 나타낼 수 있지만, 刚刚₂' 를 쓰면 시간보어는 비교적 짧은 시간만 나타낼 수 있다. 예를 보자.

(37) 这些农民, 什么时候准备的雨伞? 雨才刚刚₁下了几分钟啊!

이 농부들, 언제 우산을 준비한 것입니까? 비가 방금 겨우 몇 분 내렸을 뿐인데! (闵国库『在倾斜的版图上』)

(38) 刚刚₁出来几天, 就常常被一种说不清、道不明、莫名其妙的情绪搅得睡不安然。

나온 지 이제 겨우 며칠 지났는데, 설명하기 어렵고 말하기 어려우며, 알 수 없는 오묘한 기분에 편히 잠을 잘 수가 없다. (冯苓植『落凤枝』)

'几分钟(몇 분간)'이란 시간은 비교적 짧고, '几天(며칠)'이라는 시간은 비교적 길다. '刚刚₂……几分钟'이라고는 말할 수 있지만(他刚刚₂还在这儿坐过几分钟(그는 방금도 여기에 몇 분 동안 앉아 있었다)), '刚刚₂……几天'이라고는 말할 수 없다(*他刚刚₂还在这儿坐过几天).

시간보어가 '수사 + 양사' 구조가 아니거나 단순한 '수사 + 양사' 구조가 아니라면, '刚刚₁'을 쓸 때 시간보어는 축소의 의미를 가진 '不久(머지않아)'나 '不一会儿(곧)' 등의 형식을 사용한다. 예를 들어보자.

我刚刚₁坐下不久, 这催命鬼又来了!
내가 이제 막 앉은 지 얼마 되지 않아 명을 재촉하는 귀신(남을 못살게 구는 놈 탐관오리나 고리대금업자)이 또 왔다!

我刚刚₁坐下不一会儿, 这催命鬼又来了!
내가 방금 앉은 지 얼마 되지 않아 명을 재촉하는 귀신이 또 왔다!

반면, '刚刚₂'를 사용할 때는 시간보어로 과장을 나타내는 '好久(오랫동안)'나 '好一会儿(한참)' 등의 형식을 사용할 수 있다. 예를 들면, '他刚刚曾经牵着毛驴来这儿转悠'(예문(7)참조)에서 '刚刚₂'는 예문(39)로는 말할 수 있지만 예문(40)으로는 말할 수 없다.

(39) 他刚刚曾经牵着毛驴来这儿转悠了好一会儿。
    그는 좀 전에 당나귀를 끌고 이곳에 와서 한참동안 한가로이 거닐었다.

(40) *他刚刚曾经牵着毛驴来这儿转悠了不一会儿。

'刚刚'의 수식을 받는 것이 전형적인 VP가 아닌 경우도 있다. '刚刚₁'과 '刚刚₂'는 비전형적인 VP에 대해 서로 다른 결합을 보인다.
만약 '刚刚 + 很 + 형용사'이면 분명히 '刚刚₂'가 '很 + 형용사'를 수식하는 것이다. 예를 들면, '路灯刚刚还很亮(가로등이 방금까지도 아주 밝았다)'(예문(21))이 그러하다. 또 다른 예를 보자.

我刚刚很生气。 나 좀 전에 대단히 화가 났다.
她刚刚非常伤心。 그녀는 방금 전에 매우 슬펐다.

만약 '刚刚 + (到 +)시간명사'라면 분명히 '刚刚₁'이 시간명사를 수식하고, 그 속에 '到'의 의미를 내포하고 있는 것이다. 예를 보자.

(41) 刚刚₁九点, 公园里就人满为患了。

이제 겨우 9시인데, 공원에 벌써 사람이 꽉 차서 걱정이다. (李云良『牌友』)

(42) 刚刚₁早晨, 空气又黏又脏, 站里站外的人⋯⋯吆喝着挤来挤去。

이제 겨우 아침인데, 공기는 끈적끈적하고 더러우며, 역 안팎의 사람들
은⋯⋯ 소리를 지르며 이리저리 밀친다. (孟晓云『多思的年华』)

제3절 언어 가치의 관점에서 본 '刚刚'

3.1 언어부호의 존재 가치

하나의 언어부호가 존재하는 근거는 자신이 속한 체계에서 독특한
가치를 가지고 있다는 데 있다. 그렇지 않으면 그것은 불필요한 잉여
성분이 되어 도태될 것이다.

'刚刚₁'은 '刚'과 동의어가 되고, '刚刚₂'는 '刚才'와 동의어가 된다.
그러면 왜 '刚'과 '刚才'가 있는데도 '刚刚'이 필요한가? 이 문제는 화
용적 가치의 각도에서 대답해야 하는데, 이 문제의 답을 얻게 되면 '刚
刚'에 대한 우리의 인식은 더욱 전면적이고 완전해질 것이다.

3.2 표의(表意)적 가치

'刚刚₁'과 '刚'은 모두 동작의 시발점을 나타낸다. 하지만 '刚'에 비해
'刚刚₁'은 주로 동작의 속발성(速发性 : 짧은 시간 내에 일어나는 성질)
을 특히 두드러지게 강조할 수 있다.

증거1 : 두 행위간의 연결이 실제로 '머리카락 하나도 들어갈 수 없을 정도'로 밀접할 때는 '刚刚₁'을 쓰는 것이 '刚'을 쓰는 것보다 더욱 더 선명한 느낌과 강렬한 인상을 준다. 예를 들어보자.

(43) 他刚刚₁醒来, 呐喊一声就摇头晃脑地打起来。
그는 막 깨어나자마자 외마디 고함을 지르고는 머리를 가로저으며 싸우기 시작했다. (张炜『古船』)

(44) 刚刚₁和这辆卡车错过, 迎面又来了一辆同样的运输原木的卡车。
막 이 트럭과 스쳐 지나갔는데, 맞은편에서 통나무를 운반하는 똑같은 트럭 한 대가 또 다가왔다. (白桦『一支枯竭了的歌』)

여기서 '刚刚₁'을 '刚'으로 바꾸면 의미 표현의 정확성과 선명함이 떨어진다.

증거2 : '刚刚X就Y'와 '刚X就Y'는 모두 X와 Y가 전후로 긴밀하게 연결되어 있음을 나타내지만, '刚刚X就Y'에서 뒷부분에는 '立即'나 '突然' 등 짧은 시간에 순간적으로 발생함을 나타내는 단어가 올 수 있다. 예를 들어보자.

(45) 他刚刚₁迈进中圣门, 顾客们立即蜂拥而来, 簇拥在他的周围, ……
그가 중성문으로 막 발걸음을 들여놓자, 손님들이 곧바로 벌떼같이 몰려와 그의 주위를 빼곡히 둘러싸고는…… (石坚、马津海『市长李瑞环』)

(46) 棋子刚刚₁摆好, ……忽然传来一阵清脆细柔的鸣声 : "唧!唧!唧……"
막 바둑알을 배열을 마치자……'쨱, 쨱, 쨱'거리는 낭랑하고 부드러운 울음소리가 갑자기 들려왔다. (边震遐『秋鸿』)

(47) 陆母刚刚₁坐下, 突然弹射而起!

루엄마는 막 앉자마자, 갑자기 튕겨서 일어났다!

(48) <u>刚刚</u>₁进屋想看个仔细, 猛地嗡隆一声, 腾起一块绿云。

자세히 보려고 방에 들어가자 갑자기 윙윙 소리가 나더니 푸른 구름 한 조각이 올라갔다. (李亚南『蓝瞳』)

앞에 '刚刚₁'이 있는데, 뒤에 '立即'나 '忽然' 등이 출현하지 않는 경우에도 이를 추가할 수 있다. 예를 보자.

(49) 龟山弘吉<u>刚刚</u>₁苏醒过来, 他就(立即)到司令部告状去了。

가메야마 히로키치가 막 깨어나자, 그는 (즉각) 사령부로 가서 고소했다. (王星泉『白马』)

(50) <u>刚刚</u>₁脱下外衣, 就(忽然)听见有人敲门。

막 외투를 벗자마자, (갑자기) 누군가 문을 두드리는 소리가 들렸다. (水运宪『裂变』)

그런데 '刚X就Y'의 뒤에는 '立即'나 '突然' 등의 단어를 쓸 수 없는 경우도 있다. 예를 들어보자.

(51) 刚走到火车站, 小虎就睡着了。

기차역에 도착하자마자 샤오후는 잠이 들었다. (姜滇『市长夫人』)

→ *<u>刚</u>走到火车站, 小虎就立刻睡着了。

→ *<u>刚</u>走到火车站, 小虎就突然睡着了。

증거3 : '刚刚₁'과 '刚'은 모두 '동사(구) + 시간명사(구)' 앞에 쓰일 수 있으나, 이 두 명사(구)는 미묘한 차이가 있다. 만약 서술하는 내용이 시발점상에서 발생한 일이고, 이후에 바로 이어서 발생한 역방향으로의 변화를 나타내지 않는다면, '刚刚₁'을 쓸 때 시간명사(구)는 짧은 시간을 나타내고, '刚'을 쓸 때 시간명사(구)는 비교적 긴 시간을 나타낸다. 비교하여 보자.

(52) <u>刚刚</u>₁按铃那一刹那, 她的心怦怦直跳, 不知命运到底如何摆布自己。

막 벨을 누르는 그 순간 그녀의 심장은 두근거렸고, 운명이 자신을 도대체 어떻게 좌우할지 알지 못했다.

(53) <u>刚</u>当教师那年, 我二十一岁, 我的学生视我为"大姐""大朋友"。

막 교사가 되던 그 해 나는 스물한 살이었고, 내 학생들은 나를 '큰누나(언니)', '큰 친구'로 여겼다. (钱怡『爱在北大荒』)

'一刹那(일순간)'는 극히 짧은 시간이므로 뒤에 '忽地(별안간)', '猛地(갑자기)' 등의 단어가 출현할 수 있고(她的心忽地怦怦直跳(그녀의 가슴이 갑자기 두근두근 뛰었다)), '那年(그 해)'은 비교적 긴 시간이기 때문에 뒤에 '常常(항상)' 등의 단어가 출현할 수 있다(我的学生常常视我为'大姐"大朋友'(내 학생들은 항상 나를 '큰누나(언니)', '큰친구'로 여겼다)).

표면적으로는 동일하거나 기본적으로 유사한 명사(구)라도 나타내는 시간의 길이는 차이가 있을 수 있다. 예를 들어보자.

(54) 等阿猫<u>刚刚</u>₁骑上墙头的时候, 忽然间, 听得一缕笛声远远飘来, ……

아마오씨가 막 담에 걸터앉았을 때, 갑자기 저 멀리서 한 줄기 피리 소리가 들려왔는데, …… (边震遐『秋鸿』)

(55) 白天明剛分到新华医院时, 常常到这筒子楼里来找郑柏年。

바이톈밍이 막 신화병원으로 발령받아 왔을 때, 이 복도식 건물로 정보녠을 자주 찾아 왔다. (苏叔阳『故土』)

같은 '时(때)'와 '时候(때)'인데, 앞 예문에서 '时候'는 '那一瞬间(그 순간)'과 유사하므로 뒤에 '忽然间(갑자기)'을 썼고, 뒤 예문에서 '时'는 '那一年'으로 바꿀 수 있으므로 뒤에 '常常'을 썼다.

흥미로운 것은, 서술한 내용이 나중에 사실과 다른 경우에 '刚刚'의 뒤에 '一年' 등과 같은 말이 올 수 있지만 전체적인 문맥에서 보면 상황이 빨리 변화하였음을 강조한다는 것이다. 이때 화자의 주관적인 느낌으로 '一年' 등이 나타내는 시간은 여전히 짧다. 예를 들어 예문(55)를 참고로 하여 '白天明剛剛分到新华医院的头一年, 对什么事情都十分认真(바이톈밍은 막 신화병원으로 발령되어 온 첫해 무슨 일이든 매우 열심히 했다)'과 같은 문장을 만들 수 있다. 또 예를 들어보자.

(56) 多丽剛剛₁上班的前半年, 瑞心因她的乐观笑容而羡慕她的幸福。

둬리가 막 근무를 시작한 상반년 동안, 루이신은 그녀의 낙관적인 웃음 때문에 그녀의 행복을 부러워했다. (林湄『女人啊!女人!』)

'头一年(첫 해)'과 '前半年(상반년)'은 모두 '刚'보다 '刚刚'을 쓸 때 강조의 기능이 더욱 크다고 할 수 있다.

3.3 리듬상의 가치

'刚'은 단음절 단어이고, '刚刚'은 쌍음절 단어이다. 경우에 따라 쌍음절 단어 '刚刚₁'이 어구의 리듬감과 음악미가 더욱 강화된 것이다.

예를 보자.

(57) 春分刚刚₁过去, 清明即将到来。

춘분이 막 지나가자 청명절이 곧 다가온다. (郭沫若『科学的春天』)

(58) 刚刚₁背道而驰, 马上迎头碰到。

방금 반대 방향으로 달렸는데, 곧바로 정면으로 마주쳤다. (高晓声『巨灵大人』)

위에서 '刚刚'을 사용하여 앞뒤 두 절의 리듬이 균형을 이루게 함으로써 읽기도 편하고 듣기에도 자연스럽게 하였다. 만약 '刚'으로 바꾸었으면 대칭의 미가 사라졌을 것이다.

쌍음절 단어 '刚刚₁'은 말의 흐름 속에서 음절 배합의 필요에 의해 사용되기도 한다.

(59) 太阳刚刚₁落山, 西边的天上飞起一大片红色的霞朵。

해가 막 서산으로 지자, 서쪽 하늘에는 커다란 붉은 노을 꽃이 흩날렸다. (路遥『人生』)

(60) 柳杭的春天来得早, 积雪刚刚₁消融, 绵绵的春雨便湿润了大地。

리우항의 봄이 일찍 찾아와 쌓였던 눈이 녹아 이제 막 사라지자, 끊임없이 내리는 봄비가 대지를 촉촉이 적신다. (闵国库『在倾斜的版图上』)

이러한 문맥에서 '刚刚₁'을 다른 쌍음절 단어와 함께 사용함으로써 조화미가 나타난다. 여기서 '刚刚₁'을 '刚'으로 바꾼다면 문장의 부드러움은 대폭 감소할 것이다.

3.4 문체(语体)상의 차이

'刚刚₂'와 '刚才'는 의미에서 차이가 없고, 음절도 완전히 동일하다. 이 둘의 미세한 차이는 언어의 문체적인 색채에서 나타난다. '刚刚₂'는 구어체에 주로 사용되지만, '刚才'는 중성적인 단어로 구어와 문어에 모두 통용된다. 말을 할 때 '刚刚₂'를 사용하면 대화체의 요구에 잘 부합되어 더욱 자연스럽다. 몇 가지 예를 살펴보자.

(61) 刚刚₂这个球是扣出了界外。
방금 그 공은 스파이크 아웃되었다. (중국CCTV 배구경기 해설)

(62) 白思弘? 你刚刚₂不是说白思弘跟罗晓莉好吗?
바이스홍이라고? 너 방금 바이스홍이 루어샤오리와 사이가 좋다고 하지 않았니? (张贤亮『早安! 朋友』)

(63) 柏子叔公, 刚刚₂你……你说的秋……秋秋鸿, 是咋格东西啊?
백자숙공, 방금 당신……당신이 말한 치우……치우치우홍은, 어떤 놈이요? (边震遐『秋鸿』)

위의 예문은 모두 구어적 색채가 매우 농후한 것들이다. 자연스럽게 설명하고 질문할 때 '刚刚₂'를 사용하여 문체적으로 상당히 조화로움을 알 수 있다.

반면, 문어적 색채가 짙은 문맥에서는 '刚刚₂'를 쓰는 것이 적합하지 않으므로, 이때는 '刚才'를 사용해야 한다.

(64) 代表们刚才所提的一系列建议, 我们将充分予以考虑。
대표자들이 방금 제안한 일련의 건의를, 우리는 충분히 고려할 것이다.

여기서 '所提的一系列建议(제안한 일련의 건의)', '充分予以考虑(충분히 고려하다)'는 모두 전형적인 문어적 표현들이다. 그런데 '刚才'를 '刚刚₂'로 바꾸면 문장의 장중한 색채를 잃으면서 말이 부자연스럽게 느껴진다. 또 다른 예를 들어 비교해보자.

(65) 但是我想, <u>刚才</u>说的军队要整顿, 要安定团结, 要落实政策, 这些原则是不会错的。

그런데 저는 방금 말씀드린 대로, 군대를 정돈시키고 안정되고 단결되게 해야 하며, 정책을 정착시켜야 한다는 이 원칙들이 틀리지 않을 것이라 생각합니다. (『邓小平文选』)

(66) 我<u>刚刚</u>₂说的"无论从哪方面", 一是说……二是说……

제가 방금 말씀드린 '모든 분야에서'라고 한 것은, 첫째는……이고, 둘째는……이며…… (黄小初 『永远走红的汽车』)

앞의 예문은 '刚才说的……'이고, 뒤의 예문은 '刚刚说的……'이다. 앞의 예문은 매우 장중하고 엄숙한 장소에서 말하는 것으로, '刚才'를 사용하는 것이 문체적으로 조화롭고 적합해 보인다. 뒤의 예문은 소소한 가정의 일상을 이야기 하는 자리에서 말하는 것으로, '刚刚₂'가 더욱 편하고 입에 익을 것으로 보인다.

제4절 맺음말

(1) 의미의 관점에서 보면, '刚刚₁'은 '刚'와 마찬가지로 시간의 시발점을 나타낸다. '刚刚₁'은 또 사건의 시발점이 '어떤 시점 얼마 전

(某时点前不久)'에 위치함을 나타낼 수도 있다. 이때 '얼마 전(前不久)'은 주관적인 묘사이고, '어떤 시점(某时点)'은 발화시점일 수도 있고, 과거 어떤 시점일 수도 있다. 관계의 필연성에 있어, '刚刚₁'은 과거 혹은 발화시점과 본질적인 관계는 없다. '刚刚₂'는 '刚才'와 마찬가지로 사건이 말하기 얼마 전에 발생하였음을 나타낸다. '刚刚₂'는 사건이 발생한 시간의 위치를 확정하는 데 사용되며, 사건의 시발점을 나타내는 기능은 없다. '刚刚₂'가 나타내는 '얼마 전'은 객관적인 묘사이다. 관계의 필연성에 있어, '刚刚₂'는 과거 혹은 발화 시점과 본질적인 관계가 있다.

(2) 문법의 관점에서 보면, '刚刚₁'은 시간부사이고 '刚刚₂'는 시간명사이다. 통사 기능에 있어, 다른 언어 성분과 결합할 때의 위치와 동사구(VP)에 대한 요구에서 이들의 문법 특징은 서로 대립하거나 차이를 보인다. 예를 들어 '刚刚₁'은 부사어로만 쓰일 수 있는 반면, '刚刚₂'는 관형어가 되거나 단독으로 문장을 구성할 수도 있다. 또 '刚刚₂'는 주어 앞에 올 수 있지만, '刚刚₁'은 주어 앞에 올 수 없다. '还', '都', '又'와 공기할 때, '刚刚₂'는 반드시 이들 앞에 오지만, '刚刚₁'은 이들 뒤에 온다. 또 예를 들자면, 동사구가 시량보어를 포함하고 있으면, '刚刚₁'을 쓸 때 시량보어는 축소의 의미를 지니는 '不久', '不一会儿' 등의 형식을 취해야 하지만, '刚刚₂'를 쓸 때에는 시량보어가 과장의 의미를 가지는 '好久', '好一会儿' 등의 형식을 취해야 한다.

(3) 언어값(语值)의 관점에서 보면, '刚'이나 '刚才'와 비교하여 '刚刚₁'과 '刚刚₂'는 모두 특별한 화용적 가치를 가진다. 화용적으로 '刚刚₁'은 주로 표의(表意)적이고 운율적인 가치를 나타내지만, '刚刚₂'는 주로 문체적인 색채에서 그 가치를 드러낸다.[3]

주요 참고문헌

1. 北京大学中文系1955、1957级语言班,『现代汉语虚词例释』, 商务印书馆 1982年版.

2. 吕叔湘主编,『现代汉语八百词』, 商务印书馆 1980年版.

3. 邢福义,『关于副词修饰名词』,『中国语文』1962年 5期.

4. 中国社会科学院语言研究所词典编辑室,『现代汉语词典』, 商务印书馆 1973年版.

5. 中国社会科学院语言研究所词典编辑室,『现代汉语小词典』, 商务印书馆 1981年版.

6. 周小兵,『'刚+v+M'和'刚才十v+M'』,『中国语文』1987年 1期.

---

* 이 글은 원래『中国语文』1990年 1期에 게재된 것으로, 당시 석사 과정에 재학 중이던 丁力, 汪国胜, 张邱林과 함께 쓴 것이다. 이후에 약간의 수정과 보충을 거쳐 이 책의 부록으로 싣는다.

---

3) 저자주 : 본문은 '刚刚1'와 '刚刚2'를 의미, 문법, 언어값 세 가지 각도에서 고찰하였다. 이들의 음성적인 차이점 유무의 문제는 추가적인 고찰을 필요로 한다.『现代汉语词典』에서 '刚刚'에는 단 하나의 의미 항목, 즉 '刚刚2(부사). 발음표기 : gāng-gang.'만 있다. '『现代汉语词典』을 압축 개편하여 편찬한'『现代汉语小词典』에는 '刚刚'에는 두 개의 항목, 즉 '刚刚(부사); 刚才 : 독음은 모두 -gāng로 표기한다'라고 되어 있다. 비록『现代汉语小词典』의 '刚刚'의 '刚才' 의미 항목 아래에 제시한 예문('他刚刚走, 你快追吧!')이 사실상 '刚刚才'에 상당하고, '刚刚' 역시 부사이지만, 이 사전에서 어쨌든 '刚刚'이 '刚才'에 상당하는 경우도 있음을 인정하였으니, 의미 항목 아래의 용례가 궁여지책(穷尽遍举)은 아닌 것으로 볼 수 있다.

『HSK 상용어휘 일람표』에서 '半(절반)', '双(쌍(의))' 두 단어의 품사
는 각각 수사와 양사로 표기되어 있다. 본고는 이 『일람표』에 대한 보충
으로, 전체는 다음 여섯 부분을 포함한다. 제1절 수량사 체계에 관하여,
제2절 수사 체계 안에서의 '半', 제3절 양사 체계 안에서의 '双', 제4절
양사 '半'과 수사 '双', 제5절 '半'과 '双'의 수·량 혼돈, 제6절 맺음말이
다. 본고는 '半'과 '双'을 현대중국어 수량 체계 안에서 고찰함으로써 이
들을 더욱 잘 이해하고, 또 이들을 통해 수량사 체계에 대한 인식을 심
화시키고자 한다.

제1절 수량사 체계에 관하여

'수사 + 양사'는 현대중국어 체계 안에서 하나의 특수한 하위 부류인
수량체계를 구성한다. 기본적인 특징은 (1)수사와 양사는 밀접하게 결
합하여 하나의 수식성분이 되고, (2)수사와 양사가 서로를 규정하고 촉
진시키는 데서 나타난다.

九架飞机	飞机九架
아홉 대의 비행기(수량사 → 명사)	비행기 아홉 대 (명사 ← 수량사)
三次访问	访问三次
세 차례 방문하다(수량사 → 동사)	세 차례 방문하다(동사 ← 수량사)
万丈高	高万丈
만 길이나 높다(수량사 → 형용사)	만 길이나 높다(형용사 ← 수량사)

먼저, '수사＋양사'는 정형화된 결합구조가 되어 이미 하나의 구단어 (短语词)와 유사하기 때문에 보통 '수량사'라고 부른다. 통사적 결합에서 '수량사'는 3대 실사인 명사·동사·형용사와 결합할 때, 하나의 덩어리가 되어 명사, 동사, 형용사를 수식한다. 일반적으로 수량사는 다음과 같이 생략이 되지 않고 나타난다.

그런데 수량사가 다음과 같이 생략되는 경우도 있다.

九人(=九个人)
아홉 사람(= 아홉 명의 사람 : 수사[양사] → 명사)

三渡天险(= 三次渡过天险)
세 차례 천연 요새를 건너다
(= 세 차례 천연 요새를 건너다 : 수사[양사] → 동사)

写封信(= 写一封信)
편지를 한 통 쓰다(= 편지를 한 통 쓰다 : [수사]양사 → 명사)

这封信(=这一封信)
이 (한 통의) 편지(= 이 한 통의 편지 : [수사]양사 → 명사)

276

다음으로 '수사＋양사'의 구조에서 수사와 양사는 서로를 규정한다. 다시 말해, 수사는 양사의 성질을 촉진하는 기능이 있고, 양사는 수사의 성질을 촉진하는 기능이 있다. 다음 구조를 보자.

수사 X → 명사
X 양사 → 명사

만약 기지항(已知项)이 '수사'라면, 미지항(未知项) X는 틀림없이 '양사'가 된다. 예를 들어, '三X书(세X책)'에서 '三'이 수사라는 것을 이미 알고 있다면, X는 틀림없이 '本(권)', '册(책)', '页(쪽)', '箱(상자)', '柜(궤짝)' 등의 양사라는 것이다. 일반적으로 명사로 쓰이는 단어들도 이러한 구조에 들어가면 곧바로 양사로 바뀌게 된다. 예를 들면, '三书架书(세 서가의 책)' 같은 경우, '书架'는 일반적으로는 명사이지만 여기서는 즉시 양사로 변한다. 역으로, 기지항이 '양사'이고, 미지항 X가 '这(이)', '那(그, 저)' 등 지시대사가 아니거나 '大(크다)', '小(작다)', '整(완전하다)', '满(가득하다)'과 같은 형용사가 아니라면, X는 틀림없이 '수사'가 된다. 'X箱书(X 상자의 책)'에서 '箱(상자)'가 양사라는 것을 이미 알고 있다면, '这箱书(이 상자의 책, '这一箱书')', '整箱书(상자 전체의 책, '整整一箱书')', '满箱书(상자 가득한 책, '满满一箱书')' 등의 경우 외에는 X는 모두 수사일 수밖에 없다.

그런데 약간 특수한 두 가지 경우가 있다.

첫째, 단음절 양사의 중첩식 AA는 명사와 직접 결합이 가능하여 수사를 다시 추가하는 것이 자연스럽지가 않다. 그렇지만 이러한 중첩식은 그 자체가 '每一(매)'나 '多(많다)'의 의미를 포함하고 있어 사실상 일종의 수사가 생략된 수량 관계를 나타낸다. 예는 다음과 같다.

门门功课都是100分(= 每一门功课)。

과목마다 모두 100점이다. (= 매 과목)

天上是朵朵白云(= 多朵白云)。

하늘에는 송이송이 흰 구름이다. (= 여러 송이의 흰 구름)

　둘째, '수사'와 '양사'의 사이에는 '大', '小', '满', '整', '厚(두껍다)', '长(길다)' 등 일부 소수의 형용사가 제한적으로 올 수 있다. '一大滩(하나의 큰 여울)', '一小滴(하나의 작은 물방울)', '一满碗(하나의 가득찬 그릇)', '一整箱(하나의 전체 상자)', '一厚摞(하나의 두터운 더미)', '一长溜(하나의 긴 물줄기)' 등이 그 예이다. 이에 관한 자세한 논의는 陆俭明(1988)을 참고할 수 있다.

　현대중국어에서 '半'과 '双'은 수량사에 속한다. 이들은 수사일 때도 있고, 양사일 때도 있으며, 수사와 양사를 구분하기 어려운 경우도 있다.

제2절 수사 체계 안에서의 '半'

　수사 체계는 수량사 체계의 한 갈래이다. 수사 체계에서 '半'을 고찰하기 위해서는 세 개의 기준을 사용하여 수사라는 것을 검증해야 한다. 그것은 바로 'X양사'에서 X에 들어갈 수 있는지 여부, '第X(제X)'에서 X에 들어갈 수 있는지 여부, '从X开始(X에서 시작하다)'에서 X에 들어갈 수 있는지 여부이다.

　　a. 一 二 三 四 五 六 七 八 九 十 十一 十二……
　　　　일　이　삼　사　오　육　칠　팔　구　십　십일　십이……

b. 两 半 许多 无数 이/두　반　많이　무수히

　c. 零 영

　d. 百 千 万 亿 백　천　만　억

　위의 세 가지 조건에 따라 a~d의 수사를 검증한 결과는 다음과 같다.
　a그룹은 ＋＋＋이다. 이들은 가장 전형적인 수사이다. 기수를 나타낼 수도 있고, 서수를 나타낼 수도 있다. 예를 들어 '三个(세 개)', '十杯(열 잔)', '第三, 第十(제3, 제10)'과 '从三开始, 从十开始(3에서 시작하다, 10에서 시작하다)' 등으로 모두 말할 수 있다. 이 가운데 단순 수사는 '一(일)'에서 '十(십)'까지로 모두 10개가 된다. 전형적인 수사에 속하는 것으로는 '几(몇)' 하나가 있다. '几'는 본래 수를 묻는 의문대사이지만, 간혹 불확실한 작은 수를 나타내기도 하므로 '几个(몇 개)', '几杯(몇 잔)', '第几(몇 번째)', '从几开始(몇부터 시작하는가)'라고 말할 수도 있다.
　b그룹은 ＋－－이다. 이것은 순서가 없는 수사로 기수만을 나타낼 뿐 서수를 나타내지는 않는다. 그래서 '两个(두 개)', '半个(반 개)', '许多个(여러 개)', '无数个(무수히 많이)'라고 말할 수는 있으나, '第两', '第半', '第许多', '第无数'와 '从两开始', '从半开始', '从许多开始', '从无数开始'라고 말할 수는 없다. 의문대사에서 변화되어 불확실한 수를 나타내는 '多(얼마)', '多少(얼마)', '若干(몇)'은 유사한 성질을 가진다.
　c그룹은 ？－＋이다. 여기에는 '零' 하나뿐이다. '零'은 수가 될 수 없는 '이량수사(离量数词)'이다. '从零开始(0부터 시작하다)'라고 말할 수는 있으나, '第零'이라고 말할 수는 없다. 특히 '零'은 수가 될 수 없기 때문에 일반적으로 양사와도 결합할 수가 없다. 즉, '이량(양과 분리된 것)'인 것이다. 그래서 일반적으로 '零个', '零杯'라고 말하지 않는다. 그런데 어른이 아이에게 '三个加三个等于几个? 三个减三个等于几个?(3

개 더하기 3개는 몇 개?, 3개 빼기 3개는 몇 개?)'라고 함께 물었을 때, 아이가 '三个加三个等于六个。三个减三个等于零个。(3개 더하기 3개 는 6개. 3개 빼기 3개는 0개요.)'라고 대답하는 경우는 예외로 한다.

'从X开始' 구조는 수사의 분화를 도울 수는 있지만, 수사를 확인하는 것으로 사용할 수는 없다. 왜냐하면 '从今天开始(오늘부터 시작하다)', '从你开始(너부터 시작하다)', '从学步开始(걸음마 배우기부터 시작하 다)'와 같이 다른 품사의 단어도 이 구조에 들어갈 수 있기 때문이다. '零'을 수사로 인정하는 것은, '三减三等于零(3-3=0)' 같은 용례처럼 그 것이 숫자 대응 체계 안의 하나의 단어이기 때문이다. 또 특수한 문맥에 서 '零个'와 같은 표현이 절대 나올 수 없는 것도 아니기 때문이다.

d그룹은 ???이다. 여기에는 모두 4개의 단어가 있다. 이들은 보통 '一 百(백)', '三千(3천)', '五万(5백)', '七亿(7억)' '亿万(억만)'과 같이 수사 와 함께 출현한다. 일반적으로 '一', '三', '五' 등의 참여 없이 '第百', '第千', '第万', '第亿'라고 말할 수는 없으며, '从百开始', '从千开始', '从万开始', '从亿开始' 또는 '百个', '千个', '万个', '亿个' 등도 별로 사용하지 않는 표현이다. 물론 문어나 시가의 문구 안에서 '酒逢知己千 杯少(술은 지기를 만나 마시면 천 잔으로도 모자란다.)', '黄金万两(황 금 만 냥)'과 같은 표현은 자연스럽지만, 이들은 '일반적으로는 단독으 로 쓰이지 않는' 특수성을 가진 것들이다.

이상을 통해 '半'은 수사 체계 안에서 순서를 나타내지 않는 수사라 는 것을 알 수 있다. '半'은 '两', '许多(대단히 많은)', '无数(무수하다)' 와 마찬가지로 모두 기수에만 쓰이며, '第'와 결합할 수 없고, 시작을 나 타내는 수로 사용될 수 없다.

이를 바탕으로 다음과 같은 몇 가지 사항을 알아야 한다.

첫째, 표의적 측면에서 말하면 '半' / '两'과 '许多' / '无数'는 두 가지

작은 부류이다. '半'과 '两'은 확실한 수를 가리키는 정수 기수사(有定统数词)로, '半'은 $\frac{1}{2}$, '两'은 2를 나타낸다. '许多'와 '无数'는 불확실한 수를 가리키는 비정수 기수사(无定统数词)로 숫자가 많음을 나타내면서 쌍음절로 되어 있어서 단독으로 사용되지만, 간혹 양사와 결합하여 사용되기도 한다. 『HSK 상용어휘 일람표』에서는 '许多'와 '无数'를 모두 형용사로 표기하고 있으나, 형용사는 양사와 결합할 수 없기 때문에 이들은 모두 수사이다. 수사 '多(얼마)', '多少(얼마)', '若干(약간)'도 부정수 기수사이다.

둘째, '半'은 일반적으로 물량사(物量词)와 결합한다. 그런데 '半'의 의미가 $\frac{1}{2}$이므로 이와 결합하는 것은 반드시 확실한 수량이거나 확실한 실체와 관련이 있는 것으로 둘로 나눌 수 있는 양사여야 한다. 비교하여 보자.

半打 (+) 반 다스
半点 (+) 반 점 / 지극히 적은
半群 (−)
半些 (−)

'打(다스)'는 열두 개와 고정적인 관련이 있고, '点(점)'은 하나의 확실한 실체를 나타내므로, 이들은 '半'과 결합할 수 있다. 반면, '群(무리)'과 '些(약간)'는 모두 확실한 실체나 수량을 나타내지 않으므로 '半'과 결합할 수 없다.

물량사가 나타내는 단위가 확실한 수량이나 실체와 관련이 있는지의 여부는 주로 명사구(NP)의 의미를 살펴보아야 알 수 있다. 예를 들어보자.

一个苹果 → 半个苹果　사과 한 개 → 사과 반 개

一个馒头 → 半个馒头　찐빵 한 개 → 찐빵 반 개

一个情况 → 半个情况　?

一个念头 → 半个念头　?

'苹果(사과)'와 '馒头(찐빵)'는 확실한 실체이기 때문에 '半个'라고 말할 수 있지만, '情况(상황)'과 '念头(생각)'은 확실한 실체가 아니기 때문에 일반적으로 '半个'라고 말하지 않는다.

　물량사 중에서 도량형 단위를 나타내는 양사는 모두 확실한 수량과 관계가 있다. 그렇다면 이들은 모두 '半'과 결합할 수 있어야 하지만, '丈(장)'은 예외이다.

半斤 반 근　　半两 반 량　　半吨 $\frac{1}{2}$톤　　半磅 $\frac{1}{2}$파운드

半钱 반 돈　　半厘 반 리　　半亩 반 묘　　半斗 반 말

半升 $\frac{1}{2}$리터　　半里 $\frac{1}{2}$리　　半米 $\frac{1}{2}$미터　　半寸 반 치

半尺 반 자　　半丈 ?

'半尺', '半寸'이라고 말할 수 있지만, '半丈'은 일반적으로 쓰지 않는다. 이는 아마도 습관적인 것으로 그 이유는 설명할 수가 없다.

　셋째, '半'은 일반적으로 동량사와 결합하지 않는다. 왜냐하면 동량사가 나타내는 단위가 확실한 수량이나 실체와 관련이 없기 때문이다. 예를 들어보자.

半下 (?)　半次 (?)　半遍 (?)　半趟 (?)

하나의 양사 형식이 물건의 양을 나타내기도 하고, 동작의 양을 나타내기도 한다. 半'과 결합할 수 있는지 여부는 사물의 양을 나타내는 것인지 아니면 동작의 양을 나타내는 것인지와 관련이 있다. 예를 들어보자.

昨晚电影只放了一场。 어젯밤 영화는 딱 한 회만 상영되었다.
　→ 昨晚电影只放了半场。 어젯밤 영화는 반만 상영되었다.(+)

昨晚她们大哭了一场。 어젯밤 그녀들은 한바탕 크게 울었다.
　→ *昨晚她们大哭了半场。(-)

그런데 '半晌(반나절 / 한참 동안)'은 '段正淳沉思半晌.(두안정춘은 한참 동안 깊은 생각에 잠긴다.)'와 같이 '半+동량사'로 보인다. 사실 '晌(한나절)'은 물량사가 아니지만, 그렇다고 일반적인 동량사도 아니다. 엄격하게 말하면 그것은 시량사이다. '晌'이 나타내는 시간 간격은 모호하지만 일정한 길이가 있기 때문에 '半'을 사용하여 단락을 나눌 수가 있다.

넷째, 상황에 대해 부정적인 강조를 하는 경우에 '半'은 어떠한 양사와도 결합하는 높은 결합력을 가진다. 이는 특별한 화용적 효과를 나타내기 위해서이다. 예를 들면, 일반적으로는 '半个念头', '半次'라고 말하지 않지만 다음과 같이 표현할 수도 있다.

我有什么念头? 我半个念头也没有!
내가 무슨 생각이 있겠어? 나는 생각이 반 개도 없어!

我去过几次? 我半次也没去过!
내가 몇 번 가봤다고? 난 반 번도 못 가봤다고!

제3절 양사 체계 안에서의 '双'

양사 체계는 수량사 체계의 또 다른 한 갈래이다. 양사 체계 안의 '双'을 고찰하려면, 다음 세 개의 기준을 통해 양사를 검증할 필요가 있다. 그것은 '수사X(NP)' 또는 '(VP)수사X' 구조에서 X 자리에 직접 들어갈 수 있는지 여부, 중첩 후 '每'의 의미를 나타낼 수 있는지 여부, 특정 형용사를 추가하여 양을 평가할 수 있는지 여부이다.

a	个(개) 位(분) 顶(개) 根(개비) 件(건) 颗(알) 面(면) 台(대) 项(가지) 盏(개) 张(장) 只(마리) 株(그루) 桩(건) 堆(무더기) 股(가닥) 群(무리) 帮(무리) 伙(무리) 卷(권) 类(무리) 列(열) 排(줄) 批(무더기) 段(단락) 串(꿰미) 摊(무더기) 套(세트)
b	样(종류) 种(종류) 对(쌍) 双(쌍, 켤레) 打(다스) 斤(근) 两(량) 尺(척) 寸(촌 / 마디) 磅(파운드) 里(리) 亩(묘) 分(분) 秒(초)
c	些(약간) 撮(움큼) 抹(점 : 한 점의 구름) 搂(아름)
d	成($\frac{1}{10}$ / 할) 倍(배) 次(차례) 下(번)

위의 양사를 위 세 기준에 따라 검증해 보면 다음과 같은 사실을 알 수 있다.

a그룹은 + + +이다. 이들은 가장 대표성을 띠는 일반 양사이며, 양사의 절대 다수를 차지한다. 이들은 '수사X' 구조에 직접 들어 갈 수 있고, 중첩하여 '每'의 의미를 나타낼 수도 있으며, '형용사'를 추가하여 평가를 나타낼 수도 있다. 예는 다음과 같다.

一个(馒头) (만두)하나
一堆(废铁) (고철)한 무더기
个个(都很大) 모든 것이 (다 크다)

堆堆(像个小山) 무더기마다 작은 산과 같다
一大个 큰 것 하나
一小堆 작은 무더기 하나

 폐쇄성이 강한 전형적인 수사와 비교하면, 일반 양사는 상당한 개방성을 가지고 있어서 매우 생산적이다.
 b그룹은 ++- 이다. 이들은 '중첩은 할 수 있으나, 평가를 나타낼 수 없는' 양사로, 수량은 많지 않다. 이러한 양사는 의미가 공허한 양사인 '样', '种', 수량이 정해진 수인 정수(定数)의 의미를 나타내는 양사인 '对', '双', '打', 그리고 '斤', '两', '尺', '寸', '分', '秒' 등을 포함한다. 여기서 정수 의미의 양사 가운데 대부분은 도량형 단위이다. 이들은 다음과 같이 직접 '수사+X' 구조에 들어갈 수 있다.

一样(礼品) (선물) 하나　　一种(怪说法) 일종의 (이상한 견해)
一对(鸽子) (비둘기)한 쌍　　一双(鞋子) (신발) 한 켤레
一斤(苹果) (사과) 한 근　　一分／一秒(钟) 1분 / 1초의 (시간)

 또한 다음과 같이 중첩하여 '每'의 의미를 나타낼 수도 있다.

样样(礼品都很贵重) 하나하나 (선물이 모두 아주 소중하다)
种种(说法各有道理) 종류마다 (견해가 제각각 일리가 있다))
对对(相亲相爱) 커플마다 (서로 아끼고 사랑한다)
双双(都系上红带子) 켤레마다 (모두 붉은 끈을 묶었다)
斤斤(计较) 근마다 (계산하여 비교하다)
分分秒秒(想着你) 분초마다 (너를 생각하고 있다)

그렇지만 다음과 같이 형용사를 넣어 평가를 나타낼 수는 없다.

一大样 (×)   一小种 (×)   一大对 (×)   一小双 (×)
一大斤 (×)   一大分 (×)   一小秒 (×)

c그룹은 +一+이다. 이것은 '평가할 수는 있으나, 중첩할 수는 없는' 양사로 그 숫자는 매우 적다. 일반적으로 소량의 의미인 '些'와 동사에서 변한 것들이며, 직접 '수사+X' 구조에 들어 갈 수 있다.

一些(钱) 약간의 (돈)   一撮(黄土) 한 줌의 (황토)
一抹(白云) 한 점의 (흰 구름)   一搂(麦秆) 한 아름의 (밀짚)

앞에 형용사를 추가하여 평가를 나타낼 수 있지만, 중첩하여 '每'의 의미를 나타낼 수는 없다.

一大些 하나의 큰 일부   一小撮 하나의 작은 줌
一小抹 하나의 작은 점   一大搂 하나의 큰 아름
些些(×)   撮撮(×)   抹抹(×)   搂搂(×)

d그룹은 +ー一이다. 이는 '중첩할 수도 없고, 평가를 나타낼 수도 없는' 양사로 그 숫자는 매우 적다. 이 양사는 분수와 배수를 나타내는 '成', '倍'와 의미가 비교적 공허한 동량사 '次', '下' 등을 포함한다. 직접 '수량사+X' 구조에 들어 갈 수도 있다.

三成(利息) 3할의 (이자)   两倍(水) 두 배의 (물)
(看了)三次 세 차례 (보았다)   (摸了)两下 두 차례 (더듬었다)

그렇지만 이들은 중첩하여 '每'의 의미를 나타낼 수도 없고, 형용사를 추가하여 평가를 나타낼 수도 없다.(동량사 '次'와 '下'는 '一次次', '一下下'라고는 말할 수 있지만, '次次', '下下'라고만 말할 수는 없다.)

成成 (×)   一大成 (×)   倍倍 (×)   一大倍 (×)
次次 (×)   一大次 (×)   下下 (×)   一大下 (×)

'수사+X' 구조에 직접 들어갈 수 있는 것은 양사가 반드시 갖추어야 할 조건이다. 그러나 다음 사항은 주의하여야 한다. 첫째, 물량을 나타낼 때 뒤에 또 명사구(NP)가 올 수는 없다. 둘째, '수사+X'의 사이에 분명한 물량사는 올 수 있다.[4] 예를 들어, '十三人(13인)'은 '수사+X'이므로 뒤에는 수를 세는 대상이 되는 명사구는 또 올 수 없지만, '十三个人(열 세 사람)'과 같이 분명한 물량사인 '个'는 중간에 올 수 있다. 여기서 '人'은 양사가 아니다.

만약 다른 각도에서 양사를 관찰한다면 또 다음과 같은 사실을 알 수 있다. 양사는 'NP成X' 구조를 이용하여 두 종류로 나눌 수 있다. 집합 단위를 나타내는 양사는 'NP成X' 안의 X 자리에 들어갈 수 있지만, 개별 단위를 나타내는 양사는 X 자리에 들어갈 수 없다. 예를 들어 보자.

一堆废品 → 废品成堆 한 무더기의 폐품 → 폐품이 무더기를 이루다
一群观众 → 观众成群 한 무리의 관중 → 관중이 무리를 이루다
一套房间 → 房间成套 한 세트의 방 → 방이 세트를 이루다

---

4) 역자주 : 원문의 내용은 "第一，表物量时，后边必须能出现NP。第二，'数X'中间不能出现一个明显是物量词的词。"이지만, 뒤의 문장과 맞지가 않아 문맥에 맞게 수정하였음을 밝힌다.

一双筷子 → 筷子成双 한 쌍의 젓가락 → 젓가락이 쌍을 이루다

一件废品 → 废品成件 (×) 한 건의 폐품 → ?

一位观众 → 观众成位 (×) 한 분의 관중 → ?

一个房间 → 房间成个 (×) 한 개의 방 → ?

一根筷子 → 筷子成根 (×) 한 개의 젓가락 → ?

양사 '些'는 집합 단위도 아니고, 개별 단위도 아니므로 상술한 구조에 들어갈 수 없다. 즉, '一些用品(약간의 용품)'은 '用品成些'라고 바꿀 수 없는 것이다.

상술한 내용을 통해, 양사 체계 안에서 '双'은 '중첩할 수 있으나 평가를 나타낼 수는 없으며, 'NP成X' 구조에 들어갈 수 있는 집합 단위를 나타내는 양사라는 것을 알 수 있다.

실제 언어 사용에 있어서 '双'은 다른 물량사와 함께 사용되기도 한다. 다음은 여러 개의 수량 결합을 특별히 나열한 예문이다.

(1) 空旷的竹屋中, 竟有五粒明珠, 四重门户, 三滩鲜血, 两双脚印, 二具蒲扇!

텅 빈 대나무 집에는 놀랍게도 다섯 알의 명주, 네 겹의 문, 세 무더기 선혈, 두 쌍의 발자국, 한 자루의 빈랑 잎으로 만든 부채가 있다!

(古龙『护花铃』147쪽, 海天出版社 1988년)

여기에서는 '五X', '四X', '三X', '两X', '一X'를 열거하였고, 중간에 각각 물량사 '粒(알)', '重(겹)', '滩(무더기)5)', '双(쌍)', '具(자루)'를 넣었다.

---

5) 역자주 : '滩'은 양사로 쓰일 때 액체가 '방울'보다 많은 양을 나타내는데, 한국어에 이에 대응하는 표현이 없어 여기서는 '무더기'로 번역하였다.

'双'과 '对'는 의미는 같지만, 사물과 결합할 때 특정한 습관성이 있어서 이 둘은 호환이 안 될 때도 있다. '双'와 '对'에 대해 다음 몇 가지는 특별히 설명이 필요하다.

첫째, '双'과 '对'는 간혹 화용적 가치에서 차이가 난다. 다음 두 가지 예문을 살펴보자.

(2) 昨晚是陈姐的一双儿女在家陪我, ……

어젯밤에는 천씨 언니의 두 아들딸이 집에서 나와 함께 있어주었고, …… (『梁实秋韩菁清情书选』 70쪽, 上海人民出版社 1991년)

(3) ……你写作, 我学习。啊! 那该是多么令人羡慕的一双呢!

당신은 글을 쓰고 나는 공부하고. 아! 그럼 얼마나 사람들에게서 부러움을 사는 한 쌍인가요! (위와 같음)

여기에 쓰인 '一双(한 쌍)'에 대해, 많은 사람들은 아마 '一对((짝을 맺은) 한 쌍)'를 쓸 것이다. '双'과 '对'는 모두 쌍을 이루고 짝을 맺은 것과 관련되지만, '双'은 '成双(쌍을 이루다)'이라는 것을 더욱 강조하고, '对'는 '配对(짝을 맺다)'라는 것을 더욱 강조하는 듯하다.

둘째, '一双'이 '两个(두 개)'만을 강조하여 '成双'의 의미와만 연결될 뿐, '配对'의 의미와는 관련이 없는 경우도 있다. 예를 들어보자.

(4) 来一个杀一个, 来两个杀一双!

한 놈이 나타나면 한 놈을 죽이고, 두 놈이 나타나면 쌍으로 죽이자!

여기서 '一双'은 '一对'라고 할 수 없으므로 뒤에 다시 명사가 올 수 없다.

제**4**절 양사 '半'과 수사 '双'

4.1 양사 '半'

'半'은『HSK 상용어휘 일람표』에서는 수사로 표기되어 있다. 그런데 '半'은 양사가 되기도 한다. 여기에서는 양사 '半'에 대해서 두 가지 방면에서 고찰하고자 한다.

1) '半'은 '수사X(NP)' 구조의 X 자리에 들어갈 수 있는데, 이는 양사의 위치이다.

양사 '半'은 여전히 $\frac{1}{2}$의 양을 나타내며, 앞에 올 수 있는 수사는 두 개만 가능하다. 하나는 '一'로 '一半'을 형성한다. 일반적인 물량·수량 결합과 마찬가지로 '一半'은 관형어 및 주어, 목적어 등이 될 수 있다. 예를 들어보자.

(5) 可麦客要存心整治谁, 能毁掉一半收成。

밀·보리 수확 일꾼들이 누군가를 혼내주려고 마음먹으면, 절반의 수확을 망가뜨릴 수 있다. (朱小平『桑树坪纪事』,『小说月报』1984년 10기 9쪽)

(6) 我拿水给你喝时, 见到你一半脸孔。便只一半容貌, 便是世上罕有的美人儿。

내가 너에게 물을 가져다 줄 때 너의 반쪽 얼굴을 보았다. 단지 절반의 얼굴이었지만 세상에서 보기 드문 미인이었지. (金庸『天龙八部』128쪽, 三联书店 1994년)

위 예문에서 3개의 '一半'은 모두 관형어로 쓰였다.

(7) 说起腊八粥, 我们煮了两包, 吃不完, <u>一半</u>放进塑胶罐, 放在冰箱的上层冻起来, ……

섣달 그믐날 죽 말인데, 우리는 두 봉지를 삶아 다 먹을 수 없어서, 절반은 플라스틱 캔에 넣어 냉장고의 상층부에 넣어 얼렸고 ……
(『梁实秋韩菁清情书选』 95쪽)

(8) 大家抢新闻, <u>一半</u>是为了我, <u>一半</u>是你的名气太大, ……

여러분이 뉴스를 가로 챈 것은, 절반은 저를 위해서이고 절반은 당신의 명성이 너무 커서…… (같은 책 111쪽)

위 예문에서 3개의 '一半'은 모두 주어로 쓰였다.

(9) 叶子已经落了<u>一半</u>, ……

잎이 벌써 반이나 떨어졌어, …… (徐广泽 『胡梦颠倒』, 『小说月报』 1992년 12기 92쪽)

(10) 刘副官太黑了, 瞎老汉至少要分给他<u>一半</u>, ……

유부관은 속이 너무 검어서, 눈먼 사나이가 적어도 그에게 반을 나누어 주어야 … (林希 『丑末寅初』, 『小说月报』 1992년 12기, 45쪽)

위 예문에서 첫 번째 '一半'은 목적어로 쓰였고, 두 번째 '一半'은 직접목적어로 쓰였다. '一半'은 구어에서 항상 교설음화(儿化) 되고, 표기를 할 때도 종종 '儿'을 붙이기도 한다.

(11) 别说现在还没离婚, 就是到离那一天, 他的东西也得掰给你<u>一半儿</u>。

지금 아직 이혼하지 않은 것은 말할 것도 없고, 설령 이혼하는 그날이 되어도 그의 재산은 반을 너에게 떼어줘야 한다. (厉夏、方金 『古船·女人和网』 88쪽, 中国戏剧出版社 1993년)

(12) 悬赏一千捉逃犯呀, 知情举报分<u>一半儿</u>呀!

탈주범을 잡으면 현상금이 천 위안이야. 정보를 파악하여 신고하면 절반을 준다. (林希『丑末寅初』,『小说月报』1992년 12기, 52쪽)

위의 예문에서는 모두 '一半儿'로 표기하였다.

'半' 앞에 올 수 있는 다른 수사는 '两'으로, 이들은 '两半(두 개로 나누다)'을 형성한다. '两半'은 일반적으로 '나누다'의 의미를 가진 동사의 목적어로 쓰인다. 예를 통해 살펴보자.

(13) 小豆偌儿在围裙上揩揩手, 把瓜接过, 分成<u>两半</u>, ……

종업원은 앞치마에 손을 닦고, 참외를 받아 반으로 나누고는, ……
(厉夏、方金『古船·女人和网』410쪽)

(14) 门是杉树劈的, 约七尺长的树段从中破为<u>两半</u>, 钉成一扇厚门。

문은 삼나무를 쪼갠 것으로, 약 일곱 자 길이의 나무토막을 중간에서 반씩 둘로 쪼개고 못을 박아 한 짝의 두꺼운 문으로 만들었다.
(野莽『乌山景色』,『小说月报』1992년 12기, 89쪽)

앞 예문의 '两半'은 '分成(나누다)'의 목적어로 쓰였고, 뒤 예문의 '两半'은 '破为(쪼개다)'의 목적어로 쓰였다.

'两半'은 또 '一半', '另一半'과 함께 호응하며 사용된다.

(15) 门轻轻地被关上了, 世界被分成<u>两半</u>, <u>一半</u>被发脾气的大自然主宰着, <u>另一半</u>盛着人们的痛苦欢乐……

문이 살짝 닫히자, 세상이 둘로 나누어졌는데, 절반은 성난 자연에 의해 지배되고, 다른 절반은 사람들의 고통과 기쁨을 담고 있다. (杨洪坛『今夜雨纷纷』,『啄木鸟』1992년 1기, 145쪽)

위 예문의 '两半'은 목적어가 되고, '一半'과 '另一半'은 뒤 두 절의 주어로 쓰였다. '两半'은 표기상 '两半儿'로 쓸 수도 있다.

(16) 嗨, 我能一劈<u>两半儿</u>吗?

하하, 내가 두 개로 반을 쪼갤 수 있을까? (厉夏、方金『古船·女人和网』78쪽)

(2) '一半' 안의 '半'은 형용사를 추가하여 양에 대한 평가를 내릴 수도 있다. 이는 일반 양사와 서로 같지만, 독특한 점도 있다. 이때 '一大半(대부분)'이라고 말하기도 한다.

(17) 我最伤脑筋的是我的稿件, …… 搬一回, 舍弃<u>一大半</u>, ……

내가 가장 골머리를 앓는 것은 나의 원고인데, …… 한번 이사하면 대부분을 버려야 한다. … (『梁实秋韩菁清情书选』183쪽)

(18) 令狐冲听得岳灵珊无事, 已放了<u>一大半</u>心, ……

링후충은 웨링산이 무사하다는 것을 듣고, 이미 마음의 태반을 내려놓았고, …… (金庸『笑傲江湖』391쪽, 三联书店 1994년)

위 예문에서 두 개의 '一大半'은 각각 목적어와 관형어로 쓰였다. 또 '一小半(절반 가까이)'이라고 말하는 경우도 있다.

(19) 一种可能, 是敌占地区将占中国本部之<u>大半</u>, 而中国本部完整的地区只占<u>一小半</u>。

한 가지 가능성은, 적이 차지하는 지역은 장차 중국 본토의 대부분이 될 것이어서 중국 본토의 온전한 지역은 단지 절반이 채 안 되는 지역일 뿐이라는 것이다. (毛泽东『论持久战』)

(20) 这句话还只说对了一小半。

　　이 말은 절반이 채 안 될 정도만 맞다. (金庸『笑傲江湖』372쪽)

위 예문에서 '一小半'은 모두 목적어로 쓰였다. 만약 '同意的只有一小半人(동의하는 것은 채 절반이 안 되는 사람이다)'과 같이 '一小半' 뒤에 명사가 오면 '一小半'은 관형어가 된다.

　　'一大半'과 '一小半'은 모두 '一'를 생략하고 각각 '大半', '小半'으로 말할 수도 있다. 예문 (19)에서 이미 '大半'이라는 표현이 나왔다. 또 예를 들어보자.

(21) 我们离别已有三十六天, 大半已经熬过。

　　우리가 헤어진 지 이미 36일이 되었는데, 대부분 이미 참고 견뎌냈다. (『梁实秋韩菁清情书选』172쪽)

(22) 第一招不用学, 第三招只学小半招好了。

　　첫 번째 수는 배우지 않아도 되고, 세 번째 수는 반수만 배우면 된다. (金庸『笑傲江湖』378쪽)

앞의 예문은 '一大半时间(대부분의 시간)'이라고 말하는 것과 같고, 뒤의 예문은 '一小半招式(반수)'라고 말하는 것과 같다. 어떤 경우에는 '一多半' 또는 '一少半'이라고 말할 수도 있다. 예를 들어보자.

(23) 大热的天却戴着一顶白礼帽, 帽檐儿拉得很低, 又戴着一副墨镜, 一幅面孔竟被遮住了一多半, ……

　　무더운 날씨에 오히려 흰 예모를 쓰고, 모자 창은 아주 낮게 당겨 푹 눌러쓰고, 또 선글라스를 끼고 있었는데 얼굴이 반이나 넘게 가려져 있었다.…… (林希『丑末寅初』,『小说月报』1992년 12기, 47쪽)

(24) ……里边的黑米煮熟了, 吃得还剩一少半, 犹自微微冒着热气。

……안의 흑미가 푹 익어서, 먹다가 반도 안 남았는데, 아직도 김이 살살 나고 있었다. (二月河 『乾隆皇帝·日落长河』 548쪽, 河南文艺出版社 1996년 11월)

앞 예문에서는 '一多半'이 쓰였고, 뒤 예문에서는 '一少半'이 쓰였다. 둘을 비교해보면, '一少半'은 잘 쓰이지 않는 표현이다.

수량 결합 안에 '多(少)'를 넣을 수 있는 것은 '一半'만의 특징이다. 몇 가지 예를 통해 이러한 용법이 결코 개별 작가의 작품에서만 나타나는 것이 아니라는 점을 설명하고자 한다.

(25) 老巩把核桃打了一多半的时候, 他觉得腰那里有些酸疼。

궁씨는 호두를 반 넘게 두드려 깠을 때, 그는 허리에 약간의 시큰거리는 통증을 느꼈다. (晓苏 『黑灯』 184쪽, 漓江人民出版社 1993년)

(26) 我不是已经孤身生活了七年吗? 再加四年, 一共十一年, 已过了一多半了呀!

나는 이미 7년 동안 외톨이로 살았잖아. 다시 4년을 더하면 모두 11년인데, 벌써 반도 더 지났구나! (廖静文 『往事依依』, 『收获』 1984년 2기, 65쪽)

(27) ……"小上海旅店"的字号也打出去了, 欠着银行的六万元, 已经还上了四万。也就是说, 这小楼和里面的装备, 已经挣回来一多半了。

'작은 상해 여관'이라는 상호도 유명해져서 은행 대출 6만 위안 중에 이미 4만 위안을 갚았다. 다시 말해, 이 작은 건물과 안의 설비들 중에 이미 반 이상은 샀다는 거지. (马秋芬 『远去的冰排』, 『小说选刊』 1988년 2기, 6쪽)

(28) 她……接着收拾剩下一多半的那些炖菜和馒头。

그녀는…… 이어서 반 이상 남은 반찬과 만두를 치웠다. (玛拉沁夫 『爱, 在夏夜里燃烧』, 『小说月报』 1985년 10기, 54쪽)

위의 예문에서는 모두 '一多半'을 사용하였다. 이러한 '수사 〈多／少〉양사'의 구조는 아직까지 학자들의 주의를 끌지 못하였다. 유사한 현상을 다룬 陆俭明의 『数量词之间插入形容词情况考察』이라는 글에서도 언급하지 않았다.

'一多半'('一少半')도 '一'를 생략하고 '多半'('少半')이라고 말할 수 있다. 예를 들어보자.

(29) 路两边, 是<u>多半</u>已经收割了的庄稼地。……这是一个让庄稼人咧开大嘴笑的好年景!

길 양편은, 대부분 이미 수확한 농작물이다 …… 이것은 농사꾼을 입을 크게 벌리고 웃게 하는 좋은 작황이다! (厉夏、方金『古船·女人和网』182쪽)

(30) …… 一张藤床就设在窗下, 床边有周全的家具, <u>多半</u>也都是藤子结合着木板制成器的。

등나무 침대 하나가 창문 아래 놓여 있고, 그 옆으로는 각종 가구들이 있다. 그 가운데 절반 이상은 등나무와 나무판으로 만든 것들이다. (野莽『乌山景色』,『小说月报』1992년12기 89쪽)

위 예문의 '多半'은 '一多半'과 같다.

양사 체계 안에서 '半'은 '些'와 마찬가지로 평가를 내릴 수는 있지만 중첩은 불가능한 양사들이다. 즉 '半半'과 같이 말할 수는 없다. 그 외에, 이들은 지시대사 '这', '那'와 직접 결합할 수 없다. '这一半', '那一半'이라고 할 수는 있지만, '这半', '那半'이라고 할 수는 없다. 이를 통해 '半'은 '些'를 포함한 다른 양사에 비해 더욱 큰 제약을 받는다는 것을 알 수 있다.

아울러 다음 세 가지 사항에 대해 설명하고자 한다.

첫째, '大半个(대부분)'와 같은 표현에서 '半'은 수사이다. 예를 들어보자.

(31) 宽宽的雨衣帽子遮住来人大半个脸……
넓은 우의 모자가 오가는 사람들의 얼굴의 대부분을 가리고……
(杨洪坛『今夜雨纷纷』,『啄木鸟』1992년 1기, 144쪽)

(32) 金斗一边发着感慨, 一边不由分说把我剩下的大半碗三下五除二送进肚。
진도우는 한편으로는 감개무량함을 토로하면서, 한편으로는 내가 남긴 대부분의 그릇을 정신없이 뱃속으로 넣었다고 다짜고짜로 말했다. (朱小平『桑树坪纪事』,『小说月报』1985년 10기, 4쪽)

이러한 표현에서 '大半' 뒤에는 양사가 출현하며, 이들의 결합 관계는 '大半 | 个'가 아닌 '大 | 半个'이다. 이때 '一大半个'라고 말할 수는 없다.
둘째, '大半生'과 같은 표현에서 '半'은 수사이다. 예를 들어보자.

(33) 胡九爷凭着自己大半生的处世经验, 给朱七出着主意。
호씨 집안의 아홉째 할아버지는 자신의 반평생의 처세 경험을 근거로 주씨 집안 일곱째에게 아이디어를 내주었다. (林希『丑末寅初』,『小说月报』1992년 12기, 52쪽)

(34) 你老人家扑腾了大半辈子, ……你该歇歇了。
어르신 당신께서는 반평생을 바동거리며 일하였으니 …… 이제 좀 쉬셔야지요. (厉夏, 方金『古船·女人和网』195쪽)

여기서 '大半'의 뒤에는 양사에 가까운 '生(일생)', 辈子(한평생)' 등이 온다. 이때 '一大半生', '一大半辈子'라고 말할 수는 없다.

셋째, '多半'이 부사인 경우도 있다. 예를 들어 살펴보자.

(35) ……其中顶多一架轰炸机, 两架护航机, 威力有限。假如统共只有
一架, 多半就是侦察机, 跑不跑的都无所谓了。

…그 가운데는 기껏해야 폭격기는 한 대, 항공기를 호위하는 비행기는
두 대 정도이니 힘에는 한계가 있다. 만약 통틀어서 한 대뿐이고, 아마도
정찰기라면 도망가든 안 가든 아무 상관이 없다. (中英杰 『京广线的随机
蒙太奇』, 『十月』 1992년 1기, 141쪽)

(36) 这两年苏富比的瓷器预展, 方月每次躬逢其盛, 多半由姚茫陪着,
……

최근 2년 동안 소더비스(Sotheby's. 미술품 경매회사)의 도자기 예비전을
팡웨는 매번 친히 맞이하였는데, 대부분 야오망이 수행하였다, …… (施叔
青 『窑变』, 『小说月报』 1985년 10기, 68쪽)

부사 '多半'은 '也许(아마)', '大概(대강)'와 마찬가지로 추측의 어기
를 나타내거나 '通常', '一般'과 같이 진술의 의미를 나타낸다. 이때 '一
多半'이라고 말할 수는 없다.

4.2 수사 '双'

'双'은 『HSK 상용어휘 일람표』에서 양사로 표기되어 있다. 그런데,
'双'은 수사이기도 하다.

수사 '双'에 대해서는 다음의 두 가지 방면에서 고찰할 수 있다.

1) 수사 '双'은 'X + 양사(NP)'에서 X 자리에 올 수 있다. 이 자리에
있는 '双'은 양사가 아니다. '双 + 양사 + NP' 구조에 자주 사용되는 양

사는 '重(겹)', '层(층)', '份(몫)', '倍(배)' 등이다. 예를 들어보자.

双重身分 이중신분 　　　双重人格 이중인격
双重压力 이중압력 　　　双重负担 이중부담
双层板壁 이중 판자벽 　　双层屏障 이중 보호막
双层岗哨 이중 초소 　　　双层防线 이중 방위선
双份礼品 두 몫의 선물 　双份工资 두 몫의 임금
双份奖金 두 몫의 보너스 双份报酬 두 몫의 보수
双倍价格 두 배의 가격 　双倍时间 두 배의 시간
双倍精力 두 배의 노력 　双倍收成 두 배의 수확

'双'과 명사구 사이에 오는 성분이 전형적인 양사가 아니거나 심지어 양사가 아닐 수도 있는데, 그래도 이들은 여전히 양사에 가깝다. 예를 들어 보자.

双架床 이층침대
双轨制 듀얼 트랙 제도
双料货 재료가 두 배인 제품 / 아주 좋은 제품
双胞胎 쌍둥이
双边关系 양국 관계
双轮马车 이륜마차
双向飞碟 (사격)스키트 / 더블 트랩
双门冰箱 양문형 냉장고
실제 용례를 몇 개 들어 보자.

(37) 在这双重角色的扮演中，男人心中不会平似秋水，……
　　이 두 가지 역할의 연기에서 남자의 마음은 가을 호수의 물처럼 잔잔하

지는 않을 것이다, …… (胡平『80年代中年男女的情感世界』,『记者写天下』 1991년 5기, 21쪽)

(38) ……方月从巴丙顿道搭乘双层巴士, 沿着拐弯的山路回旋下去, 那种眩晕的快感不再使她觉得新鲜……

……팡웨는 바빙둔가(홍콩의 거리 이름)에서 2층 버스를 타고 굽이치는 산길을 따라 돌았는데, 그 현기증의 쾌감을 그녀는 더 이상 신기하게 느끼지 않았다……. (施叔青『窑变』,『小说月报』1985年10기 70쪽)

(39) 那么, (零用钱)我都双倍给你, 好吗?

그럼, 제가 당신에게 (용돈을) 두 배로 드리는 것은 어떻습니까? (廖静文『往事依依』,『收获』1984년2기 78쪽)

(40) 俄乌两国领导人举行双边会谈。

러시아·우크라이나 양국 지도자가 양국회담을 연다. (中央电视台『新闻联播』)

여기서 '双' 뒤에는 양사 '重', '层', '倍'와 양사에 가까운 '边'이 왔기 때문에, '双'의 수사적 성질은 매우 뚜렷하다.

'双'의 뒤에 '十'가 와서 '双十'로 쓰이기도 한다.

(41) 孔雀妃子成名已久, 这姑娘最多不过双十年华, ……你怕是认错了吧?

공작비가 유명해진 지 이미 오래되었는데, 그 아가씨는 겨우 스무 살에 지나지 않는데……너 아마도 잘못 알고 있는 것 같은데? (古龙『护花铃』 246쪽)

(42) 双十年华, 正值人生中最最美丽的时日, 你便如此懊恼灰心, 莫非是……?

스무 살, 한창 인생에서 가장 아름다운 시절인데, 네가 이렇게 괴로워하고 낙심하는 것은 설마……? (같은 책 86쪽)

여기서 '双十'는 '两个十(두 개의 10)'이다. '两个十'는 '两个亿'와 같은데, 본래는 수사인 '十', '亿'등은 임시로 계량 단위가 되며, 양사의 성질을 가진다. '双十'에서 '双'은 분명히 수사이다.

'双＋양사'와 명사구(NP) 사이에 '的'를 사용하는 경우가 있는데, 이때 '双'의 수사적 성질은 변함이 없다.

(43) 可是要是她赶了回来, ……面临她的将是双重的灾难。

그러나 만약 그녀가 서둘러 돌아왔다면…… 그녀에게 닥친 것은 이중의 재난이었을 것이다. (金力明『第九封信』,『读者文摘』1993년 총138기 30쪽)

(44) ……我们的行为也显示出一种双重的忠诚。

……우리의 행위가 일종의 이중적 충성을 드러내 보이기도 한다.
(周励『曼哈顿的中国女人』,『读者文摘』1993년 총138기 44쪽)

2) 화용적 가치에서 수사 '双'은 '单一(하나)'가 아님을 강조하는 데 중점을 두고, '双'자 구조는 주로 사물을 명명하는데 사용하는데, 이때는 강한 문어적 색채를 띤다.

먼저, '双'이 '单一(단일)'가 아님을 강조하는 경우이다.

(45) 山区房屋为了取暖, 都设双重门：里面的叫屋门, 外面的叫风门。
……夜间打开这双重门, 那声响自然是不小的。

산간 지역의 집들은 난방을 위해 모두 이중문을 설치하였는데, 안쪽 것은 방문이라 부르고, 바깥쪽 문은 바람막이 덧문이라 부른다.……야간에 이 이중문을 열면 그 소리는 당연히 작지 않다) (玛拉沁夫『爱, 在夏夜里燃烧』,『小说月报』1985年 10기, 51쪽)

(46) ……男人们便有了双重压力, 动辄左右受制, ……
……남자들은 벌써부터 이중의 스트레스를 받아왔는데, 툭하면 좌우로

고통에 시달리고, …… (胡平 『80年代中年男女的情感世界』, 『记者写天下』
1991年 5기, 22쪽)

'双重门(이중문)'은 안쪽의 방문과 바깥쪽의 바람막이 덧문을 가리키
며, '双重压力(이중의 스트레스)'는 중년 남성이 부모와 자식으로부터
받는 스트레스와 '아내에게 잡혀 사는 괴로움(妻管严)'으로부터 오는
스트레스를 말한다. '双'이 나타내는 숫자는 '2'뿐이지만, '双'의 기능이
하나가 아님을 강조하기 때문에 사람들에게 주는 느낌은 '많다'라는 것
이다.

다음으로 '双'자 구조가 사물을 명명할 때 사용되며, 문어적 색채가
농후한 경우이다.

중국어 축약어 중에는 숫자를 사용한 것들이 있다. 의미가 유사한 세
수사 '二', '两', '双'은 명명을 하는 축약구조에 쓰일 때 각각의 특징이
나타난다. 李行健 등의 『新词新语词典』에 제시된 'X + 양사 + NP' 구조
중 명명의 성질을 가진 예들을 살펴보자.

'二'자 구조

二次能源 2차 에너지

二次污染 2차 오염

二等残废 2급 장애우

二部制(把学生分为两部轮流在校上课) 이부제(학생을 둘로 나누어
　　번갈아 수업하는 시스템)

二元结构 이원구조

'两'자 구조

两个凡是 두 개의 평범함

両个估计 두 개의 추측

両个决裂 두 개의 결렬

両个开放 두 개의 개방

両个文明 두 개의 문명

両种教育制度(全日制和半工半读或半农半读) 두 개의 교육제도(전
　　　　　　일제와 직장생활·학업 병행 또는 농사·학업병행)

両类不同性质的矛盾 성질이 다른 두 갈등

両点论 양면론

両面派 양면 작전 / 기회주의자

両面性 양면성

両条龙 두 마리 용

両张皮 두 장의 가죽 / 연관성이 없다

'双'자 구조

双重国籍 이중 국적

双重领导 이중 리더십 / 두 상급자가 지도하는 것

双重征税 이중 징세

비교를 통해 다음 사실을 알 수 있다. 명명을 나타내는 '二'자 구조는
주로 서수를 나타내며, '二部制', '二元结构'처럼 기수를 나타내는 경우
는 많지 않다. 명명을 나타내는 '両'자 구조는 반드시 기수를 나타낸다.
'両'과 결합하는 것은 일반적인 양사 '个' 또는 '种', '类', '点', '面',
'条', '张' 등이다. 명명을 나타내는 '双'자 구조 역시 기수를 타나내지
만, 주로 '重', '向', '部' 등과 결합하며, '両'자 구조에 비해 문어적 색채
가 농후하다. 이러한 이유로 인해 학술적 표현에서는 주로 '双'자 구조
를 사용하여 용어를 만들거나 사물을 지칭한다. 예를 들면, 현대중국어
문법서에서 '双重否定句(이중부정문)', '双部句(주술문)', '双向动词(양

방향 동사, 2격 동사)', '双向谓词(양방향 술어)' 등과 같은 용어가 자주 보인다. 또 '双' 뒤에는 양사의 성질을 가진 단어나 명사 단어가 오기도 한다, 또 '双价动词(2격 동사, 결합가가 2인 동사)', '双性动词(능격동사, 타동성과 자동성을 모두 가지는 동사)', '双格动词(쌍격동사)', '双目谓词(이중목적어 술어)', '双合助字(이중 조자)', '双联复句(이중연합복문)', '双宾结构(이중목적어 구조)', '双主语句(이중주어문)' 등이 있다. 또 예를 들면 가정용 에어컨 중에는 냉방과 난방의 기능을 모두 가지고 있는 제품이 있다. 만약 갑이 을에게 "너희 집에 어떤 에어컨을 설치했니?"라고 물으면, 을은 "双制(냉난방 제품)"라고 대답할 수 있다.

제5절 '半'과 '双'의 수·량 혼돈

현대중국어 수량사 체계에는 특별히 주의해야 할 현상이 하나 있는데, 그것은 '수사와 양사의 엉킴(数量扭结)'이다. 이러한 현상이 많지는 않지만, 이 하나의 측면을 통해 중국어 품사 체계 안에서 수량사 체계의 특수성을 보여준다.

'수사와 양사의 엉킴' 현상은 주로 두 가지 경우이다. 하나는 수사와 양사가 하나로 합쳐지는 '수량합일(数量合一)' 현상이다. 여기에 해당되는 것은 '俩(두 개)'와 '仨(세 개)'이다. 이들은 각각 '两个'와 '三个'가 하나로 합쳐진 것들이다. 다른 하나는 '수사와 양사의 혼돈(数量混沌)' 현상이다. 여기에 해당되는 것은 '半'과 '双'이다. 이들은 간혹 수사 같기도 하고 양사 같기도 하여, 품사가 혼돈의 상태인 경우가 있다.

먼저 '半'에 대해 논해 보자.

수사 '半'과 양사 '半'은 모두 '$\frac{1}{2}$'의 의미를 나타내며, 품사의 차이는 제약을 받는 양사 규칙과 수사 규칙의 차이에서 나타난다. 그런데 '半'이 양사 규칙이나 수사 규칙, 즉 '半＋양사' 또는 '수사＋半'의 틀을 벗어나
서 명사, 동사, 형용사 등과 직접적으로 관계를 맺기도 하는데, 이때 의미는 여전히 '$\frac{1}{2}$' 혹은 이와 관계가 있다. 구체적인 상황은 대체로 다음과 같다.

'半'이 NP를 직접 수식
半仙 반 신선
半子 반 자식
半价 반 가격
半路 도중
半空 반 공중
半山 반 산

'半'이 VP를 직접 수식
房门半掩 대문이 반쯤 닫히다
眼睛半闭 눈이 반쯤 감기다
半开玩笑 반쯤 농담하다
气得半死 반쯤 죽을 정도로 화가 나다

'半'이 AP를 직접 수식
半透明 반투명
半清醒 반은 깨어 있다
须发半白 수염과 머리카락이 반쯤 희다
徐娘半老6) 서낭은 중년이 되어서 자색이 뛰어나다

'半'이 주어 또는 목적어로 쓰임

半男半女 반은 남자이고 반은 여자이다

半师半友 반은 스승이고 반은 친구이다

赛事过半 경기 일정이 절반을 넘겼다

人数过半 사람 수가 절반을 넘겼다

규칙을 벗어난 '半'은 일반적으로 수사 같기도 하고 양사 같기도 한 혼돈상태에 있다. 몇 가지 실제 용례를 살펴보자.

(47) 一个半成人捧着饭碗, 蹲在墙头上, 边吃边看扶乩。

반 성인 하나가 밥그릇을 들고 벽에 쭈그리고 앉아 음식을 먹으면서 푸루안(막대기로 치는 점술의 하나)을 본다. (陈源斌『北撤河东』, 『小说月报』1992년 12기, 70쪽)

(48) ……行政院改组, 半换新人, 市长也换了。

……행정원 개편으로 반은 신인으로 바뀌었고, 시장도 바뀌었다. (『梁实秋韩菁清情书选』308쪽)

(49) 铜锁没命地奔跑在半憔悴的山丘上。

퉁쉬는 반쯤 초목이 시들한 언덕 위를 필사적으로 달렸다. (厉夏、方金『古船·女人和网』6쪽)

(50) 梁岩跟着跑过来, 半是担心, 半是诧异。

량옌이 따라서 뛰어왔는데, 걱정 반, 이상함 반이었다. (宋树根『虎啸龙吟』, 『啄木鸟』1992년 1기, 87쪽)

---

6) 역자주 : '양(梁)나라 원제(元帝)는 서소패(徐昭佩)라는 왕비가 있었는데, 나이가 들어도 풍류는 여전하였다고 하여 유래됨.

(51) 喜怒参半? 好像还不是, ……

　　기쁨과 노여움이 반씩 섞였다고? 아직은 아닌 것 같은데…… (黎峰『'四
　　·二四'疑案』, 『啄木鸟』 1992년 1기, 40쪽)

　위 예문 중, '半成人(반 성인)', '半换新人(절반을 신인으로 바꾸다)',
'半憔悴(반쯤 초췌하다)'에서 관형어, 부사어가 되는 '半'과 '半是担心,
半是诧异(걱정 반, 이상함 반)', '喜怒参半(기쁨이 노여움이 반씩 섞이
다)'에서 주어, 목적어가 되는 '半'은 수사인지 양사인지 명확하게 단정
하기가 매우 어렵다.
　이러한 '半'에 대해 만약 수사나 양사 중 하나로 분류하라고 요구한
다면 어떻게 할까? 결국 따져보고 비교하여 더 나은 것을 선택할 수밖
에 없을 것이다.
　먼저, 단독으로 사용될 수 있는 능력을 보면 수사가 양사보다 강하다.
단음절 수사는 관형어, 부사어, 주어 목적어가 모두 될 수 있다. 예를
들면 다음과 같다.

　　一敌兵被射中了。
　　적병 하나가 총에 맞았다. (관형어)

　　我这是三到贵山庄。
　　나는 이번이 세 번째로 당신의 산장에 온 것입니다. (부사어)

　　最重要的事, 一是找到大哥, 二是弄到粮食。
　　가장 중요한 일은, 첫째 형님을 찾는 것이고, 둘째는 곡식을 얻는 것이다.
　　(주어)

　　困难有二 : 没有渡河的船只, 这是一 ; 没有本地的水手, 这是二。

어려움은 두 가지가 있다. 강을 건널 배가 없다는 것, 이것이 첫째이고, 이 고장 출신 선원이 없다는 것, 이것이 둘째이다. (목적어)

단음절 양사는 다음과 같은 특정 환경에서만 단독으로 사용된다.

① '동사+(一)양사+명사'의 동목구조 안에서 관형어가 되는 경우

写封信 편지를 한통 쓰다
借本书 책을 한권 빌리다

② '成'과 같은 동사 뒤에서 목적어가 되는 경우

成批 무리를 이루다
成帮 패거리를 이루다
成群结队 무리를 이루고 대오를 만들다

③ '论'과 같은 동사 뒤에서 목적어가 되는 경우

卖肉论斤 고기를 근으로 팔다
卖布论尺 천을 자로 팔다
买苹果论个 사과를 낱개로 사다

④ 성어, 격언 어구 안에 출현할 경우

片言只语 한 조각 말과 한마디 말 / 한두 마디의 간단한 말
寸金难买寸光阴 한 치 길이의 금으로 한 치 길이의 시간을 사기 어렵다
／ 시간은 돈으로도 사기 어렵다

다음으로, 의미의 중점을 보면 수사와 양사의 엉킴 현상은 의미가 모두 수사에 편중되어 나타난다. 위에서 말했듯이, 수사와 양사가 하나로 합쳐지는 것과 수사와 양사의 혼돈 현상은 모두 다 수사와 양사의 엉킴 현상이지만, 수사와 양사가 하나로 합쳐지는 현상은 수사에 편중된다는

것이다. 가장 뚜렷한 증거는 '俩'가 '两个'와 같다는 것인데, 표기상 흔히 '小俩口'라는 표현을 볼 수 있다. 물론 이것은 잘못된 표현이지만, 이를 통해 사람들이 '俩'를 하나의 수사로 간주하는 경향이 있음을 알 수 있다. 수량사 체계 전체를 놓고 볼 때, 단독으로 쓰인 '半'은 수사에 더 가까우며, 반드시 하나를 선택해야 할 때는 일괄적으로 모두 수사로 볼 수 있다. 사실 본고는 4.1에서 이미 '(大)半輩子(반평생)'의 '半'을 수사의 예로 들었다.

이어서 '双'에 대해 논해보자.

양사 '双'과 수사 '双'은 모두 '两个'의 의미와 관련이 있다. 품사의 차이는 역시 제약을 받는 수사 규칙과 양사 규칙의 차이에서 나타난다. 그런데 '双' 역시 수사 규칙이나 양사 규칙, 즉 '수사 + 双' 또는 '双 + 양사'의 틀을 벗어나 명사, 동사, 형용사와 직접 관계를 맺기도 하는데, 이때도 의미는 '两个'와 관계가 있다. 구체적인 상황은 대체로 다음과 같다.

'双'이 NP를 직접 수식

双目 두 눈   双手 두 손   双脚 두 발   双颊 두 뺨
双剑 두 자루의 칼   双雕 두 마리의 독수리

'双'이 VP를 직접 수식

父母双亡 부모 두 분 다 돌아가시다
一马双驮 한 마리 말에 두 개의 짐
二人双战大恶人 두 사람이 함께 나쁜 사람과 싸우다

'双'이 AP를 직접 수식

才貌双全色艺双绝 재능과 용모 둘 다 갖추었고, 미모와 재주 둘 다 엄청나다

思想业务双丰收 사상과 업무 둘 다 성과가 풍성하다

규칙을 벗어난 '双'은 수사와 양사의 혼돈 상태에 있다. 두 가지 실제 용례를 살펴보자.

(52) 嫂子, 你是双身子, 往后, 有重活儿, 吱一声。

형수님, 당신께서는 두 몸이시니, 앞으로 힘든 일이 있으면 말씀하세요. (厉夏、方金『古船·女人和网』233쪽)

(53) "华都会晤"签下的合同书, 给陈源斌留下了……双显名的殊荣。

'华都会晤'라 서명된 계약서는 천위안빈에게……두 가지 분야에 이름을 날리는 특별한 영예를 가져다주었다. (朱炬烽『'秋菊'出世记』,『读者文摘』 1993년 총138기, 34쪽)

'双身子(두 몸)'란 두 개의 인체를 가진다는 의미가 있고, 어머니와 자식이 쌍을 이룬다는 의미도 있다. 그리고 '双显名(이중으로 이름을 날리다)'은 두 가지 영역에 걸쳐 이름을 날린다는 의미를 가지고, '小说原著作者(소설 원작 작가)'와 '电影改编作者(영화 각색 작가)'라는 두 분야에 모두 이름을 날린다는 의미도 가진다.

'半'의 경우와 마찬가지로, 단독으로 쓰인 수사, 양사 혼돈의 '双'은 일반적으로 수사에 편향된다. '双'은 모두 '两'으로 쉽게 대체가 가능하거나 '两'의 의미와 통하지만, 모두 다 '一双'으로 대체할 수는 없다는 것이 그 증거이다. 비교하여 보자.

(54) 苏小个子肩头搭条手巾, 双手抱膀, ……

작은 몸집의 수는 어깨에 수건을 걸치고, 양손으로는 어깨를 감싸 안으며, …… (厉夏、方金『古船·女人和网』54쪽)

(55) 香草羞赧地捂住双颊。

샹차오는 부끄러워 얼굴을 붉히며 두 볼을 가린다. (같은 책 408쪽)

'双手(양손)'는 '两手(양손)'라고 말할 수도 있고, '一双手(한 쌍의 손)'라고 말할 수도 있다. 하지만 '双颊'는 '两颊(양볼)'라고 말할 수 있지만, '一双颊'라고 말할 수는 없다. 동사구(VP)와 형용사구(AP)를 수식하는 '双'은 더더욱 '一双'이라고 말할 수 없다. 예를 들어, '父母双亡(부모가 모두 죽다)'은 아버지와 어머니가 모두 세상을 떠난 것이고, '思想业务双丰收(사상과 업무에 모두 성과가 있다)'은 사상과 사업 두 방면에 모두 성과가 풍성하다는 것인데, 이때 '双'을 '一双'으로 바꾸는 것은 불가능하다.

'双手', '双脚(양발)', '双腿(양다리)' 등을 가리킬 때 '一双'이라고 말할 수도 있는데, 이때 '双'은 역시 수사에 가깝다. 이는 수사의 대조적 사용을 통해 증명할 수 있다. 예를 들어보자.

(56) 一个紫袍人……喝道：“……瞧我不打断你的两腿。” 木婉清吃了一惊，心道：“哼，你要打断段郎的双腿，……”

한 보라색 두루마기를 입은 사람이 … 관리 행차 길을 인도하며 소리쳤다. “…내가 네 두 다리를 부러뜨리지 않는가 봐라.” 무완칭은 놀라 속으로 말하였다. “흥, 네가 내 두 다리를 부러뜨리겠다고,……” (金庸『天龙八部』218쪽)

여기서 '两腿(두 다리)'와 '双腿'를 대조적으로 사용함으로써 '双'의 수사로서의 경향이 분명해졌다. 만약 수사와 양사 중에 반드시 하나를 선택해야 한다면, 기본적인 경향을 근거로 단독으로 사용된 '双'은 일반적으로 수사로 볼 수 있다. 본고는 앞에서 이미 '이중주어(双主语)'라는 용어의 '双'을 수사로 간주하여 분석을 진행하였다. 다만 다음 세 가지 경우에 한해 단독으로 사용된 '双'은 틀림없이 양사이다.

① '동사＋(一)양사＋명사' 구조에서 관형어가 되는 경우

碗边有双筷子。 그릇 옆에 한 쌍의 젓가락이 있다.

② '成'자 뒤에서 목적어가 되는 경우

好事成双。 좋은 일은 쌍을 이룬다.

③ '论'자 뒤에서 목적어가 되는 경우

卖鞋子论双。 켤 레로 신발을 판다.

위의 세 경우는 앞에서 언급한 양사가 단독으로 사용되는 규칙에 부합한다.

주의할 만한 것은, 양사 중첩형식인 '双双(쌍쌍)'이 '每一双(모든 쌍)'의 의미를 나타내는 경우도 있으며, 또 간혹 수사와 양사의 혼돈 형식이 되기도 한다는 것이다.

(57) 她跟着榆娃<u>双双</u>远走高飞，…… 开始一种美滋滋的新生活。

그녀는 위와를 따라 둘은 쌍으로 멀리 떠나가서 …… 즐겁고 행복한 새 생활을 시작하였다. (朱小平『桑树坪纪事』,『小说月报』1985년 10기, 18쪽)

(58) 两人<u>双双</u>坐在这, 啥意思?

두 사람이 쌍으로 여기 앉아 있는데, 무슨 뜻이에요? (马秋芬『远去的冰排』,『小说选刊』1988년 2기, 21쪽)

여기에서의 '双双'은 '每一双'의 의미가 아니다. 이때는 '两'의 의미

와 더 연관이 있으며 수사에 가까워 보인다.

제6절 맺음말

(1) 현대중국어 수량사 체계는 현대중국어 품사 체계 가운데 하나의 특수한 하위 체계이다. 수사와 양사의 정형화된 결합은 상호 제약하며, '수사는 양사를 떠나지 않고, 양사는 수사를 떠나지 않는다'는 수량사 체계의 기본적인 모습을 결정하였다. 또한 수량사의 결합은 수량사 체계의 '수사와 양사가 결합하여 함께 다른 성분을 수식한다'는 기능과 함께 일반적으로 '수사로 양사를 판별하거나 혹은 양사로 수사를 판별한다'는 식별 기준도 결정하였다. 현대중국어 품사 체계에서 수사와 양사처럼 '동맹식(联盟式)'의 결합 관계를 가지고 있는 두 품사는 찾을 수가 없다.

(2) '半'은 양사와 결합할 때는 명확한 수사이고, 수사와 결합할 때는 명확한 양사이다. 수사 '半'은 기수에는 사용되지만 서수에는 사용되지 않으며, 이와 결합할 수 있는 양사는 확실한 수량이나 실체와 관련된 둘로 나눌 수 있는 단위를 나타낸다. 양사 '半'과 결합할 수 있는 수사는 '一'과 '两'에 국한된다. 이때 '半'은 중첩할 수 없고, '一'를 생략하지 않은 경우에는 '这'·'那'와 직접 결합이 가능하다. '一半'은 형용사가 그 사이에 들어가 양에 대한 평가를 할 수 있다. 특히 '一多半', '一少半'이라는 표현은 주의를 할 필요가 있다.

(3) '双'은 수사와 결합할 때는 명확한 양사이고, 양사와 결합할 때는 명확한 수사이다. 양사 '双'은 평가를 내릴 수 없는 수량이 정해진 정수(定数)의 집합 단위를 나타낸다. 정수의 단위일 때는 '大', '小' 등을 추

가하여 양에 대한 평가를 할 수 없고, 집합 단위일 때는 '成'의 뒤에 쓰여 목적어가 될 수 있다. 한편, 수사 '双'은 기수에는 쓰이지만 서수에는 쓰이지 않으며, 일반적으로 '重', '层', '份', '倍' 등의 양사와 결합하여 사용된다. '单一'와 상대되는 의미를 강조할 경우와 학술적인 용어를 결합하여 만들 경우에 수사 '双'을 사용함으로써 특별한 화용적 가치를 가진다.

(4) '半'과 '双'은 양사 없이 단독으로 사용되기도 한다. 이러한 '半'과 '双'은 특수한 상황을 제외하고 일반적으로 모두 다 수사와 양사의 혼돈 현상이다. 전체적으로 보아 '半'과 '双'의 수사, 양사 혼돈 현상은 모두 수사에 편향된다.

(5) '半'과 '双'에 대한 관찰을 통하여 다음과 같은 사실을 알 수 있다. 수량사 체계 안에서 각각의 단어는 공통성을 가지면서 차이성도 가진다. 한편으로는 단어들은 각각 수사 체계와 양사 체계에서 일정한 위치를 점하고 있으면서 각자의 특징을 드러내고, 다른 한편으로는 '俩'과 '仨'의 수사와 양사의 합일, '半'과 '双'의 수사와 양사의 혼돈처럼, 수사와 양사의 '엉킴(扭结)'의 상태를 형성하는데, 이는 '연맹식(联盟式)' 결합 관계의 심화를 보여준다.

현대중국어 품사 체계에서 갑이라는 품사의 단어와 을이라는 품사의 단어의 '엉킴(扭结)' 현상은 수량사 체계에서만 존재한다.

주요 참고문헌

1. 国家对外汉语教学领导小组办公室汉语水平考试部, 『HSK常用词汇一览表』, 『汉语水平考试大纲』, 时代出版社 1989年 11月.

2. 李行健等, 『新词新语词典』, 语文出版社 1989年 4月.

3. 陆俭明, 『数量词中间插入形容词情况考察』, 『第二届国际汉语教学讨论会论文选』, 北京语言学院出版社 1988年 12月.

* 본 글은 원래 『语言教学与研究』 1993년 4기에 게재된 것인데, 여기에서는 일부 내용을 수정, 보충하였다.

최근에 '很+명사'의 표현이 많아지는 추세이다. '绅士(신사)'나 '淑女(숙녀)'는 명사인데, '很绅士(아주 신사적이다)', '很淑女(아주 숙녀답다)'라고 말하기도 한다. 그 예를 살펴보자.

> 马悦在跟女主人于薇跳过第一支曲子后, 接着便来到佩茹面前, 做了一个<u>很绅士</u>的恭请动作。
> 마웨는 여주인 위웨이와 첫 곡에 맞춰 춤을 춘 뒤, 이어서 페이루 앞으로 다가와 매우 신사적인 신청 동작을 하였다. (徐坤『如烟如梦』,『小说月报』1997년 6기, 41쪽)

> 懒细<u>很淑女</u>地啜饮高脚杯中的白酒。
> 수시는 아주 숙녀답게 와인 잔에 담긴 백주를 마셨다. (施叔青『香港的故事』, 台港女作家作品选『独身女人』14쪽, 漓江出版社 1986년 11월)

본고에서는 언어와 문화의 각도에서 '很+명사' 표현을 고찰하고자 한다. 편의를 위해 간혹 '很+명사'를 '很명'으로 약칭하기도 하였다. 먼저 언어의 각도에서 '很+명사'를 살펴보자.

제1절 언어의 각도에서 본 '很+명사'

1. 통사 기능상 '很+명사'는 형용사성이다.

'很명'의 구조는 두 부분을 포함한다. 앞부분은 '很'으로 대표되는 정도부사 부분이며, 정도부사는 이외에도 '最(가장)', '太(너무)', '更(더)', '够(충분히)', '真(정말)', '非常(매우)', '特別(특별히)', '比較(비교적)' 등의 부사를 쓸 수 있다. 또 정도를 가리키는 대사 '这么', '那么'를 쓸 수도 있다. 예를 들어 보자.

> 最后苹果拼盘上来了, ……大家非常绅士地用小叉子一粒一粒地叉起来吃, ……
> 마지막으로 사과 모둠과일이 나왔는데, …… 모두들 아주 신사적으로 작은 포크를 사용하여 한 조각 한 조각씩 찍어 먹었고, …… (王海玲『亦真亦幻』,『中篇小说选刊』1997년 3기, 153쪽)

뒷부분은 명사인데 명사구가 올 수도 있다. 예를 들어보자.

> 殷法能兴高采烈地拿起了杜晚晴的手, 很绅士风度地吻了下去。
> 인파능은 신바람이 나서 두완칭의 손을 잡고서, 대단히 신사다운 매너로 키스를 하였다. (梁凤仪『花帜』233쪽, 人民文学出版社 1992년 12월)

> 没有想过葛懿德的容貌如此俊秀, 五官简直精美, 很女中丈夫, 不怒而威。
> 거이더의 용모가 그렇게 빼어날 줄은 생각지도 못했는데, 이목구비가 정말 반듯하고 아름다우며 대단히 여장부다워 화를 내지 않아도 위엄이 있었다. (梁凤仪『九重恩怨』39쪽, 人民文学出版社 1992년 12월)

慕天，这儿的清晨，烟雾弥漫，更诗情画意，你若能来跟我共进早餐的话，就是太好了，我们还有很多很多话要说。

무티안, 이곳의 아침은 안개가 자욱하여 시적 정취와 그림 같은 분위기가 더욱 물씬하니, 당신이 와서 나와 아침 식사를 함께 할 수 있다면 정말 너무 좋겠다. 우리에겐 또 너무나 많은 할 말이 있잖아. (梁凤仪 『醉江尘』 146쪽, 人民文学出版社 1992년 7월)

'很X' 구조는 '很명'이라는 표현을 구성하는 기본 형식이다. '很X'는 형용사성이기 때문에 '很명'도 역시 형용사성이 된다. 문장에서 '很명'은 관형어, 술어, 부사어 또는 보어로 쓰이는데, 이는 바로 형용사나 형용사구가 일반적으로 분포하는 상황이다. 예를 들어 살펴보자.

他的举止很绅士。
그의 행동은 매우 신사적이다. (술어)

他做了个很绅士的动作。
그는 한 차례 매우 신사적인 동작을 하였다. (관형어)

他很绅士地做了个恭请的动作。
그는 매우 신사적으로 공손한 신청 동작을 하였다. (부사어)

他的恭请动作做得很绅士。
공손한 그의 신청 동작은 매우 신사적으로 행해졌다. (보어)

'很 + 명사'는 형용사성이므로 전형적인 '很 + 형용사'와 병렬하여 사용할 수 있다. 예를 들어보자.

萧城立马赶到，很潇洒很英雄很男子气地跃入水中，将男孩救起。

수청은 곧바로 달려와서 매우 멋지고 영웅답게, 그리고 매우 남자답게 물속으로 뛰어 들어 남자아이를 구해냈다. (少鸿『触摸忧伤』,『芙蓉』1994년 2기, 64쪽)

여기서 '很男子气(매우 남자답다)'는 '很潇洒(매우 멋지다)', '很英雄(매우 영웅답다)'와 병렬하며 함께 부사어로 쓰였다. 이렇게 병렬하여 사용되는 어구는 성격상 공통점을 가질 수밖에 없다.

'很명'은 주어와 목적어로 쓰일 수 없다. '绅士', '淑女' 등의 단어가 만약 명사가 통상적으로 분포하는 주어나 목적어 자리에 오면, 이들은 '很' 등의 수식을 받을 수 없다. 예를 들어보자.

放眼望去, <u>绅士淑女们</u>衣冠楚楚, ……
눈을 들어 바라보니 신사 숙녀들은 깔끔하게 차려 입고,… (陈浩泉『选美前后』,『花城』1985년 1기, 201쪽)

原来以为早到了, 大厅里却已尽是衣履风流的<u>绅士淑女</u>, ……
원래는 일찍 도착했다고 생각했는데, 큰 홀 안은 이미 온통 멋들어지는 옷차림의 신사 숙녀들이었고,…… (施叔青『香港的故事』,『独身女人』33쪽)

앞 예문에서 '绅士淑女们(신사 숙녀들)'은 주어이고, 뒤 예문에서 '绅士淑女'는 목적어이다. 이 위치에서 '绅士', '淑女'는 모두 '很'을 추가할 수 없다.

2. '很명' 구조에 들어갈 수 있는 명사는 제한적이다.

'很명' 구조에 들어간 명사는 사람과 사물, 방위나 처소, 시간을 모두 가리킬 수 있다. 따라서 사용 범위는 상당히 넓다고 하겠다. 예를 들어보자.

很绅士 매우 신사적이다 (인칭명사)
很母性 매우 모성적이다 (사물명사)
很香港 매우 홍콩스럽다 (방위처소명사)
很现代 매우 현대적이다 (시간명사)

　그런데 사실상 '很X'와 같은 구조에 들어가는 명사는 특정한 의미 조건의 제약을 받는 것들이다. 이 명사들은 기질, 작풍, 양식, 성격, 자세 등의 영역에서 화자의 어떤 특이한 느낌을 나타내는데, 간단하고 개괄적으로 '특별한 느낌(异感性)'을 가진다고 말할 수 있다. 한 화자가 만약 '淑女'라는 표현에 특별한 느낌을 가지고 있다면, 어느 여성이 말이나 대화를 하는 데 있어 화자 자신의 느낌에 부합하는 것을 보았을 때 화자는 '很淑女'라고 말을 할 수 있다. 또 행동과 풍모가 자신의 느낌에 부합하는 여성을 만났을 때도 화자는 역시 '很淑女'라고 말할 수 있다. 마찬가지로 한 화자가 '香港(홍콩)'에 대해 특별한 느낌을 가졌다면, 자신의 느낌에 부합하는 옷차림을 보게 되면 화자는 '很香港(매우 홍콩스럽다)'이라고 말을 할 수 있다. 또 이러한 느낌에 부합하는 헤어스타일을 보았을 때에도 화자는 역시 '很香港'이라고 할 수 있다.

　여러 유형의 명사 가운데 시간명사가 받는 제약이 가장 큰데, 시간이 사람들에게 특별한 느낌을 주기가 쉽지 않기 때문이다. 이러한 예는 현재 '很现代(매우 현대적이다)' 하나 정도만 보인다. 특수한 경우에는 '很未来(대단히 미래스럽다)', '很上古(대단히 예스럽다)'라는 표현도 가능하겠지만, '很今天', '很明年', '很星期日'라고 말할 수는 없다.

　시간명사에 이어 큰 제약을 받는 것이 인칭명사와 방위처소명사이다. 사람을 가리키는 명사는 위 예문의 '绅士', '淑女' 외에, '女人'과 같은 단어도 특별한 느낌을 강조하는 경우에는 '很'을 추가할 수 있다. 방위처소명사의 경우, 위 예문의 '香港' 외에 특수한 상황에서는 '国际(국제)', '中国(중국)', '美国(미국)', '日本(일본)', '上海(상하이)', '西藏(시장)', '海南(하이난)' 등과 같은 것들도 '很'을 붙일 수 있다. 예를 들어보자.

> 四婶也像别的村妇一样, <u>很女人</u>地挨男人的打然后委屈得哭一场, ……
> 넷째 숙모도 다른 마을 부녀자처럼 아주 여자답게 남자에게 구타를 당하고 난 후에 억울해서 한바탕 울고,…… (李肇正『小女子』,『中篇小说选刊』 1997년 1기, 146쪽)

> 我又见到了昨夜招待我的那位西藏小伙。…… 他告诉我, 他曾经到北京、上海学习过。他长就一张很<u>西藏</u>的忠厚的脸。
> 나는 어젯밤에 나를 초대한 그 西藏(시장) 젊은이를 또 만났다. …… 그는 나에게 자신이 일찍이 베이징, 상하이로 가서 공부한 적이 있다고 말했다. 그는 아주 西藏스러운 충후한 얼굴을 지니고 태어났다. (余纯顺『走出阿里』,『小说月报』 1996년 12기, 19쪽)

사물명사는 제약이 다소 약하다. 특히 '气(기운)', '味(느낌)', '腔(말투)', '调(어조)', '样(모양)', '性(성질)', '主义(…주의)', '风度(풍모)' 등을 포함하는 명사나 명사구는 '很'을 추가하기가 쉽다. 예를 들어보자.

> 李艺知道自己这样问<u>太学生味</u>, 但又由不住要这样想。
> 리이는 자신이 이렇게 질문하는 것이 너무 학생 티가 난다는 것을 알면서도 자신도 모르게 이렇게 생각하곤 했다. (王炬『正义的迷踪』,『中篇小说选刊』 1996년 6기, 77쪽)

> 总之, 简珍不是上大学的料。简珍很<u>唯物主义</u>, 就不在功课上下苦功, 一天到晚盘算着如何当老板。

요컨대, 젠전은 대학에 갈 인재가 아니다. 젠전은 매우 유물주의적이어서 공부에는 힘쓰지 않고 온종일 어떻게 하면 사장이 될 것인가만 궁리하였다. (李肇正『小女子』, 『中篇小说选刊』1997년 1기, 118쪽)

사물명사를 포함해서 사람들의 특별한 느낌을 불러일으킬 수 없는 명사는 '很'의 수식을 받을 수 없다. 예를 들면 '鼻子(코)', '衣服(옷)', '电视机(텔레비전)'는 '很鼻子', '很衣服', '很电视机'라고 말할 수 없다.

3. 전형적인 명사가 '很명'의 구조에 들어간 경우는 명사가 형용사로 활용된 것이며, 이는 '품사 활용(词性活用)' 현상에 해당된다.

의미적으로 보건대, '很명' 구조 안의 명사는 특별한 느낌을 가져야 하기 때문에 전형적인 명사가 일단 '很명' 구조 안에 들어가면, 본래의 의미는 더 이상 사용되지 않고 임시로 부여된 성질이나 상태를 나타낸다. 예를 들어, '西藏'의 원래 의미는 중국의 하나 성(省)이지만, '很西藏(매우 시장스럽다)'이라고 말할 때는 이와 달리 티베트와 관련이 있는 모종의 기질 또는 생김새, 장식 등을 가리키며, 모두 임시로 형용사의 의미를 나타낸다. 물론 이러한 구조 속에 있는 명사는 이미 일반적인 의미의 명사가 아니다.

표기 방식을 보면, 용법의 특수성을 특별히 강조하기 위하여 종종 명사에 인용부호를 붙임으로써 그것이 수사적으로 활용된 표현이라는 것을 나타낸다. 예를 들어보자.

她一开始就不同我说藏语。十分惊诧, 女人的直觉为什么总是如此敏锐, 尽管此时我已经很"<u>西藏</u>"。

그녀는 처음부터 나와 티베트어로 말하지 않았다. 매우 이상하게도 여자의 직감은 왜 항상 이렇게 예민한 건지, 이때 나는 이미 대단히 '시장스러워졌음'에도 말이다. (余纯顺『走出阿里』,『小说月报』1996년 12기, 35쪽)

普兰的边贸市场分东风桥头市场和唐嘎市场两部分。唐嘎市场也被远近的人们叫做"国际市场"。其实, 东风桥头市场也有点儿"<u>国际</u>", 而且很"<u>中国</u>"。

푸란현의 국경 무역시장은 둥펑차오터우시장과 탕가시장 두 부분으로 나뉜다. 탕가시장은 멀리 그리고 가까이 있는 사람들에게 '국제시장'이라고도 불린다. 사실 둥펑차오터우시장도 약간 '국제적'이면서 또한 매우 '중국적'이다. (같은 책 24쪽)

嘎珍在"内地班"读过书, ……她比较"<u>现代</u>"和务实。

가전은 '내지반'에서 공부했는데, … 그녀는 비교적 '현대적'이면서도 실무적이었다. (같은 책 7쪽)

위의 예문에서 '很명' 구조에 들어간 '西藏', '国际', '中国', '现代'는 모두 특별히 인용부호를 붙였으며, 이와 유사한 예는 아래에서도 볼 수 있다. 또한 인용부호를 쓰지 않는 것들도 강조가 필요하다고 생각되면 모두 인용부호를 붙일 수 있다. 그런데 단어와 단어의 정상적인 결합인 경우에는 인용부호를 임의로 추가할 수가 없다. 예를 들어, '很聪明(아주 똑똑하다)'에서 만약 '聪明(똑똑하다)'에 인용부호를 붙이면 긍정적인 의미에서 부정적인 의미로 변하게 된다.

4. '품사 활용(词性活用)' 현상과 관련 있는 것은 '품사의 분열, 변화(词性裂变)' 현상이다.

'很명' 구조에 들어간 명사는 사용빈도가 높아지면 익숙해져서 일시적이었던 '특별한 느낌'의 의미가 고정적인 특징 의미로 바뀌게 되면서, 품사의 분열, 변화 현상이 나타난다. 이는 하나의 형식이 원래 가지고 있던 명사성을 바탕으로 분열과 변화를 통해 형용사성을 새롭게 획득하게 되는 것이다. 이로써 하나의 형식이 명사와 형용사의 두 가지 품사를 겸유하게 된다. 명사가 들어가는 구조 안에서는 명사가 되고, 형용사가 들어가는 구조 안에서는 형용사가 되는 것이다. 예를 들어 '科学(과학(적이다))'의 경우, 『现代汉语词典』의 해석은 다음과 같다.

① 자연, 사회, 사유 등을 반영한 객관적 규율의 하위영역과 지식체계
② 과학에 부합하다.
   这种方法不~ 이런 방법은 과학적이지 않다.
   革命精神和~态度相结合。혁명정신과 과학적 태도를 결합한다.

위에서 ①의 '科学'는 명사이고, ②의 '科学'은 형용사이다. 또 '艺术(예술(적이다))'에 대한 『现代汉语词典』의 해석은 다음과 같다.

① 현실을 형상으로 반영하되 현실보다는 전형적인 사회의식의 형태로, 문학, 회화, 조각, 건축, 음악, 무용, 연극, 영화, 곡예 등을 포함한다.
② 창조성이 풍부한 방식과 방법
   领导~。지도의 예술
③ 형상이 독특하고 아름다움
   这棵松树的样子挺~。이 소나무의 모양은 매우 독특하고 아름답다.

위에서 ①과 ②의 '艺术'는 명사이고, ③의 '艺术'는 형용사이다. 실제 언어 사용에서도 이러한 현상은 자주 나타난다. 예를 들어보자.

他的精神很好。 그의 정신은 매우 양호하다. (명사)
他走起路来很精神。 그는 길을 걷는 것이 매우 활기차다. (형용사)
要讲究卫生! 위생을 중시해야 한다. (명사)
这种东西太不卫生! 이런 물건은 너무 비위생적이다. (형용사)

몇 가지 실제 용례를 더 살펴보자.

你一定有一份很理想的职业, ……
당신은 분명히 아주 이상적인 직업을 가지고 있을 거야…… (陈浩泉『选美前后』,『花城』1985년 1기, 191쪽)

像马莎这样也就够风光的了, ……
마사 정도만 되도 충분히 훌륭하다. …… (같은 책 187쪽)

热情的小于永远也不能理解世界上居然还有这样一对极其规律的夫妻。
열정적인 샤오위는 세상에 놀랍게도 이토록 지극히 규칙적인 부부가 있다는 것을 영원히 이해할 수 없었다. (肖克凡『最后一个工人』,『中篇小说选刊』1997년 1기, 25쪽)

'理想(이상(적이다))', '风光(경치. 훌륭하다)', '规律(규칙(적이다))'는 일반적으로 명사로 쓰이지만, 위 예문에서는 모두 형용사로 쓰였다. 명사가 이미 분열되어 형용사로 변한 경우에는 인용부호를 붙일 수 없다.
'품사 활용'에서부터 '품사분열, 변화'까지는 하나의 발전 과정이므로 이 과정 중에는 당연히 과도기적 상태가 존재할 수 있다. 이와 같은 이유로 '很명' 구조에 들어간 명사가 명사와 형용사의 중간에서 모호한 경우도 있다. 이때는 어느 쪽으로 보아도 모두 성립한다. 예를 들어보자.

> 她太教条了，全盘接受了学校老师灌输给她的理论，以为凡事只要努力奋进便能成功的。
> 그녀는 너무 교조적이어서 학교 선생님께서 그녀에게 주입해 준 이론을 전부 받아들여, 무슨 일이든 열심히 노력하면 성공할 수 있다고 생각한다. (徐惠照『折桂』,『小说月报』1996년 12기, 76쪽)

> 张和生则批评电视剧肤浅，编者主观的东西太多，而且审美观念太传统。
> 장허성은 TV드라마는 피상적이고 편집자의 주관적인 내용이 너무 많으며, 심미적인 관념이 지나치게 전통적이라고 비판하였다. (梁晴『索坦』,『中篇小说选刊』1997년 1기, 105쪽)

여기서 '教条(교조(적이다))', '传统(전통(적이다))'을 명사의 활용으로 볼 것인지 이미 형용사가 되었다고 볼 것인지는 명확히 논단하기 어려워 보인다. 이러한 예는 자연스러운 현상이다. 사물들 사이도 종종 명확하게 구분하기 어려운데 발전 과정에 있는 사물들은 더욱 그러할 것이다. 한 가지 확실한 것은 품사의 활용이든 품사의 분열과 변화든, 일반적으로 명사가 '很명'이라는 특정한 구조 안에 들어가면 형용사화 된다는 점이다.

제2절 문화의 각도에서 본 '很＋명사'

1. '很명'의 표현은 사물의 속성에 대한 사람들의 특별한 느낌으로 인

해 생겨났으며 사람에 따라 심리적 특징은 다르다.

위에서 '很绅士'와 같은 표현을 언급하였다. 명사로서 '绅士'는 특정한 의미를 가지는데, 한 사람이 신사인지 여부를 결정하는 데는 객관적인 기준이 있다. 그런데 갑이 을에 대해 '很绅士'라고 말할 경우는 단지 갑의 개인적인 느낌만을 나타낼 뿐, 병과 정은 이와 같은 느낌을 가지지 않을 수도 있다. 위에서 '很西藏'이라는 표현도 언급하였다. 화자가 다른 사람이나 자신에 대해 '很西藏'이라고 말하는 것은 화자의 내면에서 생긴 티베트에 대한 특별한 느낌을 나타낸다. 물론 심리적인 특별한 느낌은 다차원적인 문화적 요소를 포함한다. 실제 용례를 살펴보자.

> …… 我基本上是个城里人。长得<u>很"文化"</u>。这使得我的家乡的乡亲们始终不肯把我当成一个一无所有的穷学生来看待。
> …… 나는 기본적으로 도시 사람이다. 외모도 매우 '문화적'으로 생겼다. 이는 나의 고향 마을 사람들로 하여금 줄곧 나를 아무것도 없는 고학생으로 보지 않도록 만들었다. (王泽群『正爷』,『中篇小说选刊』1997년 4기, 143쪽)

명사로서 '文化(문화)'라는 단어는 특정한 함의를 가진다.『现代汉语词典』의 해석은 다음과 같다.

① 인류가 사회와 역사의 발전과정에서 창조한 물질적인 자산과 정신적인 자산의 총합으로, 특히 문학, 예술, 교육, 과학 등과 같은 정신적 자산을 가리킴
② 고고학 용어
③ 문자를 운용하는 능력 및 일반지식

그렇다면 위의 예문에서 '很文化(아주 문화적이다)'는 무슨 의미인

가? 아마도 고상하면서 꾸밈이 없고 지식이 풍부한 모양이 아닐까? 결국 우리는 '大概(아마도)'라는 말로 추측을 할 수 있을 뿐이다. '家乡的乡亲们(고향 마을 사람들)'의 마음속에도 역시 이와 같은 모호한 이미지만 있을 것이다. 만약 대도시라면 일반 대학교는 '일하면서 배우는 학교'에 다니는 고학생에 대해 '很文化'라는 느낌을 가지지 않을 것이다. 이는 바로 '很文化'라는 표현 자체가 학력 수준이 높지 않은 '家乡的乡亲们'의 심리상태를 반영하고, 지식인에 대한 그들의 숭배와 존경, 거리감을 나타내고 있다는 것을 말해준다. 그 속에는 꾸밈없고 소박한 문화적 의미가 내포되어 있다.

2. '很명'의 표현은 일종의 언어예술로, 중국어 화자의 특정한 '지식' 함양을 반영한다.

특별한 느낌에 대한 사람들의 표현은 특정한 문화적 소양을 바탕으로 형성된다. 예를 들어, 갑은 을이 우울해져서 꽃을 보고도 눈물을 흘리는 것을 보고, 을에게 "你呀, 怎么这么林黛玉啊? (너는 왜 그렇게 임대옥스럽니?)"라고 나무라며 말하거나 병과 정에게 "乙这个人, 太林黛玉了!(을 쟤는 너무 임대옥스러워!)"라고 말한다고 하자. 이때 이 말을 하는 갑은 틀림없이 『红楼梦(홍루몽)』을 읽었을 것이며, 청자인 을과 병, 정도 분명히(또는 갑이 생각하기에) 『红楼梦』을 읽었을 것이다. 또 을은 아마도 젊은 아가씨일 가능성이 크다. 다시 다음 예를 살펴보자.

> 我现在开始弄瓷器, 很时髦, <u>很贵族</u>的玩意儿, 不过其中学问多多。
> 나는 지금 도자기를 다루기 시작했다. 이는 매우 현대적이고 귀족적인 것이지만, 그 안에는 많은 학문이 있다. (施叔青『香港的故事』, 『独身女人』 47쪽)

"你曾来过这儿?" 我回望杜青云, 问。"是的。很久以前。我跟我的第一个女朋友。" "很诗情画意。"

"여기 와 본 적 있어?" 나는 두칭위안을 돌아보고 물었다. "응. 아주 오래 전에. 내 첫 여자친구와." "아주 시적 정취와 그림 같은 느낌이군." (梁凤仪 『千堆雪』 149쪽, 人民文学出版社 1992년 12월)

'贵族(귀족)'에 대해 아는 것이 하나도 없으면 '很贵族(아주 귀족스럽다)'라는 표현을 할 수 없으며, '诗情画意(시적인 정취와 그림같은 아름다움)'가 어떤 것인지 알지 못하면 '很诗情画意(시나 그림처럼 아주 아름답다)'라는 감개를 토로할 수 없을 것이다. 한 순박한 산골 농민의 입에서 '很木头(아주 목석같다)'라는 말을 들을 수는 있겠지만, '很贵族', '很诗情画意'이라는 말은 듣기 어려울 것이다. 다시 문화적 함량이 더욱 큰 예를 살펴보자.

她说 : "我喜欢古筝的声音, 非常古典, 非常高山流水。"

그녀는 말했다. "나는 고쟁의 소리를 좋아하는데, 그것은 매우 고전적이고, 정말이지 고산유수와 같다." (严沁 『无怨』 7쪽, 中国文联出版公司 1987년 12월)

중국 문화에 대해 소양이 있는 사람이라면 모두 '高山流水(고산유수. 자기를 알아주는 친구. 뛰어난 음악)'가 『列子 · 汤问』에 나오는 俞伯牙와 钟子期 간의 아름다운 이야기를 나타내며, 이는 마음을 알아주거나 자신을 알아주는 사람이나 곡조가 고상하고 우아함을 비유하고 있다는 것을 알 것이다. 위의 예문은 '高山流水'를 '很명'과 같은 구조에 활용함으로써 한족의 문화적 소양을 담고 있다.

3. 사회적 배경의 차이는 사람들의 언어 운용과 '很명'의 구체적인 결합에 영향을 미친다.

香港(홍콩)에서 사용되는 '很绅士'와 '很淑女'에 대해 논의해 보자. '淑女'는 고대 중국어의 단어로 보통화의 기본단어에서는 이미 소실되었다. 바로 이런 이유로『现代汉语词典』은 '淑'자에 대해서만 간단하게 풀이하면서 '淑女'라는 단어는 사전에 수록하지 않았다. 이후 1996년 수정판에서는 '淑女'를 수록하면서, 특별히 '(문어체)아리따운 여자. 요조…'라고 풀이하여 '문어체(书)'임을 강조하였다. 한편, '绅士'는 고대 중국어의 단어가 아니다. 때문에『辞源』에서는 '绅士'를 수록하지 않고, '绅衿(신금)'만 수록하였다. '绅衿'에 대한 해석은 '일반적으로 지방에 지위와 권세를 가지고 있는 사람을 가리킨다. 绅(신)은, 관직을 가지고 있거나 과거에 합격하고서 물러나 고향에서 거주하는 사람을 가리키고, 衿(금)은 바로 青衿(청금)으로 학업 하는 동안 생원(生员)이 입는 깃옷이며, 비유적으로 생원을 의미한다.『儒林外史』4에는 '탕씨 부모님이 부임해 온 그날 저의 고향 모든 현의 생원들은 함께 화려한 천막을 치고 십리 밖에 나와 영접하였습니다.' (『儒林外史』四 : '汤父母到任的那日, 敝处阖县绅衿, 公搭了一个彩棚, 在十里牌迎接。')'라고 되어있다. 중국에서 '绅士'라는 단어는 1949년 이전 근현대에만 한동안 사용되다가, 1949년 이후부터 70년대 말까지는 보통화의 기본어휘 안에서도 사라졌다. 이 때문에『现代汉语词典』은 '绅士'를 표제어로 수록하기는 하였지만, 단지 '옛날 지방에 세력 있고 공적과 명예가 있는 사람을 지칭, 주로 지주나 퇴직 관료.(旧时地方上有势力、有功名的人, 一般是地主或退职官僚。)'로만 설명하고 있다.

요컨대, '淑女'와 '绅士'는 모두 1950년대부터 개혁·개방 시기 이전의 보통화 어휘의 관점에서 보면, 단지 역사적인 옛 자취를 남긴 단어 정도라고 말할 수 있다. 그런데 香港(홍콩) 작가들의 문학작품에서는 이들의 사용빈도가 의외로 줄곧 높았다. 이는 香港 특유의 인문학적 배경으로 인한 것으로, 중국 내륙과는 다른 香港의 문화 현상을 반영하고 있다.

한편으로는, 중국으로 반환되기 이전의 香港은 영국의 식민지로서 영국 문화의 영향을 깊이 받았다. '紳士'를 예로 들면,『乱世香港(난세의 홍콩)』이라는 텔레비전 드라마 등장인물 중에 온갖 방법으로 '太平紳士(태평신사)'가 되고 싶어 하는 하귀당이라는 인물이 나온다. '紳士'라는 명사가 있기 때문에 '很紳士'라는 활용 표현도 생겨난 것이다. 다른 한편으로는, 香港은 본래 중국의 땅으로 香港에서 생활하는 중국 작가는 타고난 중국 문화의 기초를 가지고 있다. 1949년 이후 香港과 중국 내륙의 언어 접촉이 거의 중단되면서, 그에 따라 香港의 중국어 문어체에는 한문 투의 단어나 어구, 성어와 전고(典故)가 자연스럽게 남아 있게 되었다. '淑女'라는 단어도 사라지지 않고 남아 있었기에 비로소 '很淑女'라는 활용 표현이 나타날 수 있었던 것이다.

또 다른 방면의 예를 살펴보자.

吊山车<u>很摩登</u>。
크레인차가 아주 모던하다. ([香港]梁凤仪『花帜』73쪽, 人民文学出版社 1992년 12월)

原来陈小姐今晚穿得<u>十分性感</u>。
이제 보니 오늘 밤 미스 천은 옷을 아주 섹시하게 입었다. ([香港]东瑞『夜香港』22쪽, 广东旅游出版社 1987년 9월)

目下许多红星都在拍彻底的"写真集", 穿三点式已变得<u>十分小儿科</u>了, ⋯⋯

요즘은 많은 인기스타들이 모두 완벽한 '프로필 사진'을 찍기 때문에 비키니를 입는 정도는 이미 별 거 아닌 것으로 변하였다, ······ (같은 책 133쪽)

앞의 예는 香港에서 사용하는 언어와 영어와의 관련성을 보여준다. 영어의 modern을 한자로 쓰면 '摩登(모던)'이 된다. 보통화에서 명사 '现代'와 명형 겸류사인 '时髦(유행. 현대적)'는 모두 이와 의미와 유사하다. '吊山车很摩登'은 '吊山车很时髦(크레인차가 최신 유행하는 것이다)'라고 말할 수도 있고, '吊山车很现代(크레인차가 아주 현대적이다)'라고 말할 수도 있다. 이때 뒤의 두 예는 香港의 사회 풍토를 반영하고 있다. '十分性感(아주 섹시하다)'과 '穿三点式(비키니를 입다)'가 '十分小儿科(아주 대수롭지 않다)'로 변한 것은 모두 다 실제 일상생활에 대한 묘사이다. 이는 중국이 개혁·개방되기 이전의 내륙지역과 香港의 풍토는 상당한 격차가 존재함을 보여준다.

4. 인간관계의 발전은 '很명' 구조의 발전을 촉진하였다.

'很X'는 현대중국어의 언어 구조이고, '很 + 명사'는 현대중국어에서 특별한 화용적 가치를 지니는 표현인데, 이러한 표현은 사실 원래부터 현대중국어에 존재하였다. 예를 들어보자.

> 这些都是很"感情"的话, 她平日搬运得非常熟练, 竟不必现查"大全"了。
> 이는 모두 매우 '다정한' 말들인데, 그녀는 평소에 매우 능숙하게 운반하였으므로 결국 '전부'를 조사할 필요는 없다. (茅盾『夏夜一点钟』. 倪宝元『词语的锤炼』에서 재인용)

> 这个连长太"军阀"了! 年纪不大, 脾气可不小!
> 이 중대장은 너무 '군벌스러워'! 나이도 많지 않으면서 성질이 정말 보통

이 아니야! (曲波 『山呼海嘯』上册 24쪽. 倪宝元 『词语的锤炼』에서 재인용)

茅盾 작품 속의 '很感情(아주 다정하다)', 曲波 작품 속의 '太军阀(너무 군벌스럽다)'는 모두 '很명' 구조가 최근 10여 년 사이에 비로소 출현한 새로운 표현이 아니라는 것을 보여준다.

그런데 최근에 들어와 확실히 '很명' 구조의 표현이 많아져 일종의 상당히 '유행하는' 표현이 되었다. 이러한 표현의 사용과 발전은 개혁·개방 이후 중국 내륙과 香港 일대와의 빈번한 접촉과 무관하지 않다. 이것은 인간관계의 발전이 언어 사용에서의 상호 충돌과 융합을 촉진하였음을 보여준다. 예를 들어보자.

> 谢霓说, 那图案非常现代!
> 셰니는 그 도안이 대단히 현대적이라고 말한다! (徐小斌 『对一个精神病患者的调查』, 『中篇小说选刊』 1986년 2기, 85쪽)

> 其实我平时没这么绅士。
> 사실 나는 평소에 이렇게 신사적이지 않다. (池莉 『绿水长流』, 『小说家』 1993년 5기, 11쪽)

이 두 예문은 각각 80년대와 90년대의 작품에서 보이는데, 이 작품들은 모두 중국 내륙 출신 작가의 펜에서 나왔다. 이와 유사한 표현을 50년대나 60대의 중국 내륙 작가의 작품 안에서 찾기란 무척 어렵다. 그런데 최근 몇 년 사이의 작품에서는 흔히 볼 수 있다.

深圳(선전)은 香港과 많은 접촉이 있기 때문에 『特区文学(특구문학)』에서 이러한 표현이 자주 등장하는 것도 이상하지 않다. 예를 들어보자.

猫王是那样性感<u>那样迷人</u>, 唉, 他是我永远得不到的偶像呀!

고양이 왕은 그렇게 섹시하고 매력적이야, 세상에, 그는 내가 영원히 가질 수 없는 우상이야! (陈惠如『女人的童话』,『特区文学』1997년 1기, 13쪽)

那天潘可在电话里<u>很人情</u>地说 : 兄弟你的栖身之所现在仍未解决 吧?

이날 판커는 전화 통화에서 아주 다정하게 말했다. "아우야 네 거처가 아직 해결되지 않았지?" (같은 책 5쪽)

那时候人们还是不大想得开, 观念上还<u>比较传统</u>, 过年嘛, 就得热 热闹闹, ……

그때는 사람들 생각이 아직 깨이지 않아서 사고가 보수적이야. 설을 쇠면 떠들썩해야 했고,…… (张波『特区不浪漫』,『特区文学』1994년 3기, 25쪽)

제3절 결론과 조언

언어의 각도에서 보면, '很 + 명사'는 특별한 화용적 가치를 가진 특수 한 결합이라 할 수 있다. '很X'는 형용사를 만드는 최적화된 구조로, 한 명사가 가끔 이 구조에 들어가는 것은 명사의 활용 현상에 불과하다. 그런데 만약 명사가 자주 이 구조에 들어간다면, '특이한 느낌(异感)'과 통상적으로 연결되면서 품사가 분열, 변화하는 열변현상(裂变现象)이 나타난다. 즉 명사에서 형용사로 분열, 변화되는 것이다.

문화의 각도에서 보면, 사회의 발전은 언어 문자의 응용을 촉진시켜 언어의 끊임없는 변천과 발전을 유도한다. 이 과정에서 인문학적 요소 가 첨가되면서 결과적으로 언어의 문화적 의미가 생겨난다. 바로 이러 한 이유로, '很명'이라는 표현의 사용에 있어 언어적 요인의 제약을 받는 것은 물론이고, 동시에 특정한 사회의 인문학적 배경을 반영함으로써 특별한 문화적 의미도 생기게 된다.

두 가지 보충의 말을 조언으로 삼고자 한다.

첫째, 명사의 형용사 활용이 반드시 모두 다 '很명' 구조 안에서 발생하지는 않는다. 다시 말해, '명사' 앞에 모두 다 '很'과 같은 정도부사가 오지는 않는다는 것이다. 예를 보자.

> 下去前个个文绉绉的, 幼稚而书生, 不出半年, 再回县里办事, 人也野了, 话也粗了, ⋯⋯
> 내려가기 전에는 하나하나가 고상하고 품위가 있어서 유치하지만 서생다웠는데, 반년이 지나지 않아 다시 현으로 돌아와서 일을 처리할 때는 사람도 제멋대로이고 말도 거칠어졌다. (刘益令『仕途』,『小说月报』1996년 12기, 50쪽

> 那间主人房内的浴室, 叫杨慕天看呆了, 比电视里头的布景还要辉煌架势十倍。
> 그 주인집 안의 욕실은 양무티안으로 하여금 보고서 넋을 잃게 하였는데, 그것은 텔레비전에 나오는 세트장보다 열 배나 더 눈부시고 폼이 났다. (梁凤仪『醉江尘』95쪽)

여기서 명사 '书生(서생)', '架势(모양)'는 각각 형용사 '幼稚(유치하다)', '辉煌(눈부시다)'과 병렬구조를 이루면서 형용사화 되었다. 이때 '书生', '架势'를 만약 명사가 형용사로 활용된 것이 아니라 여전히 일반적인 의미의 명사로 본다면, 명사는 조건 없이 형용사와 병렬이 가능하고, 형용사와 함께 술어가 될 수 있다는 결론을 얻게 될 것이다. 그런데 이는 명백히 불합리한 설명이다.

둘째, 명사는 형용사뿐만 아니라 동사로도 활용될 수 있다. '很绅士'

라는 구조 안에서 '绅士'는 형용사로 활용되지만, 다음 구조에서는 동사
로 활용된다.

> 如果不是我自己曾亲自地去调查了解过，我永远也不会、不能、不
> 敢相信我的叔祖父正爷，曾经"绅士"过。
> 만약 내가 직접 가서 조사해서 파악한 것이 아니라면, 나는 나의 숙부 정
> 예께서 일찍이 '신사였던' 적이 있다는 것을 믿을 리도, 믿을 수도, 믿으려
> 하지도 않을 것이다. (王泽群『正爷』,『中篇小说选刊』1997년 4기, 148쪽)

> 三人都笑了，坐了下来。白伟说：好，我们就绅士一次，帮帮小姐。
> 세 사람 모두 웃고는 자리에 앉았다. 바이웨이가 말했다. "자, 우리 신사
> 한 번 되죠. 아가씨를 좀 도와줍시다." (池莉『你以为你是谁』,『中篇小说选
> 刊』1995년 2기, 4쪽)

주지하듯이 '阿Q(아Q)'는 루쉰 작품 속의 인물인데, 우리는 가끔 다
음과 같은 말을 들을 수도 있다.

> "这个人很阿Q!"
> "저 사람은 대단히 아Q스럽다."

> 严航笑道：你真能阿Q自己。
> 옌항이 웃으면서 말했다. "너는 정말 자기 자신을 아Q할 줄 아는 구나"
> (方方『行云流水』,『中篇小说选刊』1992년 2기, 70쪽)

'这个人很阿Q'에서 '阿Q'는 명사가 형용사로 쓰인 것이고, '你真
能阿Q自己'에서 '阿Q'는 명사가 동사로 쓰인 것이다. 이들은 모두
임시적인 현상이다. 명사가 '很'의 수식을 받거나 목적어나 동량보어
를 가지거나 '曾经X过' 구조에 쓰이는 것은 모두 특수한 현상으로 특

수한 규칙의 제약을 받기 때문에, 이를 일반적인 상황과 혼동해서는
안 된다.

주요 참고문헌

1.『辞源』(修订本), 商务印书馆 1981年 12月.

2. 倪宝元,『词语的锤炼』, 甘肃人民出版社 1981年 8月.

3. 邢福义,「关于副词修饰名词」,『中国语文』1962年 5期.

4. 邢福义,「小句中枢说」,『中国语文』1995年 6期.

5. 邢福义,「'很淑女'之类说法语言文化背景的思考」,『语言研究』 1997
   年 3期.

6. 于根元,「副＋名」,『语文建设』1991年 1期.

7. 中国社会科学院语言研究所词典编辑室 :『现代汉语词典』, 商务印书
   馆 1994年3月 ; 又,『现代汉语词典』(修订本), 商务印书馆 1996年 7月.

* 이 글은 邢福义 주편의『文化语言学』(增订本) (湖北教育出版社 2000年 1月)에서
  발췌하였음.)

부록 4
품사 문제에 관한 생각

본고는 중국어의 품사 문제를 토론한 것으로 언급한 자료는 현대중국어에 국한한다. 1950년대에 품사 문제에 관한 한 차례 대 토론이 열린 바 있는데, 이때는 주로 단어의 분류 문제에 주안점을 두었다. 본고의 품사 문제에 대한 논의는 주로 품사 분류 문제에 초점을 맞춘다.

본고는 다음 세 부분을 포함한다. 첫째는 문법 특징에 관한 것이고, 둘째는 문장 속에서의 품사에 관한 것이며, 셋째는 증명 방법에 관한 것이다. 마지막은 맺음말이다.

여러 해 동안 문법학자에서 중고등학교 교사, 일반 학습자와 많은 외국인들에 이르기까지 모두 다 전면적으로 품사가 표기된 중국어 사전의 발행을 기대해 왔다. 그렇지만 지금까지 이러한 사전은 아직 나오지 않았다.[1] 이는 중국의 문법학자들이 재능이 없고 부지런하지 않아서가 아니라 중국어의 품사 문제가 정말 너무나도 복잡하다는 것을 설명한다.

중국어의 품사 문제를 해결하기 위해서는 절대로 단순화된 방법을 채택해서는 안 된다. 오히려 이와는 반대로 학자들은 시행착오를 거치

---

[1] 역자주 : 이 책이 출판된 2003년을 기준으로 하였으며, 현재 『现代汉语词典』(商务印书馆)은 품사를 표기하고 있다.

는 시간을 포함하여 많은 시간을 투입해야 하고, 나아가 여러 가지 측면에서 깊이 있는 사고를 많이 하고 다양한 방법들을 모색해야 한다.

본고의 기본 취지는 중국어 품사 문제의 복잡성을 직시할 것을 강조하고, 단어의 품사를 분류할 때 문법 특징을 근거로 하면서 그것이 문장 속에 들어갔을 때의 결과와 연결시킬 것을 주장하며, 증명 방법의 운용을 중시해야 한다는 것이다.

제1절 문법 특징에 관하여

문법 특징은 문법적으로 나타난 단어의 특징이다. 중국어에서 단어의 문법 특징은 현재의 일반적인 관점에서 보면 주로 다음 세 가지 부분에서 나타난다.

 1) 단어의 결합 능력
 2) 단어의 문장 구성 능력
 3) 단어의 형식 표지

문법 특징은 품사를 분류하고 품사를 판별하는 근본적인 근거가 된다. 하지만 어떻게 해야 정확하고도 충분하게 문법 특징을 근거로 단어의 품사를 분류할 수 있을지에 대해서는 더 많은 연구를 필요로 한다.

1.1 문법 특징에 대한 수평적 관찰

수평적 관찰이란 세 방면의 특징을 나란히 배열하여 놓고, 그들의 실제 역할과 조건의 **성질을 고찰**하는 것이다.

수평적 관찰을 **통하여 결정적** 기준과 보조적 기준을 명확히 구분해야 한다. 형식 **표지의 특징**은 기준으로서 가장 유용하면서도 또 가장 쓸모가 없는 것이기도 하다. 형식 표지는 한번 보면 바로 알 수가 있어서 근거성(可据性)이 뛰어나지만, 설명할 수 있는 현상이 많지 않으며 해석력 또한 상당히 떨어진다. 반면, 문장 구성 기능을 기준으로 삼는다면, 전체를 아우를 수는 있지만 개연성 있는 결론만을 얻을 수 있을 뿐 필연성 있는 결론을 얻기는 어렵다. 왜냐하면, 품사 A의 단어가 주로 문장성분 갑(甲)이 되지만, 품사 B와 품사 C 등의 단어도 이 문장성분이 될 수 있고, 또 품사 A의 단어가 물론 주로 문장성분 갑(甲)이 되는 것은 맞지만 을(乙)과 병(丙) 등 다른 문장성분도 될 수 있기 때문이다. 다시 말해, 문장성분 갑과 품사 A의 단어와의 관계가 필연적이지 않기 때문이다. 그런데 이에 비해 결합 능력의 특징은 설명할 수 있는 현상의 범위가 형식 표지보다 훨씬 넓으면서 근거성은 문장 구성 기능보다 훨씬 강하다. 그러므로 이 세 가지 특징 중에서 결정적인 기준으로 삼을 수 있는 것은 단어의 결합 능력뿐이며, 문장 구성 기능과 형식 표지 특징은 보조적인 기준으로만 작용할 뿐이다. 그렇다면 '결정적인 것'과 '보조적인 것' 사이의 관계는 어떻게 처리해야 하는가?

① 각각의 기준으로 도출한 결론이 완전히 일치할 경우에는 각 방면에서 한 단어의 품사에 대해 설명할 수 있다. 형용사 '可爱(귀엽다)'를 예로 들어보자. 이 단어는 정도부사의 수식을 받을 수 있고('很可爱(매우 귀엽다)'), 결합 능력 방면에서는 형용사의 특징에 부합하여 관형어와 술어 등의 문장성분이 될 수 있다('可爱的孩子(귀여운 아이)' / '这孩子可爱(이 아이는 귀엽다)' / '这孩子长得可爱(이 아이는 귀엽게 생

겼다)'). 또 문장 구성 기능 방면에서도 역시 형용사의 특징에 부합하여 앞에 '可'를 쓸 수 있는데, '可'는 단어를 구성하는 성분으로서 종종 형용사를 구성하는 형용사의 형식 표지가 된다('可喜(기뻐할 만하다)' / '可靠(믿을 만하다)' / '可观(볼 만하다)' / '可取(취할 만하다)' / '可疑(의심할 만하다)' / '可口(입에 맞다)' / '可体(몸에 맞다)').

② 결정적 기준의 해석이 다소 부족할 경우에는 보조적 기준에서 도움을 받을 수도 있다. 이는 마치 배구 경기에서 주심이 경기를 잘 보지 못했을 때, 부심의 의견을 듣는 것과 같다. '黝黑(까무잡잡하다)'의 경우를 예로 들면, 구조적인 이유로 인해 결합 능력 면에서 정도부사를 배척하지만, 목적어를 가질 수도 없으며, 문장 구성 기능상으로는 일반 형용사와 마찬가지로 술어나 관형어 성분이 될 수도 있다('皮肤黝黑(피부가 까무잡잡하다)' / '黝黑的皮肤(까무잡잡한 피부)' / '皮肤晒得黝黑(피부를 까무잡잡하게 그슬리다)'). 이처럼 결정적 기준과 보조적 기준을 함께 운용함으로써 '黝黑'에 대해 술어이지만 목적어를 가지지 못하기 때문에 형용사로 판정할 수가 있는 것이다.

③ 결정적 기준과 보조적 기준이 상호 모순될 경우에는 결정적 기준을 따른다. '×头' 구조의 단어는 일반적으로 명사이며(木头(목재) / 话头(말씀) / 锄头(괭이) / 看头(볼거리) / 想头(생각) / 苦头(고통) / 甜头(단맛)), 이때 '头'는 명사의 형식 표지가 된다. 그러나 '滑头(교활한 놈. 교활하다)'라는 단어는 명사('这个滑头!(이 교활한 놈)')가 되기도 하고, 형용사('这种人太滑头(이런 사람은 지나치게 교활하다)')가 되기도 한다. 이 단어를 형용사로 판정할 때에는 형식상 '头'를 가지고 있다는 것과는 상관없이 주로 정도부사의 수식을 받을 수 있는지를 보아야 한다.

수평적 관찰을 통해서 또한 충분조건과 비충분조건을 분명하게 구분해야 한다. 충분조건은 그것이 있으면 반드시 그렇게 되는 조건이다. 이 조건은 그것이 있으면 충분하지만, 없다고 반드시 안 되는 것은 아닌 조건이다. 예컨대, 동사는 '목적어를 가진다'라는 것이 충분조건이 된다. 일반적으로 목적어를 가질 수 있으면 틀림없이 동사가 되지만[2], 목적어를 가질 수 없는 것('睡觉(잠자다) / 咳嗽(기침하다) / 游泳(수영하다)') 이 반드시 동사가 아닌 것도 아니다. 비충분조건은 그것이 있으면 그렇게 될 수도 있는 조건이다. 이런 조건은 그것이 있다고 필연적인(반드시 그렇게 된다는) 결론을 얻을 수는 없지만 판단을 할 수 있는 모종의 근거는 제공할 수 있다. 예를 들어, '주어나 목적어가 될 수 있다'라는 조건은 '반드시 명사이다'라는 필연적인 결론을 도출할 수는 없지만, 적어도 '명사일 수 있다'는 가능성은 제공할 수 있다. 충분조건과 비충분조건, 결정적 기준과 보조적 기준은 서로 밀접한 관계가 있지만 각각 대응하지는 않는다. 한편, 모든 결정적 기준이 다 충분조건이 되는 것은 아니다. 예를 들면, '부사의 수식을 받을 수 있다'라는 것은 결합 능력의 관점에서 귀납한 특징으로, 결정적 기준이기는 하지만 충분조건은 아니다. 왜냐하면 부사의 수식은 받는 것이 모두 다 동사나 형용사라고 확실히 말할 수는 없기 때문이다. 예를 들어 '最底层(최저층) / 最前线(최전선) / 最前面(최전면) / 最南方(최남방)' 등은 모두 '最 + 형용사 / 동사'가 아니다. 다른 한편으로는 또 보조적인 기준이 모두 다 비충분조건이 되는 것은 아니다. 형식 표지의 기준은 근거성이 상당히 뛰어나서 일반적으로 당연히 충분조건이 된다. 문장 구성 기능의 기준도 전체적으로는 개연적 기준이기는 하지만, 그 가운데 일부 구체적인 기준은 충분조

---

2) 저자주 : 더욱 정확하게 말하면, 일부 대사 (예 : '你能**怎么样**了人家?(네가 남을 어떻게 할 수 있었겠어?)')를 제외하고는, 일반적으로 목적어를 가질 수 있는 것은 동사임이 틀림없다고 말해야 하는 것이다.

건이 될 수도 있다. 예를 들면, '부사어가 될 수 있다'는 것이 부사의 입장에서는 충분조건이 아니지만, 좀 더 **구체적**으로 이를 '부사어만 될 수 있다.'라고 규정한다면, 이는 부사의 **충분조건**이 된다.

실제로 품사를 분류할 때 충분조건과 비충분조건을 명확히 구분하는 것은 매우 중요하다. 조건의 성격을 혼동한다면 정확한 결론을 도출할 수가 없기 때문이다. 예를 들어, 这条街原来的名字叫太平仓, 现在叫平安里(이 거리의 원래 이름은 타이핑창으로 불렀지만, 지금은 핑안리라고 부른다)'에서의 '原来(원래의)'는 형용사로 보고, '这条街原来叫太平仓, 现在叫平安里(이 거리는 원래 타이핑치앙이라 불렀는데, 지금은 핑안리라고 부른다)'에서의 '原来(원래)'는 부사로 보는 것은, '原来'가 앞의 예문에서는 관형어로 쓰였고 뒤의 예문에서는 부사어로 쓰였기 때문이다. 그런데 형용사와 부사가 관형어와 부사어가 되는 것은 모두 비충분조건일 뿐이다.3)

기준을 적용할 때는 반드시 동일률(Rule of Identity)4)을 준수해야 한

---

3) 저자주 : '原来'의 문법적 특성에 관해서는 필자의 논문 『从'原来'的词性看词的归类问题』(『汉语学习』 1985년 6기)를 참고하기 바람.

4) 역자주 : 동일률(同一律), 자동률(自動律)이라고도 한다. 라이프니츠가 처음으로 확립한 원리론. 'A는 A이다'라는 형식으로 표현된다. 이것은 언어표현(명제 혹은 개념)의 의미 및 지시대상(指示對象)의 동일성을 주장하는 것으로, 일정 범위의 논의나 논술에 있어서 지켜져야 하는 원리이다. 예를 들면, 'A군은 남자이고 남자가 아니다'라고 하는 표현은 형식논리적인 사고에서 생각하면 모순율을 침범하고 있다. 그러나 그와 같은 표현이 보통 사용되고 있는 경우, 최초에 나타난 '남자'와 두 번째 나타난 '남자'의 의미는 동일하지 않다. 처음에 나타난 '남자'는 성별상의 의미에서의 '남자'이며, 두 번째 나타난 '남자'는 '남성다움'이라고 하는 의미에서의 '남자'인 것이다. 따라서, 이 표현은 두 번 나타난 '남자'의 의미가 다른 것이기 대문에, 모순율을 범하고 있지 않으며, 그런 의미에서 또한 동일의 원리도 유지되고 있다. [네이버 지식백과] 동일의 원리 [Principle of identity, Satz Der Identität] (철학사전, 2009., 임석진, 윤용택, 황태연, 이성백, 이정우, 양운덕, 강영계, 우기동, 임재진,

다는 것도 수평적 관찰을 통해서 명확히 해야 할 점이다. 여기서 **반드시**
지켜야 할 하나의 원칙이 있는데, 그것은 바로 의미와 결합 능력, 형식
이 모두 동일한 두 단어는 서로 다른 품사로 분화시켜서는 안 된다는
것이다. 비교해 보자.

> a. 细心的人 세심한 사람
>   细心照顾他 그를 세심히 보살피다
> b. 特别的人 특별한 사람
>   特别照顾他 그를 특별히 보살피다

'细心(세심하다)'은 관형어와 부사어 모두 '마음 씀씀이가 세밀하다'
는 의미를 나타낸다. 문법적으로는 모두 '很'을 붙일 수 있는데, 이는 이
들의 의미가 동일하다는 것을 증명한다.(很细心的人(매우 세심한 사람)
/ 很细心地照顾他(그를 매우 세심하게 보살피다)). 따라서 '细心'은 두
개의 다른 품사로 분화시킬 수 없다. 예를 들면 관형어로 쓰일 때는 형
용사이고, 부사어로 쓰일 때는 부사라고 할 수는 없다는 것이다.
'特别(특별하다. 특히)'는 상황이 다르다. '人(사람)'의 관형어로 쓰일
때는 '与众不同(뭇사람들과 다르다)'의 의미를 나타내고('很特别的人
(아주 특별한 사람)'), '照顾(돌보다)'의 부사어로 쓰일 때는 '特地(특별
히)'의 의미를 나타낸다(*'很特别地照顾他'). 두 '特别'는 의미도 다르
고 결합 능력에서도 이에 상응하는 차이가 있기 때문에 이들은 서로 다
른 품사로 판정할 수 있는데, 전자는 형용사가 되고 후자는 부사가 된
다. 이러한 원칙을 분명히 하고, 이를 준수해야 기준을 적용하는 과정에

김용정, 박철주, 김호균, 김영태, 강대석, 장병길, 김택현, 최동희, 김승균, 이을호,
김종규, 조일민, 윤두병)

서 혼란에 빠지는 일이 없을 것이다.

1.2 문법 특징에 대한 수직적 관찰

수직적 관찰(纵向观察)이란 해석할 수 있는 범위가 큰 특징에서부터 범위가 작은 특징에 이르기까지 전부 고찰하여 모든 유용한 요소를 발견하고 포착함을 말한다.

수직적 관찰은 '大(큰 것)'에서 착안하여 전반적인 유형적 특징을 귀납함으로써 품사의 기본적인 모습을 반영할 수 있다. 예를 들어, 목적어를 가질 수 있다는 것은 동사의 전반적인 유형적 특징이므로 해석할 수 있는 범위가 넓고, 정도부사의 수식은 받을 수 있으나 목적어를 가질 수 없다는 것은 형용사의 전반적인 유형적 특징이므로 역시 해석할 수 있는 범위가 넓다. 대부분의 문법 교과서가 이러한 유형적 특징들을 이용하여 품사의 특징을 설명하였으니 이에 대해서는 더 말할 필요도 없다.

수직적 관찰은 또 '小(작은 것)'를 소홀히 하지 않음으로써 국부적이거나 아주 작은 유형적 특징들을 많이 발굴함으로써 품사 분류의 판별력을 높여야 한다. '着想(생각하다)'을 예로 들면, 이의 품사는 무엇일까? 의미를 근거로 일반 사람들은 아마도 모두 동사로 추측할 수 있겠지만, 문법적으로 그것이 동사라는 것을 어떻게 알 수 있는가? 그것은 목적어를 가질 수 없으며 '不'나 '都' 등 부사의 수식을 받을 수도 없으니 해석의 범위가 넓은 이러한 동사의 특징들은 여기서는 무용지물이다. 그런데 '범위가 큰 특징'은 힘을 쓸 수가 없지만, '범위가 작은 특징'은 역할을 할 수 있다. '着想'을 '为NPX过' 안의 X 자리에 출현 수 있는데('你<u>为谁着想过</u>? <u>为我着想过</u>吗? <u>为你的儿子着想</u>吗?(너는 누구를 생각해 본 적 있니? 나를 생각해 본 적 있어? 너의 아들을 생각해 본 적 있어?)'), X 자리에 출현할 수 있는 단어는 틀림없이 동사이다. ('我为你哭过, 为你笑过(나는 너 때문에 운적도 있고, 너 때문에 웃은 적도 있다)', '他为理想奋斗过, 为出路挣扎过(그는 이상을 위해 분투한 적도 있고, 진로를 위해 발버둥친 적도 있다)). 이 특징은 충분조건이기 때문에, 그것이 해석 가능한 범위 내에서는 '着想'과 같은 단어에 대해 신속하고 명확하게 품사를 결정할 수 있도록 도와준다.

또 '人身攻击(인신공격)', '人身自由(인신자유)'에서 '人身(인신)'의 품사는 무엇일까? 의미에 근거한다면 명사로 추측할 수 있겠지만, 문법적으로 그것이 명사라는 것을 어떻게 증명할 수 있는가? '人身'은 부사의 수식을 받을 수 없고, 또 '受到攻击(공격을 받다)'의 앞에 쓰이면 주어가 될 수도 있다('人身受到攻击(인신이 공격을 받다)'). 일반적으로 'X受到VP' 구조에서 X의 자리에 출현하고, 또 부사의 수식을 받을 수 없는 단어는 분명히 명사이다. 따라서 이를 근거로 '人身'은 명사라고 단정할 수 있다. 명사의 특징 중에 '수량 관형어를 가질 수 있다'는 것과 비교하면, '受到VP'의 앞에 쓰여 주어가 될 수 있다'는 특징은 해석의 범위가 물론 훨씬 좁지만, '人身'과 같은 단어에 대해서는 전자보다 후자가 오히려 더 설득력을 가진다.

'大'에 중점을 두면서 '小'를 소홀히 하지 않고, 있을 수 있는 다양한 특징을 전면적으로 발굴하고 충분히 이용하는 것은 품사분류에 큰 도움이 된다. 70% 가량의 단어는 대개 '해석할 수 있는 범위가 넓은 특징'으로 설명이 가능하지만, 나머지 30% 정도의 단어는 간혹 '해석할 수 있는 범위가 좁은 특징'의 도움을 받을 수밖에 없다. 만약 각종 단어의 '해석 범위가 넓은 특징'과 '해석 범위가 좁은 특징'에 대해 (비교적)전면적으로 묘사한 중국어 품사 관련 방대한 분량의 저작이 있다면, 이 책의 학술적 가치는 엄청날 것이다.

제2절 문장 속에서의 품사

하나의 단어가 문장 속에서 어떤 단어와 결합할 수 있는지 여부와 어떤 문장성분이 될 수 있는지 여부는 반드시 문장을 구성해 보아야 알 수가 있다. 따라서 단어의 결합 능력과 문장 구성 기능은 사실 모두 다 '문장에 들어간 후의 결과(入句结果)'이다. 그렇지만 흔히 문법 특징으로 기술되는 단어의 결합 능력과 문장 구성 기능은 단어가 문장에 들어간 후의 일반적인 상황을 귀납한 것으로, 구체적인 상황은 상당히 복잡하고 다양하다. 단어 분류의 각도에서 보면 품사를 확정하기 위한 기준으로 문법 특징 외에 단어가 문장에 들어간 후의 구체적인 상황에 대해서도 반드시 주의를 기울여야 한다.

2.1 품사는 통사(句法)의 제약을 받는다.

한편으로, 단어의 품사는 구체적인 문장 안에 들어간 후에야 나타나는데, 이는 '入句显类(문장에 들어가야 품사가 드러난다)'라는 것이다. 이의 전형적인 예는 동형이품사(同形异类)의 품사를 확인하는 것이다. '矛盾(모순(이다), 모순되다)'을 예로 들면, 이를 단독으로 떼어 내서 보면 도대체 어떤 품사에 속하는지 확인하기가 매우 어렵다. 그런데 '矛盾'을 '要弄清楚这是什么性质的矛盾(이것이 어떤 성질의 모순인지 분명하게 알아야 한다)', '他的说法前后矛盾(그것의 견해는 앞뒤가 모순된다)', '我心里很矛盾(나는 마음속으로 매우 고민스럽다)'과 같이 구체적인 문장 속에 넣어서 살펴보면, 그것은 각각 명사, 동사 그리고 형용사라는 것을 알 수 있다. 또 '死(죽다. 필사적으로. 막다르다)'를 예로 들면, 그것을 문장 속에 넣지 않고 단독으로 떼어놓고 보면 일반 사람들은 아마 모두 다 그것이 동사라고 할 것이다. 하지만 '死'를 '最好别把时间定得太死'(시간을 너무 융통성 없이 정하지 않는 것이 가장 좋다), '她把棉袄袖子咬得死紧(그녀는 솜저고리 소매를 필사적으로 물었다.)'와 같이 구체적인 문장에 넣고 보면, 그것은 또 형용사나 부사일 수도 있다는 것을 알 수 있다. 그리고 더욱 전형적인 경우를 살펴보자.

> a. 你准备采取什么写法? 너는 어떤 서법을 채택하고자 하니?
> b. 你到底准备怎么写法? 너는 도대체 어떻게 쓰려고 하지?
> a. 请谈谈金鱼的养法! 금붕어 기르는 방법을 말해 보세요!
> b. 金鱼不能这么养法! 금붕어는 이렇게 키워서는 안 됩니다!

a의 '写法(서법)'와 '养法(기르는 방법)'는 명사이지만, b의 '写法(쓰는 방법이다)'와 '养法(기르는 방법이다)'는 '동사+法'로 이루어진 명사인지 아니면 동사 뒤에 조사성 '法'가 붙은 것인지 논의의 여지가 있다. 하지만 이들이 명사가 아니라 동사성 단어나 동사구인 것은 분명하다. 그런데 이는 통상적으로 '겸류사(兼类词)'라고 부르는 동형이품사 현상은 아니다. 이러한 현상은 품사에 대한 통사구조의 제약이 경우에 따라서는 상당히 엄격하다는 것을 보여준다.

다른 한편으로, 어떤 품사의 단어가 만약 그 품사의 통사적 요구를 따르지 않고 문장에 들어가면 '규범 이탈(出格)' 현상이 발생한다. 규범 이탈 현상에는 두 가지 유형이 있는데, 하나는 문법에 맞지 않는 '품사 오용(词性误用)'이다. 예를 보자.

(1) 一个人活在世上, 无非是两个生活吧, 社会生活和家庭生活。社会
　　生活主要是有所事业, ……

한 사람이 세상에 살면서 사회생활과 가정생활, 이 두 가지 생활 말고는
없지. 사회생활은 주로 사업이고, …… (『花城』 1985년 1기, 70쪽)

'有所(다소……하다)' 뒤에는 반드시 동사가 와야 한다. '事业(사업)'
은 명사인데 여기서는 동사로 잘못 사용되었다.
　또 다른 유형은 수사 효과를 위한 '품사 활용(词性活用)'이다. 예를
보자.

(2) 这个连长太"军阀"了! 年纪不大, 脾气可不小!

이 중대장은 너무 '군벌스러워'! 나이는 많지 않지만, 성질이 정말 보통
이 아니야! (曲波『山呼海啸』上册)

(3) 钟万仇……道 : "阿宝, 你……你……又……又……" 钟夫人嗔
　　道 : "甚么又不又的? 又甚么了?"

중완초우가 …… 말했다. "아바오야, 너……너……又……又……". 중부인
이 화를 내며 말했다. "뭐가 又……又야 ? 又가 어쨌다고?" (金庸『天龙
八部』 第一集)

(4) 从前有个学生作文喜欢滥用"而"字, 老师给他 一个批语说 : "当
　　而而不而, 不当而而而, 而今而后, 已而, 已而!"

이전에 어떤 학생이 글을 짓는데 '而'를 남용하자, 선생님께서 이를 평
하면서 말씀하셨다. "마땅히 而을 써야할 때는 而을 쓰지 않고, 而을
쓰지 말아야 할 때는 而을 쓰는데, 지금 이후로는 而을 그만 써라, 而을
그만 쓰라고!" (王力『词类』)

　예문(2)에서 명사 '军阀(군벌)'는 형용사로 활용되었고, 예문(3)에서
부사 '又'는 동사로 활용되었다. 예문(4)에서 '而'은 접속사인데, 평어

(评语) 안에 쓰일 때 일부는 접속사이고, 일부는 동사나 명사로 활용되었다.

품사 활용은 수사적 현상에 속하므로 당연히 사전에는 수록될 수 없다. 그러나 품사 활용 현상은 통사가 품사에 강제적인 작용을 한다는 사실을 말해준다. 하나의 단어가 문장 안에 들어간 후에 '규범 이탈'이 되면, 문법적으로 비문이 아니라는 전제 하에서 이 단어는 반드시 강제적으로 다른 품사로 바뀐다는 것이다. 이러한 관점으로 보면, 단어가 때로는 '문장에 들어가면 품사가 변한다(入句变类)'는 것도 맞는 말이다.

2.2 품사는 문장역(句域)의 영향을 받는다.

문장역(句域)이란 문장이 처한 영역을 말하며, 위아래 문장의 의미 및 이와 관계가 있는 각종 요소를 포함한다.

문장역은 객관적 현실을 반영하며, 다양성을 지닌다. 문장역이 다르면 문장 속의 단어도 품사 변화가 생길 수 있다. 흔히 품사를 판정할 때 일반적인 문장역의 일반적인 경우만을 생각하고, 특수한 경우에 만들어진 특수한 문장역은 간과한다. 그런데 이는 중국어의 품사 대해 전반적으로 깊이 인식하는 데 불리하다.

예를 들어, '高(높다)'나 '重(무겁다)'과 같은 단어에 대해 일반 사람들은 대체로 '山很高(산이 매우 높다)', '很高的山(매우 높은 산)', '担子很重(짐이 매우 무겁다)', '很重的担子(매우 무거운 짐)'과 같은 출현 환경만 생각할 것이며, 이를 근거로 이들을 형용사로 판정할 것이다.

그러나 변화무쌍한 여러 가지 문장역 안에서 '高'나 '重' 등의 용법이 항상 이처럼 단순하고 규칙에 맞는 것은 아니다. 예를 들어 'X＋수량'의 구조 안에서 만약 X가 '高', '重'과 같은 단어라면, 이들의 품사는 무엇일까?

(1) (身)高一米八四。(신체)키가 1미터 84센티미터입니다.
　　(净)重一百五十公斤。(순수) 중량은 150킬로그램입니다.

이때 수량구조는 '多少(얼마)'라는 질문에 대답할 수 있다. 즉, '(身)高多少? ((신체)키가 얼마입니까?)'의 대답으로 '一米八四。(1미터 84입니다.)'이 되고, '(净)重多少?。((순수) 중량은 얼마입니까?)'의 대답으로 '一百五十公斤。(150킬로그램입니다.)'이 된다는 것이다. 이것은 사물을 실제로 측량한 문장역인데, 이때 '高'와 '重'은 형용사보다는 명사에 더 가깝다. 아니면 최소한 이들이 여전히 형용사라는 것을 증명할 방법은 없다. 이는 '高'와 '重'의 앞에 '身(신체)'이나 '净(깨끗하다)' 등의 단어가 출현하지 않더라도, 이 문장역 안에서 '高'와 '重'은 여전히 명사에 더욱 가깝다는 것이다. 예를 들어보자.

A : 我量你记!
　　내가 잴 테니 넌 적어라!

B : 好, 你说! 高多少? 重多少?
　　좋아, 말해봐! 높이는 얼마? 무게는 얼마?

A : 高一米三四, 宽一米四四, 长一米五四, 重四百四十四斤。
　　높이는 1미터 34센티미터, 넓이는 1미터 44센티미터, 길이는 1미터 54센티미터, 무게는 444근이야.

B : 慢点慢点! 什么一米四四? 什么一米五四?

　좀 천천히, 좀 천천히! 뭐가 1미터 44센티미터라고? 뭐가 1미터 54센티미터라고?

　여기서 수량구조는 '多少'라는 질문에 대답할 수 있고, '高'나 '重' 등은 또 '什么'를 사용하여 질문을 할 수도 있다.

(2) 礼品<u>轻</u>如毛, 情意<u>重</u>千斤。

　선물은 털 같이 가볍지만, 정은 천근만큼 무겁다.

　이때 '重千斤(천금같이 무겁다)'과 '轻如毛(털같이 가볍다)'는 대조적으로 쓰였는데, 선물은 가볍지만 정은 오히려 무겁다는 것을 과장하여 강조하고 있다. 이것은 숫자를 나타내는 단어나 어구를 사용하여 성질이나 형상의 도량(度量)을 강조한 문장역이다. 여기서 수량구조는 '多少'라는 질문에 대답할 수 없고, '高'나 '重' 등은 '什么'를 사용하여 질문할 수 없다. 이 경우에는 '高'나 '重' 등이 형용사에 더욱 가깝다. 이와 유사한 현상은 또 있다.

　青山高, <u>高</u>万丈 ; 绿水长, <u>长</u>万里。

　푸른 산은 높아 높이가 만 장이고, 파란 강물은 길어 길이가 만 리네.

　'高万丈(높이가 만 장이다)'은 매우 높거나 지극히 높다는 것이고, '长万里(길이가 만 리다)'는 매우 길거나 지극히 길다는 것으로 모두 과장된 표현이다.

　a와 b 사이에는 또 단정하기 어려운 중간현상도 존재한다. 예를 들면 다음과 같다.

这堵墙好高，大约高三米二三！

이 담장은 상당히 높네. 대략 높이가 3미터 23센티미터는 되는 것 같다.
이 담장은 상당히 높아서, (다른 담장보다) 대략 3미터 23센티미터 정도
높다.

이 어구는 두 가지 문장역이 가능한데, 이들은 서로 다른 두 가지 심
리상태와 의향을 반영한다. 하나는 화자가 눈대중으로 담의 높이를 측
정하였음을 나타내는데, 그 높이가 대략 3미터 23센티미터라는 것이다.
다른 하나는 이 담장이 보통의 담보다 상당히 높다는 것을 강조하는데,
(다른 담보다) 대략 3미터 23센티미터 더 높다는 것이다. 전자라면 명사
에 가깝고, 후자라면 형용사에 더욱 가깝다. 요컨대, 일반적인 기준 외
에 문장역의 복잡성 또한 반드시 주의를 기울여야 하는 문제이다.

주지하다시피, 黎锦熙는 『新著国语文法』에서 '모든 단어는 문장에
근거하여 품사를 판별하여야 하며, 문장을 벗어나면 품사는 없다(凡词,
依句辨品, 离句无品。)'라는 유명한 논점을 제기하였다. 그런데 이 논점
은 여러 해 동안 줄곧 비판을 받았으나, 사실 여기에 합리적인 면이 전
혀 없지는 않다. 이 논점의 문제는 두 부분에서 나타난다.

하나는 '문장을 벗어나면 품사는 없다'라는 판단이 사실에 부합하지
않는다는 것이다. 그렇지 않다면 품사를 명기한 사전은 영원히 나올 수
가 없을 것이다. 사실 일부 단어는 항상 고정적으로 어느 한 품사에 속
한다. '马匹(마필 : 당나귀·조랑말·노새 등 말의 총칭)'는 단독으로 떼
어서 말해도 사람들은 곧바로 명사라는 것을 안다. 또 일부 단어는 동형
이품사인 겸류사라 하더라도 몇 개의 품사에 속하는지는 그 단어의 기
능으로 이미 정해져 있다. '困难'을 단독으로 놓고 보면, 사람들은 명사
나 형용사 가운데 하나로만 판별할 것이다.

다른 하나는 '依句辨品(문장에 근거하여 품사를 판별해야 한다)'의 기준은 과학성이 결여되었다는 것이다. 중국어에서 단어와 문장성분 사이에는 엄격한 대응관계가 존재하지 않는데, 黎錦熙는 단어와 문장성분의 관계를 고정시켜 놓은 채 문장성분을 근거로 품사를 판정하였다. 이는 자연히 중국어 품사의 특징을 정확하게 반영할 수가 없다. 그러나 만약 黎錦熙의 주장 가운데 불합리한 부분과 일부 구체적인 내용을 뺀다면, '依句辨品'이라는 견해는 나름대로 중국어의 사실에 부합한다고 하겠다. 물론, '依句辨品'을 문장성분이 아닌 통사구조 또는 통사 모델에 근거하여 품사를 판별하는 것으로 이해해야 할 것이다.

제3절 증명 방법에 관하여

증명 방법은 논리적인 사유에 속하는 논증방법으로 주로 '직접 판정(直接判定)', '배제(排他)', '유추(类比)'를 포함한다. 이들 방법은 경우에 따른 편중의 차이가 있지만 종종 함께 사용되기도 한다. 여기서 특별히 지적할 것은 직접 판정법, 배제법, 유추법의 성격과 기능에 대한 정확한 이해가 있어야 한다는 점이다.

배제법에 대해서는 다음과 같은 비평이 있을 것이라고 가정할 수 있다.

논리적인 방법인 배제법으로 '必然(필연적이다. 반드시)'이 형용사라는 것을 증명하는 추론은 그 자체가 논리에 맞지 않다. 왜냐하면 이러한 추론에 따라, 먼저 술어가 될 수 없으며 '很'의 수식을 받지 않는다는 것 등을 근거로 '必然'이 형용사가 아니라고 배제한 다음, 나머지 방법으로 그것이 부사일 수밖에 없음을 증명할 수도 있기 때문이다. 이 예는 하나의 이치를 설명한다. 하나의 단어를 어느 한 품사로 분류하기 위해서는 반드시 그 품사의 분류 기준에 부합해야 한다. 분류 기준을 벗어나 부적절한 방법으로 그 단어를 억지로 해당 품사에 끼워 넣어서는 안 된다. '必然'은 부사어, 목적어 그리고 '的'자 앞의 세 가지 위치에만 출현하므로 가장 합리적인 처리 방법은 이를 구별사 겸 부사로 보는 것이다. 부사어 위치에 있는 것은 부사이고, 기타 위치에 있는 것은 구별사이다.(구별사란 통상적으로 말하는 비술어형용사이다)

이러한 비평에 대해 논의하는 것은 직접 판정, 배제, 유추 등의 증명 방법을 정확하게 이해하는 데 상당히 도움이 된다. 아래에서는 이 세 가지 측면에서 상세히 서술하고자 한다.

3.1 증명 방법과 분류 근거

증명 방법과 분류 근거는 한데 묶어서 논할 수는 없다. 분류 근거는 분류의 실제 기준이다. 분류의 근거가 다르면 분류의 결과도 달라진다. 예를 들어 설명해 보자.

첫째, 만약 술어가 될 수 있다는 것을 형용사의 필요조건으로 삼는다면, 비술어형용사는 형용사가 될 수 없으므로, 형용사와 비술어형용사는 두 개의 상이한 부류, 즉 A와 B의 관계여야 한다. 朱德熙의『语法讲义』에서 형용사와 구별사는 서로 다른 부류인데, 여기서 구별사가 바로 일반적으로 말하는 비술어형용사(非谓形容词)이다.

둘째, 이와 반대로 만약 술어가 될 수 있다는 것을 형용사의 필요조건으로 삼지 않는다면, 비술어형용사도 형용사가 될 수 있다. 일반 형용사와 비술어형용사는 모두 형용사라는 A 종류이며, 이들은 Aa와 Ab의 관계가 된다. 예를 들어, 胡裕树 주편의 『现代汉语』에서 비술어형용사는 형용사 중의 한 부류로, 일반형용사와 함께 형용사에 속한다. 이는 아래의 표로 나타낼 수 있다.5)

胡裕树(主编) 『现代汉语』		朱德熙 『语法讲义』
형용사		형용사
	비술어형용사	구별사

증명 방법은 구체적인 분류 근거가 아니다. '직접 판정'과 '배제', '유추'는 모두 다 어느 하나의 분류 근거를 전제로 하여, 이를 기준으로 단어들의 품사를 추론한다. 만약 추론 과정은 정확한데 도출한 결과에 논의의 여지가 있다면, 이는 전제로 삼은 분류 근거를 다시 검토해 보아야 한다는 것을 말한다.

배제법을 사용하여 '必然'이 부사가 아니라 형용사라는 것을 증명할 때, 분류 기준에서는 술어가 될 수 있다는 것을 필요조건으로 삼지 않고 비술어형용사를 형용사 범위 안에 포함시켰다. 사람들은 이러한 분류 기준에 전혀 동의하지 않을 수 있고, 이러한 기준에 따라 수립된 논증의 전제에 대해 다른 의견을 제시할 수도 있지만, 분류 기준에 대해 이견이 있다고 해서 증명 방법을 부정할 수는 없다. 먼저 술어가 될 수 없으며 '很'의 수식을 받지 않는다는 것 등을 근거로 '必然'이 형용사가 아니라고 배제한 다음, 나머지 방법으로 그것이 부사일 수밖에 없음을 증명할 수도 있기 때문이라고 말하게 되면, 이는 술어가 될 수 없으며 '很'의

---

5) 저자주 : 张涤华 · 胡裕树 등 주편, 『汉语语法修辞词典』 593쪽, 安徽教育出版社 1988년.

수식을 받을 없다는 것을 분류 기준에서 필요조건으로 삼은 것이다. 이렇게 말하는 것 자체가 사실상 이미 배제법을 채택한 것이기 때문에 증명 방법 자체는 부정할 수가 없다는 것을 알 수 있다. 특히, 이러한 주장에 사용된 기준에 의구심이 든다. 그 기준에 따라서 수립된 전제는 술어가 될 수 없거나 '很'의 수식을 받을 수 없는 단어는 모두 형용사가 아니라는 것이다. 그렇다면, '通红(새빨갛다)'은 '很'의 수식을 받을 수 없으니 형용사가 아니라 부사라는 것인가? 또 '起码(적어도)'는 술어가 될 수 없지만 정도부사 '最', '顶'의 수식을 받을 수가 있으니 형용사가 아니라 부사라는 것인가?

한마디로 말해서 분류 기준에 상관없이 모두 동일한 증명 방법을 취할 수 있다는 것이다. 증명 방법과 분류 근거, 분류 기준은 동일한 것이 아니다. 만약 분류 기준에 대한 이견으로 증명 방법을 부정한다면 결국 논리적 혼란에 빠지고 말 것이다.

3.2 증명 방법과 분류 체계

증명 방법과 분류 체계는 필연적인 관련이 없다.

분류 체계는 분류 근거를 운용하여 단어에 대해 분류를 진행한 결과이다. 갑과 을 두 학자가 서로 다른 분류 근거를 가지고 있다면, 이들이 도출한 분류 체계 역시 다를 것이다. 분류 체계에는 다음과 같은 두 가지 큰 유형이 있다.

하나는 전체를 모두 분석하는 유형(穷尽类)이다. 체계에 포함된 각 품사는 모든 단어를 하나도 남김없이 분석할 수 있다. 전체를 모두 분석하는 유형에는 여러 가지 분류 체계가 있을 수 있다. 어떤 체계는 5~6개의 품사만 가질 수도 있고, 어떤 체계는 11~12개의 품사를 가질 수도 있는데, 각 체계 내의 단어를 모두 합치면 전체 단어가 된다. 예를 들어 한 분류 체계가 A, B, C의 세 품사를 가지고 있다면, 모든 단어는 하나도 예외 없이 이 세 가지 품사로 분류될 수 있다.

다른 하나는 전체가 아닌 부분만을 분석하는 유형이다. 체계에 포함된 각각의 품사가 모든 단어를 전부 포괄하지는 못하므로, 일부 단어는 체계 밖으로 제외되는 '잉여 단어(剩余词)'가 된다. 부분만을 분석하는 유형에도 역시 여러 가지 분류 체계가 있을 수 있는데, 이들이 포함하는 품사 수는 차이가 있으며, 각 체계 내의 단어를 모두 합쳐도 전체 단어가 되지 않는다. 예를 들어 한 분류 체계 안에 A, B, C의 세 가지 품사가 있지만, 이 세 종류에 모두 속하지 않는 '잉여단어(剩余词)'도 존재한다.

증명 방법은 분류 체계를 세우기 위해 사용되는데, 모든 분류 체계에 동일하게 적용되어야 한다. 분류 체계는 모두 다 직접 판정, 배제, 유추 등의 증명 방법을 사용할 수 있지만, 분류 체계가 다르면 증명의 결과도 역시 차이가 난다. 중요한 것은 어떤 분류 체계를 근거로 삼았는지를 명확하게 논증하는 것이며, 분류 체계를 몰래 바꾸어서는 안 된다. 학자 갑이 첫 번째 분류 체계에 근거하여 증명 방법을 논하였을 경우, 학자 을은 학자 갑이 말한 논증 방법이 성립될 수 없다고 비판하기 위해서는 반드시 동일한 체계를 근거로 해야 한다. 그렇지 않으면 공통의 근거도 없이 마구잡이로 화살을 날리는 상황을 초래하게 된다. 예를 들어, 갑은 '형용사는 비술어형용사를 포함한다'라는 체계에 근거하여 '必然'을 형용사에 귀속시킬 수 있음을 증명하였지만, 을은 반대로 '형용사는 비술어형용사를 포함하지 않는다'라는 체계에 근거하여 '必然'을 비술어형용사에 상당하는 구별사와 부사에 모두 속한다고 주장한다. 여기서 두 학자의 실제적인 차이는 '必然'의 겸류 여부에 있는데, 누가 옳고 그름을 떠나서 증명 방법에 책임을 전가할 수는 없다.

자기모순은 논증 문제에 있어서 가장 큰 금기 사항이다. 하나의 분류 체계만을 근거로 삼는다고 하더라도 자기모순은 앞뒤가 맞지 않는 어색한 상황을 초래할 수 있다. 예를 들어보자.

'必然'은 단지 부사어, 관형어, '的'자 앞이라는 세 가지 위치에서만 나타나므로 가장 합리적인 방법은 그것을 구별사 겸 부사로 보는 것이다. 부사어 위치에서는 부사가 되고, 기타 위치에서는 구별사가 된다.

이러한 논단은 근거로 삼은 분류 체계 자체를 보면 바로 자기모순이 된다. 우선, 위에서 언급한 동일성 원칙을 잊지 말아야 한다. 동일한 의미의 동일한 형식은 품사를 달리 할 수 없다. '必然'은 부사어로 쓰이거나 관형어 또는 '是……的' 사이에 쓰이거나 모두 '사리적으로 확정되어 움직일 수 없다'라는 의미를 나타낸다. 그렇다면 이를 두 개의 품사로 나누어서는 안 된다. 또 '直接(직접)'와 '间接(간접)'라는 단어는 오직 구별사로만 분류된다는 것을 알아야 한다. 이러한 질문을 해보자. '直接'와 '间接'도 역시 세 위치에 모두 출현할 수 있는데 왜 부사어 자리에서는 부사, 다른 자리에서는 구별사가 된다고 보지 않는가? 동일한 경우에 대해 처리 방식이 다르면, 이는 자기모순이 아니겠는가? 이러한 사고에 따라 다른 유사한 단어들도 생각해 볼 수 있다. '笔直(똑바르다)'를 예로 들어보자.

> 一条笔直的路 한 갈래 똑바른 길 (관형어)
> 笔直地往前延伸 앞을 향해 똑바로 뻗다 (부사어)
> 确确实实是笔直的 확실히 똑바른 것이다 ("是……的"의 사이)

위에서 서술한 사고의 논리에 따르면, 여기서 '笔直'를 부사 겸 구별사나 부사 겸 형용사로 보지 않을 이유가 없다.

3.3 증명 방법과 연구의 이행

연구를 이행함에 있어 증명 방법을 떠날 수는 없다. 증명 방법은 문법교육 연구와 과학문법 연구를 포함하는 문법 연구에 적용될 뿐만 아니라 기타 각 영역의 과학에도 부합된다.

문법학자들은 자신의 연구에서 직접 판정법을 주로 사용하고, 배제법이나 유추법의 도움을 받기도 한다.

예1) 작업 과정에서 증명 방법을 사용할 때 배제법의 도움을 받는다.

다음은 품사 연구에 관한 한 보도 내용이다.

朱德熙·陆俭明 등은 현대 중국어 품사 연구에 힘을 쏟고 있다. 그 구체적인 방법은 朱德熙 선생이 쓴 『语法讲义』의 품사 체계를 근거로 『现代汉语词典』에 실린 모든 현대중국어 단어 하나하나의 품사를 분류하는 것이다. 품사 연구에 있어 어려운 부분은 실사인데, 그 가운데 대사, 시간사, 처소사, 방위사, 수사, 양사 등은 모두 폐쇄적인 것이므로 잠시 접어두고, 명사, 동사, 형용사, 구별사, 상태사(状态词)의 분류에 중점을 두었다. 그들은 우선 (a)정도부사의 수식을 받을 수 있는지 여부, (b)'不'의 부정을 받을 수 있는지 여부, (c)목적어를 가질 수 있는지 여부, (d)보어를 가질 수 있는지 여부 등의 네 가지 기준으로 단어를 두 가지 큰 부류로 나누었다. 이 네 가지 기준 가운데 하나를 가지고 있으면 첫 번째 부류이고, 그렇지 않으면 두 번째 부류로 나누었다. 첫 번째 부류는 또 (a)부사의 수식을 받을 수 있는지 여부, (b)목적어를 가질 수 있는지 여부라는 두 가지 기준을 통해 다시 두 가지 종류로 나누어, 정도부사의 수식을 받을 수 있는 것은 형용사이고, 그렇지 않으면 동사로 분류하였다. (Y. M 『北京大学的现代汉语词类研究』, 『语言学通讯』 1988년 3기)

이 연구는 작업 과정에서 직접 판정법과 배제법을 반복적으로 함께 사용하였다. 그 가운데 a, b, c, d 네 가지 기준 중 하나를 충족한 것은 첫 번째 부류로 하였는데, 여기서 사용된 것은 직접 판정법이다. 그렇지 않는 것은 두 번째 부류인데, 여기서 사용된 것은 배제법이다. a의 기준을 충족한 것을 모두 형용사로 판정한 것은 직접 판정법을 사용한 것이지만, 그렇지 않은 것들을 동사로 판정할 때는 배제법을 사용하였다.
첫 번째 단계에서 사용된 배제법을 공식으로 나열하면 다음과 같다.

첫 번째 부류(a·b·c에 또는 d에 부합)이거나 두 번째 부류이다.
x는 첫 번째 부류가 아니다(a·b·c·d에 부합하지 않음)
따라서 X는 두 번째 부류이다.

두 번째 사용된 배제법을 공식으로 나열하면 다음과 같다.

형용사이거나(정도부사의 수식을 받을 수 있음) 동사이다.
X는 형용사가 아니다(정도부사의 수식을 받을 수 없음).
따라서 X는 동사이다.

예2) 문제를 논증하는 과정에서 증명 방법을 사용할 때 배제법의 도움을 받는다.

'出品'이라는 단어는 『現代汉语词典』에서 품사를 명시하지 않았지만, 두 개의 항목으로 나누어 각각 '제품을 만들어 내다'와 '생산해 낸 물품 / 제품'이라고 주석을 달았다. 이는 동사와 명사 두 가지 용법이 있다고 말하는 것과 같다.

어떤 논문에서는 '出品'은 전형적인 명사인데 『現代汉语词典』에서 동사 용법이 있다고 잘못 명기하고 있으며, 이는 단지 단어의 의미에 대한 모호한 느낌에서 출발한 것으로, 단어의 기능과 분포는 고려하지 않았다고 지적하였다. 이 글의 저자가 '出品'이 전형적인 명사라고 말한 까닭은, '出品'이 기능과 분포에 있어 '出版(출판하다)'과 같은 동사와 현저히 다르기 때문이다. 예를 들어보면, '不出版(출판하지 않는다)', '出版没有(출판하였습니까?)' / '已经出版(了)(이미 출판되(었)다)' / '出版(了／过)许多书(많은 책을 출판(하였다 / 한 적이 있다))' / '出不出版(출판합니까?)'이라고 말할 수는 있지만, '不出品', '出品没有', '已经出品(了)', '出品(了／过)许多书', '出不出品'라고는 말할 수 없다는 것이다. 그 논문에서는 또 '出品'은 '产品(생산품)', '制品(제품)'과 마찬가지로 전형적인 명사이고, '中国出品'은 '中国产品(중국 생산품)', 中国制品(중국 제품)'과 마찬가지로 명사성 수식구조라고 주장하였다.

여기서 '出品'을 명사로 분류할 때 직접 판정법을 사용하지 않았으며, 명사를 판별하는 기준을 근거로 '出品'이 어떠한 명사적 문법 특징을 가지는지를 직접 말하지 않았다. 우선, 이 논문에서는 주로 배제법을 사용하고 있다. 이때 대전제는 '出品'이 동사 또는 명사(『現代汉语词典』의 해석으로 선택 범위를 제한한다)라는 것이고, 소전제는 '出品'은 동사일 수가 없다는 것이다(왜냐하면 '出品'은 '出版' 등의 동사가 들어갈 수 있는 '已经X了'와 같은 구조에 들어갈 수 없기 때문이다). 결론은 '出品'은 명사일 수밖에 없다는 것이다. 그 다음으로 이 논문은 유추법도 함께 사용하고 있다. 이때 대전제는 '出品'이 '产品', '制品'과 같다는 것이고, 소전제는 '产品'과 '制品'은 분명히 명사라는 것이다. 결론은 '出品'도 역시 명사라는 것이다.

이로써 자각하든 자각하지 않든 문법학자들은 문제를 논증할 때 직접 판정과 배제, 유추 등의 방법을 운용하지 않을 수 없다는 것을 알 수 있다. 물론, 증명 방법의 운용과 결론의 신뢰성 유무는 별개의 문제이다. 만약 근거로 삼은 전제에 문제가 있다면, 논증 과정에 문제가 없더라도 결론은 문제가 있을 것이다.

예를 들어 상술한 배제법은 전제에 문제가 있다. '不X', 'X没有', '已经X了……'의 구조에 들어갈 수 있는 것은 모두 반드시 동사이다. 그렇다면 이 구조에 들어갈 수 없는 것은 반드시 동사가 아닌가? '出身(태어나다)'을 예로 들면, '他出身贫农(그는 가난한 농삿집에서 태어났다)', '他贫农出身(그는 가난한 농삿집 출신이다)' 안의 '出身'은 분명히 명사가 아니라 동사 또는 동사구이지만, '不出身', '出身没有', '已经出身了……'라고 말할 수는 없다. 또 '起源(기원하다)'을 예로 들면, '起源于汉代(한대에서 기원한다)'의 '起源'은 분명히 명사가 아니라 동사 또는 동사구이지만, '不起源', '起源没有', '已经起源了……'이라고 말할 수는 없다. 또 다시 '出落(성장하다 / 어린 사람의 자태나 용모가 변화하다)', '半年没见, 小妞儿出落得更漂亮了(반년 동안 못 본 사이, 여자 아이는 더욱 더 예쁘게 성장하였다)'의 '出落'는 분명히 명사가 아니라 동사이지만, '不出落', '出落没有', '已经出落了……'라고 말할 수는 없다. 사실상, 위의 구조들은 동사의 충분조건은 되지만 필요조건은 될 수 없다. 충분조건을 필요조건으로 잘못 사용하면, 그 결론은 신뢰할 수 없게 된다.

또한 앞에서 사용한 유추법에도 문제가 있다. 만약 검사의 범위를 위 논문에서 열거한 구조로 국한한다면, '出品'과 '产品', '制品'은 분명히 동일성을 가진다. 그러나 각도를 달리해서 본다면 이들의 차이를 발견할 수 있다.

中国产品大受欢迎。(+) 중국 생산품이 큰 인기를 끌고 있다.
中国制品大受欢迎。(+) 중국 제품이 큰 인기를 끌고 있다.
中国出品大受欢迎。(-)
他们大量订购中国产品。(+) 그들은 중국 생산품을 대량으로 주문한다.
他们大量订购中国制品。(+) 그들은 중국 제품을 대량으로 주문한다.
他们大量订购中国出品。(-)

'中国产品'과 '中国制品'은 자연스럽게 주어와 목적어가 되지만, '中国出品'은 불가능하다. 주어와 목적어가 될 수 있는 단어가 반드시 명사성인 것은 아니지만, 근본적으로 주어와 목적어가 될 수 없는 단어는 그 명사성이 의심스럽다. 요컨대, '出品'은 도대체 어떤 단어이며, 어떤 품사로 분류해야 하는지는 좀 더 논의가 필요하다.

증명 방법은 품사의 분류와 단어의 품사 판정에 있어 하나의 보조적인 수단으로 볼 수 있을 뿐이다. 엄격하게 문법 기준을 근거로 단어의 품사를 판정하는 것이 물론 가장 이상적이고 간단명료한 것이다. 하지만 안타깝게도 이상은 현실을 대체할 수 없고, 단순화된 방법으로는 복잡하게 뒤얽힌 중국어의 품사 문제를 해결할 수 없다. 올바른 증명 방법을 사용하는 것은 복잡한 품사 문제의 처리에 긍정적인 의미가 있다.

제4절 맺음말

(1) 복잡한 문제는 복잡한 두뇌로 접근해야 한다. 중국어의 품사 문제는 복잡하다. 전면적이면서 궁극적으로 모든 중국어 단어의 품사를 판정하기 위해서는 간단한 기준을 사용할 수는 없다. 그렇지 않으면 이리저리 누락한 것을 채워 넣고 끼워 맞추어야 하므로, 기준은 쉽게 이해할 수 있어도 실제 이를 운용할 때는 여러 가지 번거로움에 부딪히게 된다. 중국어 단어의 품사 분류 문제를 비교적 타당하게 처리하기 위해서, 본고에서는 문법 특징을 근거로 하고 문장에 들어간 뒤의 상황을 고려해야 하며, 증명 방법의 운용 또한 중시해야 한다고 주장하였다.

(2) 문법 특징은 단어의 품사를 분류하는 가장 기본적인 근거가 된다. 그러나 기준 또는 조건으로서 문법 특징은 결정적 기준과 보조적 기준의 차이, 전체적인 기준과 부분적인 기준의 차이, 충분조건과 비충분조건의 차이가 있다. 본고에서는 품사를 연구할 때 이러한 구분들을 반드시 중시하고 심도 있게 연구해야 함을 주장하면서, 이의 구체적인 규칙들에 대해 가능한 상세하게 묘사하였다.

(3) 문장에 들어간 후의 상황은 변화무쌍(變化無雙)한 중국어 품사의 특징을 반영한다. 흔히 말하는 '문법 특징'은 주로 문장에 들어간 후의 각종 상황이다. 그런데 뒤집어 보면, 문장에 들어간 후의 상황은 '문법 특징'에 의해 개괄된 기본적인 상황보다 훨씬 다양하다. 본고에서는 품사 연구에서 중국어 단어는 '문장에 들어가면 품사가 드러난다(入句显类)' 또는 '문장에 들어가면 품사가 변한다(入句变类)'는 사실을 직시하고, 단어의 문법 특징을 말할 때 그것이 문장 안에 있다는 것을 전제로 함으로써 문장역(句域)의 복잡성을 충분히 고려할 것을 주장하였다.

(4) 증명 방법은 논리적 사유에 속하며, 이는 품사 분류의 근거나 기

준과는 다른 층면에서 제기된 개념이다. 문법학자들은 의식적이든 무의식적이든 사실상 모두 어떤 증명 방법(들)을 사용하여 그 견해를 밝히고 있다. 본고에서는 품사 연구에서 증명 방법을 자발적으로 운용해야 한다고 주장하였다. 직접 판정법은 가장 기본적인 것이고, 배제법과 유추법은 보조적인 역할을 할 수 있기 때문에 때로는 직접 판정법의 부족한 점을 보완함으로써 직접 판정할 수 없는 현상들을 설명할 수가 있다.

(5) 품사 체계에는 전체를 개괄하는 체계와 일부만 개괄하는 체계가 있다. 만약 일부를 개괄하는 체계를 채택한다면, 어떤 단어를 '잉여단어'로 볼 것인지 기준을 정하기가 어렵다. 이상적인 품사 체계는 당연히 가능한 한 모든 단어를 빠짐없이 분류할 수 있게 하는 체계이지만, 이런 체계를 만들다 보면 기준에 맞지 않거나 포함시키기 어려운 단어와 부딪치게 될 것이다. 이로 인해 구체적이고 세밀한 연구 작업을 많이 필요로 한다. 그 외에 전체를 개괄하는 체계든 일부를 개괄하는 체계든 모두 반드시 품사의 개수가 몇 개는 되어야 한다. 과학적인 연구의 각도에서 말한다면, 필자는 규칙을 더 잘 설명하기 위해서는 단어의 품사를 좀 더 세밀하게, 심지어는 아주 세밀하게 구분하는 것이 불가능하지도 않다고 본다. 하지만 교육의 입장에서 보면, 품사의 종류가 너무 적으면 지나치게 단순하고, 너무 많으면 또 기억하기가 쉽지 않으니, 역시 12가지가 적절해 보인다.

---

* 이 글은 원래 『语言研究』 1989년 1기에 게재하였으며, 이를 수정, 보완하여 여기에 부록으로 싣는다.

여기에는 구단어를 포함하여 이 책에서 중점적으로 혹은 부연적으로 언급한 단어와 필자가 생각하기에 열거할 필요가 있는 단어를 품사와 페이지를 덧붙여 열거하였다. 품사 뒤의 생략표시는 숫자가 많아 일일이 열거할 수 없음을 나타낸다.

| 지은이 소개 |

邢福义

1935년 海南省乐东县 출생
전 华中师范大学 교수
현대중국어 문법학, 논리학, 수사학, 방언학, 문화언어학 등 다방면에 걸쳐 연구를 진행
하였다.『中国语文』을 비롯한 학술지에 470여 편의 논문을 발표하였으며, 商务印书
馆, 高等教育出版社 등에서 단독 저서만 20여 종을 출간하였다.
중국 고등교육 인문사회과학 우수연구성과 1등상 4회, 湖北省 인문사회과학연구 우수
성과 1등상 3회, 국가급 교육 성과상, 중국 도서상, 국가 우수 교재상 등 다수의 수상
실적이 있다.

| 옮긴이 소개 |

이선희

현 계명대학교 인문국제학대학 중국어문학전공 부교수
중국사회과학원 언어연구소(문학박사)
영국 University of Cambridge 방문학자
중국어 인지언어학, 중국어 통사론, 한중비교언어학에 관심을 가지고 연구하고 있다.
역서로 중국어문법 6강(语法六讲)(2016), 중국어와 문화교류(汉语与文化交际)(2017),
중국어문법에 관한 대담(语法答问)(2018), 중국어 품사문제(汉语词类问题)(2019)가
있고, 중국어 客觀報道의 주관성 표현 분석 , 한중 '슬픔'과 '두려움' 은유 표현 인지적
연구 등 다수의 논문을 발표하였다.

중국어 품사 분류와 실제
词类辨难

초판 인쇄   2020년 6월 20일
초판 발행   2020년 6월 30일

지 은 이 | 邢福义
옮 긴 이 | 이 선 희
펴 낸 이 | 하 운 근
펴 낸 곳 | 學古房

주   소 | 경기도 고양시 덕양구 통일로 140 삼송테크노밸리 A동 B224
전   화 | (02)353-9908 편집부(02)356-9903
팩   스 | (02)6959-8234
홈페이지 | www.hakgobang.co.kr
전자우편 | hakgobang@naver.com, hakgobang@chol.com
등록번호 | 제311-1994-000001호

ISBN   979-11-6586-100-1 93720

값 : 21,000원